Dr. Gabriele Haftner

Deutsch

Berufsreifeprüfung
Lehre mit Matura

Erarbeitungsteil

bvl
Bildungsverlag Lemberger

ikon
ikon VerlagsGesmbH

§

Dieses Buch ist Teil eines umfassenden Lehr- und Lernkonzeptes.

➔ **So finden Sie sich im gedruckten Buch zurecht.**

Info	Merksatz
Beispiel	Praktische Beispiele zu jeder Regel
Achtung	Hier gilt besondere Aufmerksamkeit
Tipp	Tipps für knifflige Regeln
Übung 1 ✏	Übungen zum Festigen des Lernstoffes

➔ **Unsere Lernplattform digi.study bildet die Grundlage für alle digitalen Möglichkeiten mit zahlreichen Vorteilen für Ihr Lernen in Deutsch.**

Hörbücher

Gratis Digi.Bücher

digi.study
DIE Bildungsplattform
für alle Studierenden und alle Lehrpersonen

Digitale Schultasche

Digi.Book only für alle Geräte

➔ **Digitales Lernen mit der genialen App zum Buch.**

Einfach ausprobieren!

= eSquirrel-App

➔ Zu jedem Kapitel gibt es eine Quest in der eSquirrel-App.

➔ Beantworten Sie die Fragen in der Quest, um ein Level weiterzukommen.

➔ Vergleichen Sie sich mit Ihren MitschülerInnen und fordern Sie sie heraus.

➔ Lernen, wo und wann Sie wollen.

➔ Bereiten Sie sich auf die Berufsreifeprüfung vor, indem Sie Prüfungsfragen gezielt unter Zeitdruck üben.

Einfach gratis ausprobieren!
Gleich direkt in Ihr Smartphone eintippen: **digi.study/bd-eSquirrel**

INHALTSVERZEICHNIS

Inhalt

Deutsch • Berufsreifeprüfung © Lemberger • Ikon

1 BASISWISSEN

1.1 Überblick über die Wortarten

Nicht nur für die Grammatik, auch für die Rechtschreibung ist es unbedingt erforderlich, die Wortarten zu erkennen, weil vor allem in der Groß- und Kleinschreibung sowie in der Zusammen- und Getrenntschreibung viele Regeln den sicheren Umgang mit den Wortarten voraussetzen.

1.1.1 Veränderbare Wortarten

Hauptwort, Artikel, Eigenschaftswort, Fürwort und Zahlwort verändern sich durch Deklination, das Eigenschaftswort auch noch durch die Steigerung, und Zeitwörter verändern ihre Form durch die Konjugation.

Unter **Deklination** (Beugung) versteht man die Veränderung eines Wortes, die durch die Anpassung an die Fälle und Ein- oder Mehrzahl (Singular oder Plural) entsteht.

> **Beispiel**
>
> das Haus – des Hauses – die Häuser

Die **Beugungsendung** ist die Endung, die im Zuge einer Beugung an das Grundwort angefügt wird.

> **Beispiel**
>
> des Hauses, die Häuser

Unter **Konjugation** versteht man die Veränderung der Zeitwörter im Hinblick auf Person, Zeit, Modus u. a.

> **Beispiel**
>
> ich lerne – du lernst – ich lernte – lern!

Deutsche und lateinische Bezeichnung	Beispiele
Hauptwort (Substantiv, Nomen)	
konkrete Nomen	Haus, Hund, Stein
abstrakte Nomen	Freundschaft, Liebe, Mut
Zahlnomen	ein Dutzend, eine Million
Geschlechtswort, Begleiter (Artikel)	
bestimmter Artikel	der, die, das
unbestimmter Artikel	ein, eine
Zeitwort (Verb)	
Vollverb	lesen, laufen, schwimmen
Hilfsverb	haben, sein, werden
Modalverb	wollen, sollen, mögen, können
Mittelwort (Partizip)	
Mittelwort I der Gegenwart (Part. I)	lachend, hoffend, lesend
Mittelwort II der Vergangenheit (Part. II)	gelacht, gehofft, gelesen
Eigenschaftswort (Adjektiv)	schön, teuer, angenehm

Deutsche und lateinische Bezeichnung	Beispiele
Fürwort (Pronomen)	
persönliches F. (Personalpron.)	ich, du, er, sie, es, wir, ihr, sie
besitzanzeigendes F. (Possessivpron.)	mein, dein, sein, unser
hinweisendes F. (Demonstrativpron.)	dieser, jener
unbestimmtes F. (Indefinitpron.)	man, jemand, niemand, etwas, etliche, alles, kein, nichts
fragendes F. (Interrogativpron.)	wer? was? wem?
bezügliches F. (Relativpron.)	der Mann, **der** kam; das Buch, **das** ich lese
rückbezügliches F. (Reflexivpron.)	mich, dich, sich
Zahlwort (Numerale)	
Grundzahl (Kardinalzahl)	eins, zwei, zehn, hundert
Ordnungszahl (Ordinalzahl)	erste/r/s, zweite/r/s, dritte/r/s

1.1.2 Unveränderbare Wortarten (Partikeln)

Deutsche und lateinische Bezeichnung	Beispiele
Umstandswort (Adverb)	
Umstandswort d. Ortes (Lokaladverb)	hier, dort, da
Umstandswort d. Zeit (Temporaladverb)	heute, morgen, bald
Umstandswort d. Art (Modaladverb)	gern, vielleicht, ebenso
Umstandswort d. Grundes (Kausaladverb)	darum, deshalb
Vorwort (Präposition)	an, auf, gegen, mit
Bindewort (Konjunktion)	und, aber, weil, dass, obwohl
Empfindungs- und Ausrufewort (Interjektion)	oh, ach, au

Übung 1

Erkennen Sie in den folgenden Sätzen die Wortarten!

Am ....

Abend ....

erwarteten ....

die ....

Eltern ....

mit ....

Spannung ....

den ....

Freund ....

ihres ....

Sohnes. ....

Um ....

sieben ....

Uhr ....

läutet ....

jemand	....
an	....
der	....
Tür.	....
Dort	....
öffnete	....
er	....
sie	....
sehr	....
langsam.	....
Den	....
Mann,	....
der	....
davor	....
stand,	....
kannte	....
er	....
nicht.	....
Es	....
zeigt	....
sich,	....
dass	....
er	....
für	....
die	....
Prüfung	....
kaum	....
gelernt	....
hat.	....

1.2 Richtige Verwendung von Österreichischem Wörterbuch und Duden

Der Duden und das Österreichische Wörterbuch (ÖW) enthalten neben der aktuell gültigen Rechtschreibung viele weitere Informationen, von denen man Gebrauch machen kann und soll. Unter anderem erhält man nützliche Hinweise zur Wortherkunft, zu Pluralangaben, zu Konjugationen, zur genauen Wortbedeutung etc.

Auch wenn Sie Ihre Matura auf PC mit Rechtschreibprüfung verfassen, werden Sie nicht umhinkönnen, öfter nachzuschauen, denn die Korrekturhilfe hat ihre Grenzen, vor allem bei der Groß- und Kleinschreibung sowie der Zusammen- und Getrenntschreibung.

Genau wie jedes andere Wörterbuch sind Duden und ÖW natürlich alphabetisch sortiert, wobei „ä", „ö", „ü" und „ß" an derselben Stelle stehen wie „a", „o", „u" und „ss". Sie müssen immer das Grundwort suchen, bei den Hauptwörtern also immer Einzahl, bei den Zeitwörtern die Nennform. Am oberen Rand jeder Seite ist das erste und letzte Wort auf der Seite verzeichnet. Jedes Stichwort ist durch Fettschrift markiert.

Hauptwörter

Hier wird nach dem Stichwort der Artikel angegeben, dann die Endung für den 2. Fall Einzahl, danach die Mehrzahlform:

ÖW:	**Ball** der, -[e]s/Bälle
	Dame die,-/-n
Duden:	**Ball**, der; - [e]s, Bälle
	Dame, die; -, -n

Die eckige Klammer bedeutet in diesem Fall, dass das „e" geschrieben werden kann, aber nicht muss. Für den 2. Fall Einzahl gibt es also zwei Möglichkeiten: „des Balls" oder „des Balles".

Der Strich (-) bedeutet, dass es keine Änderung der Form gegenüber dem Stichwort gibt: Der 2. Fall von „Dame" ist ebenfalls „Dame".

Wenn Sie Informationen zu einem zusammengesetzten Hauptwort brauchen, z. B. „Fensterbrett", müssen Sie unter „Brett" nachschauen.

Unregelmäßige (starke) Verben

ÖW:	hier stehen die drei Stammformen:
	bitten/bat/gebeten
Duden:	Nach dem Stichwort steht die 2. Person Einzahl Mitvergangenheit, dann die 2. Person Einzahl Konjunktiv II, die 3. Stammform und die Befehlsform in der Einzahl:
	bitten; du batst (batest); du bätest; gebeten; bitt[e]!

Verben mit einem Wechsel des Stammvokals in der Gegenwart

ÖW: 1. und 2. Person Einzahl der Gegenwart, 2. und 3. Stammform, Befehlsform Singular und Plural sind angegeben:
treffen, ich treffe, du triffst/traf/getroffen/triff!, trefft!

Duden: Nach dem Stichwort sind 2. Person Einzahl Gegenwart, Mitvergangenheit
und Konjunktiv II, 3. Stammform und Befehlsform in der Einzahl angegeben:
treffen; du triffst; du trafst; du träfest; getroffen; triff!

Spitze Klammern

Diese geben die Herkunft des Wortes an:

monoklonal   <griech.>
mokieren, sich <franz.>

Runde und eckige Klammern

In runden Klammern werden Hinweise zur regionalen und nationalen Zuordnung und
zu Stilschicht- und Bereichsangaben gemacht (z. B. „ugs." für umgangssprachlich, „sal." für
salopp, „geh." für gehoben, „mda(l)." für mundartlich) sowie die Begriffe erklärt und bei
Fremdwörtern steht zusätzlich nach dem Stichwort in eckigen Klammern die internatio-
nale Lautschrift:

Compiler [… ′pai…], der; -s, - <engl.> (EDV Programm zur Übersetzung
einer Programmiersprache in die Maschinensprache eines Computers)
Fummel, der; -s, - (*ugs.* für billiges Kleid)

Infokästen

Bei schwierigen Wörtern gibt es farbig unterlegte Infokästen, die verschiedene Anwen-
dungen und Beispiele bringen.

Verweise

Bei manchen Wörtern stehen im Duden Verweise auf die Kennziffer des Erläute-
rungsteils:

anstatt *vgl.* statt; anstatt dass ↑ K126
K1-K169 bringen am Beginn des Buches Rechtschreib- und Zeichensetzungser-
klärungen unter diesen Verweisen.

Worttrennung

Worttrennungsmöglichkeiten sind durch senkrechte Striche angegeben:

Ad I verb

Homonyme

Gleichgeschriebene, aber nicht verwandte Wörter (Homonyme) werden durch hochgestellte Ziffern unterschieden:

Star[1] … ein Singvogel
Star[2] … eine Augenkrankheit
Star[3] … berühmte/r Künstler/in

Zusätzlich ist im Duden bei mehreren Möglichkeiten die empfohlene Schreibung gelb hinterlegt.

Tipp

Wenn Sie ein Wort nicht finden, so wie Sie es schreiben wollen, verwenden Sie lieber ein anderes!

Übung 2

Versuchen Sie mithilfe des Wörterbuches die Fragen zu beantworten!

1. Was ist ein Trinitarier?
2. Wie lautet die 3. Stammform von „wringen"?
3. Was bedeutet die Abkürzung A. T.?
4. Von welcher Sprache stammt „Schi"?
5. Welchen Artikel hat „Mühsal"?
6. Wie trennt man „Bereicherung" richtig ab?
7. Wie wird „Accessoire" richtig ausgesprochen?
8. Wie lautet der 2. Fall Einzahl des Wortes PKW?
9. Was ist ein Gecko? Aus welcher Sprache kommt dieses Wort?
10. Wie lautet die Mehrzahl von „Streit"?
11. Welches Geschlecht hat „Python"?
12. Wie lautet die Einzahl von „Antibiotika"?
13. Welche Mehrzahlformen von „Pizza" gibt es?

Deutsch • Berufsreifeprüfung © Lemberger • Ikon

2 RECHTSCHREIBUNG

Die Geschichte der deutschen Rechtschreibung ist nicht lang. Viele Jahrhunderte schrieb man so, wie man es für richtig hielt, sofern man überhaupt schreiben konnte. Denn dies – Lesen und Schreiben – war dem Klerus, dem Adel und eventuell noch dem Kaufmannsstand vorbehalten.

Bis ins 19. Jahrhundert verhinderte zudem die deutsche Kleinstaaterei eine landesweit verbindliche Rechtschreibung. Erst mit dem Aufkommen der Nationalstaaten und der verbesserten Schulbildung für breite Bevölkerungsschichten wurde um die Mitte des 19. Jahrhunderts eine einheitliche Rechtschreibung auch von politischem Interesse.

In Österreich gab es unter Maria Theresia zwar 1774, im selben Jahr, in dem sie die „Allgemeine Schulordnung" erließ, den Versuch, die Schreibung von circa 500 Wörtern zu regeln, doch es dauerte bis zum Jahr 1876, dass in Berlin die „Konferenz zur Herstellung größerer Einigung in der deutschen Rechtschreibung" tagte. Allerdings ergebnislos.

Schließlich war die 2. Berliner Orthographiekonferenz 1901 erfolgreich und beschloss die amtliche Rechtschreibung, die für das gesamte deutsche Sprachgebiet eine einheitliche Regelung schuf (in der Schweiz und in Liechtenstein fiel allerdings ab dem Beginn des 20. Jahrhunderts das „ß" schrittweise weg) und im Wörterbuch Konrad Dudens ihren Niederschlag fand. Eine wichtige Veränderung war damals die endgültige Abschaffung des „th" in Wörtern deutschen Ursprungs wie bei „thun", „Thür", „Thor" etc.

Für diese einheitliche Rechtschreibung mussten viele Kompromisse geschlossen werden, wodurch im Regelwerk große Lücken entstanden, die im Nachhinein viele Einzelfestlegungen erforderlich machten; das erschwerte natürlich die Orthografie zusätzlich.

Weitgehend unbekannt ist, dass schon in der Zeit des Nationalsozialismus der Versuch einer Rechtschreibreform unternommen wurde. Die neuen Regeln lagen 1944 gedruckt in einer Million Exemplaren auf, wurden aber nicht mehr umgesetzt.

Der Ruf nach Vereinfachung der deutschen Rechtschreibung bestand auch nach dem Zweiten Weltkrieg weiter, doch es dauerte noch bis zur Wiener Konferenz vom November 1994, dass ein Vorschlag vorgelegt werden konnte, den Deutschland, Österreich und die Schweiz sowie einige andere Länder mit deutschsprachiger Bevölkerung am 1. Juli 1996 unterzeichnet haben. Da anhaltende Kritik an manchen Neuregelungen der Reform bestand, wurde 2004 der „Rat für deutsche Rechtschreibung" geschaffen, dessen erste Aufgabe darin bestand, die strittigsten Bereiche der neuen Regeln zu überarbeiten. Im Februar 2006 wurde diese Arbeit abgeschlossen und am 1. August 2006 trat die modifizierte neue Rechtschreibung in Kraft.

2.1 Groß- und Kleinschreibung

Die Groß- und Kleinschreibung gehört nach wie vor zu den schwierigsten Bereichen der Rechtschreibung. Im Zuge der Reform von 1996 einigte man sich auf eine modifizierte Großschreibung, die die Grundregeln – wie Großschreibung der Nomen – nicht veränderte, aber den formalen Aspekt mehr betonte, um die Schwierigkeiten bei der Abgrenzung von hauptwörtlichem und nicht hauptwörtlichem Gebrauch zu verringern.

2.1.1 Großschreibung am Satzanfang und bei Überschriften

Info

Das erste Wort eines selbstständigen Satzes wird großgeschrieben.

Dies gilt jedoch nicht für Sätze, die in Gedankenstrichen oder Klammern eingeschoben werden.

Beispiele

Am letzten Sonntag – es war ein heißer Tag – haben wir einen Ausflug gemacht.
Am letzten Sonntag (es war ein heißer Tag) haben wir einen Ausflug gemacht.

Info

Das erste Wort eines ganzen Satzes nach einem Doppelpunkt wird großgeschrieben.

Beispiel

Die Vorschrift lautet: Jeder muss sich anschnallen.

Könnte der Doppelpunkt durch einen Beistrich oder Gedankenstrich ersetzt werden, darf **auch** klein weitergeschrieben werden.

Folgt auf den Doppelpunkt nur eine Aufzählung, schreibt man klein weiter.

Beispiel

Folgendes Obst esse ich gerne: grüne Äpfel, Bananen und Erdbeeren.

Info

Das erste Wort einer Überschrift wird großgeschrieben.

2.1.2 Großschreibung von Nomen

Hauptwörter werden im Deutschen großgeschrieben, und zwar sowohl Konkreta (Nomen, die Lebewesen oder Gegenstände bezeichnen: Gerhard, Baum, Sessel …) als auch Abstrakta (Nomen, die Gedachtes oder Empfundenes ausdrücken: Liebe, Hoffnung, Glaube …). Zu den Nomen zählen auch die von anderen Wortarten mithilfe der Endsilben „-ung", „-heit", „-keit", „-schaft", „-tum", „-nis", „-sal" und „-sel" gebildeten Wörter.

Achtung

Nomen als Teil eines Adjektivs werden natürlich kleingeschrieben.

Beispiele

mediensüchtig, haushoch, meterlang

2.1.3 Nominalisierungen

Im Deutschen kann jede Wortart zu einem Nomen und damit großgeschrieben werden. Für die Großschreibung des dazugehörigen Wortes gibt es bestimmte Hinweise.

Hinweis durch einen bestimmten oder unbestimmten Artikel

Info

Beispiele

das Schreiben	um ein Beträchtliches
das Gute	ein Hin und Her
der Einzelne	ein Oh
der Einzige	das Gegebene sein
des Langen und Breiten	ein Übriges tun
des Öfteren	den Kürzeren ziehen
des Weiteren	das Geringste
der Erste	das Für und Wider
auf ein Neues	das Gestern
das Ach und Weh	

Hinweis durch ein Pronomen (hinweisendes, besitzanzeigendes oder unbestimmtes)

Info

Beispiele

dieses Jammern	kein Zögern
jeder Beliebige	alles Mögliche
sein Arbeiten	viel Gutes
unser Faulenzen	allerlei Schmackhaftes
jenes Nichtstun	einige Wenn und Aber
euer Erscheinen	wenig Nützliches
der Grund ihres Kommens	genug Schlimmes

Das gilt jedoch nicht, wenn das Pronomen ein eigenes Objekt ist:

viel arbeiten
nichts tun
wenig lesen
(„viel", „nichts", „wenig" sind hier keine Signalwörter für die Großschreibung, sondern Objekte: was arbeiten? was tun? was lesen?)

Hinweis durch ein Adjektiv mit Beugungsendung

Info

Beispiele

laut**es** Schreien
gründlich**es** Arbeiten
genau**es** Lesen
sorgfältig**es** Recherchieren
nach lang**em** Hin und Her

Es ließe sich hier auch der Artikel dazudenken: das laute Schreien, das gründliche Arbeiten, das genaue Lesen, das sorgfältige Recherchieren, nach dem langen Hin und Her.

Info

Hinweis durch eine Präposition

Beispiele

durch Weinen
ohne Zögern
mit Hängen und Würgen
auf Biegen und Brechen
vor Lachen nicht sprechen können
ohne Wenn und Aber

Info

Hinweis durch eine Präposition, die mit einem Artikel verbunden ist (auch in festen Redewendungen)

Beispiele

beim Reden
zum Schwimmen
vom Gehen
im Allgemeinen
im Argen liegen
im Besonderen
im Entferntesten
im Großen und Ganzen
im Nachhinein

im Trüben fischen
im Stillen
im Folgenden
es im Guten versuchen
im Kleinen
im Übrigen
ins Reine bringen
fürs Erste
im Voraus

Info

Hinweis durch eine Beugungsendung beim (Zahl-)Adjektiv oder Partizip selbst, wenn es ohne dazugehöriges Nomen oder hauptwörtlich gebrauchtes Verb vorkommt

Beispiele

Er isst immer nur Gut**es**.
Sie denkt an Möglich**es** und Unmöglich**es**.
Sie mag Heiß**es** nicht.
Ich habe Unerfreulich**es** gesehen.
Ihr ist Laut**es** zuwider.
Es ist so, dass er Gebraucht**es** nicht kauft.
Wir müssen Folgend**es** mitteilen.
Er sagt, dass Letzter**es** noch geprüft werden muss.
als Nächst**er**/Nächst**e**/Nächst**es** drankommen
als Letzt**er**/Letzt**e**/Letzt**es** durchs Ziel laufen
als Erst**er**/Erst**e**/Erst**es** fertig sein

2.1.4 Paarformeln

> **Einige Adjektive in Paarformeln werden auch dann großgeschrieben, wenn sie keine Beugungsendung haben.**

Alt und Jung
Arm und Reich
Groß und Klein
Dick und Dünn
Hoch und Niedrig
Gleich und Gleich
jenseits von Gut und Böse
Gut und Böse unterscheiden
aus Alt Neu machen
aus Schwarz Weiß machen
Richtig und Falsch unterscheiden

Aber

über kurz oder lang
durch dick und dünn
von nah und fern
schwarz auf weiß
grau in grau

Diese Wendungen gelten nicht als Paarformeln und werden daher kleingeschrieben.

2.1.5 Geografische Namen

> **Von Orts- und Ländernamen abgeleitete Adjektive auf „-er" schreibt man groß.**

Beispiele

der Schweizer Käse
die Kärntner Seen
die Tiroler Bauern

Aber

Ableitungen auf „**-isch**" bleiben klein (sofern sie nicht Teil eines Eigennamens sind).

Beispiele

die burgenländischen Bauern
dieser französische Wein

2.1.6 Eigennamen

> **Als Bestandteil von Eigennamen werden Adjektive, Partizipien, Pronomen und Numeralien großgeschrieben.**

Dies betrifft vor allem

- historische Ereignisse
- geografische Namen (Flüsse, Seen, Städte, Landschaften, Berge …)
- Sternbilder
- Namen von Behörden, Ämtern, Institutionen
- Titel und Ehrenbezeichnungen
- Bezeichnungen aus Botanik und Zoologie

Beispiele

der Westfälische Friede
der Zweite Weltkrieg
der Siebenjährige Krieg
die Alte Welt
das Schwarze Meer
der Finnische Meerbusen
das Kap der Guten Hoffnung
der Große Bär
die Europäische Union
die Österreichischen Bundesbahnen
der Heilige Vater
das Fleißige Lieschen

> Bei sogenannten **festen Verbindungen** aus Adjektiv und Nomen wird das Adjektiv kleingeschrieben.

Beispiele

das schwarze Schaf
die schwarze Liste

Bei manchen Verbindungen sind **beide** Schreibweisen richtig.

Beispiele

das gelbe/Gelbe Trikot
das schwarze/Schwarze Brett

> Im Zweifelsfall lieber nachschauen (unter dem Adjektiv, Partizip, Pronomen oder Numerale)!

Unterstreichen Sie die großzuschreibenden Wörter!

1. Bei der veranstaltung wurden einige auserwählte begrüßt.
2. Der schüler wurde wegen seines lästigen benehmens ermahnt.
3. Sie haben uns alle sehr zuvorkommend behandelt und sich lobend über unsere arbeit geäußert.
4. Du solltest etwas vorsichtiger fahren.
5. Hier können sie alles mögliche unternehmen und verschiedenes ausprobieren.
6. Seit einiger zeit spürte er ein ständiges ziehen in seinem bein.
7. Er war ein mensch, der alles ungerechte verurteilte.
8. Seit ihrer operation konnte sie nichts heißes mehr schlucken.
9. In diesem großen haus wohnen die jungen und alten zusammen. Auch arm und reich lebt hier friedlich nebeneinander.
10. Es ist bekannt, dass fast alles ein für und wider hat.
11. Mit diesem satz hatte er etwas ganz bestimmtes gemeint.
12. Es gab viele spannende sachen zu lesen, aber so etwas spannendes wie dieses buch gibt es selten.
13. Wir dürfen nun aufatmen: alle vorhersagen deuten auf einen supersommer hin.
14. Wir wollen heute nicht wandern, sondern schwimmen.
15. Durch bellen sollen die hunde einbrecher verscheuchen.
16. Mit allem drum und dran kostet es circa 100 euro.
17. Die wiener und die burgenländischen zeitungen brachten die gleichen meldungen.
18. Es ist eine tatsache, dass man schneller etwas zerstören als aufbauen kann.
19. Du musst das a deutlich aussprechen.
20. Alle können sich beruhigen: es ist überhaupt nichts schlimmes passiert.
21. Das lernen macht den kindern keine schwierigkeiten, aber durch ihr häufiges zuspätkommen haben sie im turnen eine schlechte note.
22. Wir können in unserem betrieb tüchtige und fleißige mitarbeiter immer gebrauchen.
23. Wir wissen, dass unser wissen nicht ausreicht, um unseren kindern alles nötige erklären zu können.
24. Er ist drauf und dran, die größte dummheit seines lebens zu begehen.
25. Sie taten vieles gemeinsam, obwohl zwischen ihnen wenig verbindendes vorhanden war.
26. Ein sausen und brausen erfüllte die luft, als die vögel zu ihrem zug gegen süden aufbrachen.
27. Im geschichtsunterricht wurden sowohl der prager fenstersturz als auch der westfälische friede durchgenommen.
28. In vielen teilen der erde können die meisten menschen weder lesen noch schreiben.
29. Beim essen können wir ausführlich alles nötige besprechen.
30. Wider erwarten hat er die prüfung doch bestanden.
31. Unter ihnen waren viele kluge und schlaue, doch keiner war intelligent genug, diese beispiele zu lösen.
32. Viel schönes und spannendes hat er auf all seinen reisen gesehen, doch leider auch manch unangenehmes erlebt.

Übung 3

33. Als sie das verschwinden des kindes bemerkten, war des jammerns und klagens kein ende.
34. Er atmete schwer und seine brust bewegte sich auf und nieder.
35. Sie glaubt, für sie sei nur das beste vom besten gut genug.
36. Das weiße haus in washington ist der amtssitz des amerikanischen präsidenten.
37. Dummes reden kann größeren schaden anrichten, als man denkt.
38. Das erfolglose suchen musste leider in den morgenstunden abgebrochen werden.
39. Ich habe ihr das du angeboten, weil sie die einzige in meinem freundeskreis war, die ich noch siezte.
40. Beim bummel durch den markt kann man vieles betrachten: meißner porzellan, holländische tomaten, nürnberger lebkuchen, tiroler und burgenländischen schinken, wiener und ausländische zeitungen.
41. Ohne fleißiges lernen gibt es nur selten einen dauerhaften erfolg, denn es fliegen einem keine gebratenen tauben in den mund.
42. Der betrunkene, der tobend und johlend durch die straßen zog, wurde von der herbeigerufenen polizei aufgegriffen.
43. Wenn jeder sein möglichstes tut, wird das ganze sicher gelingen.
44. Diese arbeit enthielt eigentlich nichts neues.
45. Wir hatten im stillen gehofft, dass er über kurz oder lang sein studium beenden würde.
46. Nicht jedermann wird die prüfung bestehen, sondern nur diejenigen, die bereit sind, hart zu arbeiten.
47. Der verschluss soll das verdunsten der flüssigkeit und damit das austrocknen verhindern.
48. Dick und dünn, alt und jung, arm und reich – alle waren bereit, mit ihm durch dick und dünn zu gehen.
49. In den tiefen des stillen ozeans und des schwarzen meeres liegen viele wracks.
50. Er erzählt in seinen büchern altes und neues aus der alten und neuen welt.
51. Du solltest beim arbeiten etwas genauer sein.
52. Auf dieser party habe ich vielerlei köstliches gegessen.
53. Auf dem flohmarkt wurden allerlei beschädigte sachen und viel neues angeboten.
54. Endlich ist es so weit: der sommer kommt.
55. Es war seine aufgabe, die gäste herzlich willkommen zu heißen.
56. Sei so nett und störe mich nicht beim arbeiten!
57. Diese bücher sind so unterhaltsam; wir freuen uns schon aufs lesen.
58. Etwas wesentlich neues kam dabei nicht heraus; im großen und ganzen blieb alles beim alten.
59. Lehrer sollten stets auf dem laufenden sein.
60. Selbstständiges öffnen und schließen der türen erleichtert ein schnelles abfertigen der u-bahn.
61. Bei diesem vorgesetzten gibt es nichts zu lachen.
62. Nicht durchs faulenzen, sondern nur durchs lernen kommt man zur matura.
63. Bei diesem spiel zog er immer den kürzeren.
64. Sie schert sich nicht im geringsten darum, wie es ihren mitmenschen geht.
65. Mediatoren sind dazu da, konflikte zwischen den parteien wieder ins reine zu

bringen.

66. Momentan ist die lage in diesen ländern bis zum äußersten gespannt und die lebensbedingungen der einwohner sind im argen.

67. Sie hat mir heute ihr kommen mitgeteilt und erwartet mein erscheinen am flughafen.

68. Bei ihrem bummel durch das einkaufszentrum haben sie alles mögliche gekauft, teures und billiges.

69. Sie hat mich bis ins kleinste über das treffen informiert.

70. Sein vermögen war um ein beträchtliches geringer, als er gedacht hatte.

71. Hüte dich davor, das ins lächerliche zu ziehen, denn er könnte dich eines besseren belehren.

72. Sie begrüßten ihre freunde mit lautem hallo.

73. Ihr müsst immer genau aufpassen, wenn ihr etwas lernen wollt.

74. Man muss hin und wieder auch unangenehmes in kauf nehmen.

75. Im nachhinein bereue ich meinen entschluss, denn es ist mir dabei viel schlimmes passiert.

76. Durch das umleiten kam der gesamte verkehr ins stocken.

77. Es gibt menschen, die das gute nicht vom bösen unterscheiden können.

78. Man hörte viele wenn und aber, aber zuletzt stimmten doch alle dem plan zu.

79. Zum frühstück trinke und esse ich folgendes: frisch gepressten fruchtsaft, kaffee und müsli.

80. Er musste nur noch den aufsatz ins reine schreiben.

81. Durch ständiges fragen nach unwichtigem störte er den unterricht.

82. Für viele menschen ist es das wichtigste, am herkömmlichen festzuhalten.

83. Obwohl er alles großartig geplant hatte, lief doch einiges schief.

84. Wie oft bereut man ein unmäßiges essen!

85. Schon oft wurde er wegen zu schnellen fahrens bestraft.

86. Ihr interesse am tanzen und singen war nicht groß.

87. Sein freund wollte etwas schönes kaufen, aber er hatte das wichtigste vergessen: geld.

88. Er ist ein großzügiger mensch; jedem schenkt er allerlei nettes.

89. Die besichtigung des roten platzes im zentrum moskaus musste aus zeitmangel entfallen.

90. In diesem punkt sind sich alt und jung einig.

91. Er war nur noch aufs faulenzen aus, nicht aufs arbeiten.

92. Zum ersten mal sind sie damit beschäftigt, das wie der arbeit zu bewerten.

93. Ständig störte er den vortrag, indem er belangloses einwarf.

94. In gedanken ließ er die ereignisse der vergangenen wochen revue passieren, schönes und weniger schönes.

95. Das war ein fest für arm und reich, hoch und niedrig.

96. Ein sprichwort lautet: gleich und gleich gesellt sich gern.

97. Ich hoffe, du bist dir im klaren darüber, dass das etwas schwerwiegendes ist.

98. Unter leisem schluchzen nehmen sie abschied voneinander.

99. Die steuern sind in den letzten jahren nur um ein geringes erhöht worden.

2.1.7 Kleinschreibung von ursprünglichen Nomen

Info

Aus Nomen entstandene Wörter, die als Präpositionen vorkommen, werden kleingeschrieben.

anhand der Unterlagen
an Kindes **statt**
dank deiner Hilfe
infolge des Schneefalls
inmitten der Kinderschar
kraft meines Amtes
trotz deiner Erfahrung
um der Ruhe **willen**
zeit seines Lebens

Info

Aus Nomen entstandene Wörter, die als Adverbien oder Präpositionen vorkommen und gekennzeichnet sind durch ein angehängtes „-s" oder „ -(e)ns", werden kleingeschrieben.

Beispiele

abends (wie alle Tageszeiten auf „-s")
abseits
anfangs
angesichts
flugs
hungers
mangels
mittels
mittags
montags (wie alle Wochentage auf „-s")
namens
rechtens
schlechterdings
seitens
teils
willens
zwecks

Achtung

des Abends, **des** Morgens … (Hier ist das „s" nur Kennzeichen des Genitivs, wie man auch am Artikel sieht.)

> Einige (ursprüngliche) Nomen in trennbaren Zusammensetzungen mit Verben werden auch in getrennter Schreibung kleingeschrieben.

bankrottgehen	Er geht bankrott.
eislaufen	Sie läuft eis.
heimreisen (-fahren, -gehen …)	Ich reise heim.
irreführen (-leiten, -werden)	Er führt irre.
kopfstehen	Wir stehen kopf.
kundtun	Sie tut kund.
leidtun	Es tut leid.
nottun	Es tut not.
pleitegehen	Er geht pleite.
preisgeben	Sie gibt preis.
standhalten	Er hält stand.
stattfinden (-geben)	Es findet statt.
teilnehmen (-haben)	Er nimmt teil.
wettmachen	Sie macht wett.
wundernehmen	Es nimmt wunder.

> Einige ursprüngliche Nomen wechseln ihre Wortart und werden in Verbindung mit „sein", „bleiben" und „werden" kleingeschrieben.

angst
bange
bankrott
feind
freund
gram
klasse
leid
pleite
recht
schuld
unrecht
wert

Beispiele

Mir **wird** angst und bange.
Bleib mir nicht gram.
Es **ist** viel wert.
Er **ist** schuld.

Aber

Ich **habe** Angst.
Er **hat** Schuld.
Wir **legen** Wert auf etwas.

Info

Das Wort „ernst" wird in Verbindung mit „sein", „bleiben", „werden" und „nehmen" kleingeschrieben.

Beispiele

Es **ist** ernst.
Er **nimmt** mich nicht ernst.

Aber

Er **macht** Ernst.

Sind jedoch andere Kriterien für die Großschreibung vorhanden, wird trotz „sein", „bleiben" und „werden" großgeschrieben:

Beispiele

Es ist **mein** Ernst.
Es ist **die** Schuld des Freundes.

Beide Möglichkeiten gibt es bei:

Recht/recht haben
Recht/recht behalten
Recht/recht bekommen
jemandem Recht/recht geben

Achtung

Durch diese zugegebenermaßen sehr komplizierten Regeln gibt es bei einigen Wörtern drei verschiedene Arten der Schreibweise:

bankrott sein, pleite sein, leid sein
bankrottgehen, pleitegehen, leidtun
Bankrott machen, Pleite machen, Leid erdulden (verursachen …)

2.1.8 Kleinschreibung trotz formaler Kriterien für die Großschreibung

Info

Die letzte Steigerungsstufe des Adjektivs (Superlativ) mit „am" schreibt man klein, wenn hinter „am" nicht „an dem" steckt.

Beispiel

schnell – schneller – am schnellsten (wie?)

Aber

Es mangelt am Nötigsten. (Woran?)

Info

Ein alleinstehendes (Zahl-)Adjektiv mit Artikel schreibt man klein, wenn das dazugehörige Nomen im Satz oder im Satz davor vorkommt.

Beispiele

Die großen Fische fressen **die kleinen**.
Ich kaufe kein neues Kleid. Ich ziehe **das alte** an.
Er war **der schnellste** von allen Läufern.
Drei Frauen gingen auf den Markt. **Die erste** kaufte Bananen, **die zweite** …

Die Pronomen „der eine", „der andere", „die vielen (meisten)", „die wenigen (wenigsten)" werden in der Regel kleingeschrieben.

Sie dürfen ausnahmsweise jedoch großgeschrieben werden, wenn ihr hauptwörtlicher Charakter hervorgehoben werden soll.

Beispiele

die Einen
alles Andere

Es gibt eine einzige Verbindung, in der sowohl „ein" als auch „all-" großgeschrieben werden müssen:
Du bist mein Ein und Alles.

Ausnahmslos klein schreibt man „(die) beiden", „ein jeder", „ein bisschen" und „ein paar" (in der Bedeutung „einige").

Aber

ein Paar Schuhe

Unterstreichen Sie die großzuschreibenden Wörter!

Übung 4

1. Da der betrieb, der ihn zuletzt beschäftigt hatte, pleite machte, war er arbeitslos und daher ständig pleite.
2. Von nah und fern kamen alt und jung zu diesem fest.
3. Der unglückliche wird zeit seines lebens an dieses missgeschick denken.
4. Es tut mir leid, dass ich dir ein unrecht angetan habe, aber ich bin es leid, mich mein ganzes leben dafür entschuldigen zu müssen.
5. Du behauptest zwar, keine schuld zu haben, in meinen augen bist du dennoch schuld an diesem unfall.
6. Es war klar, dass sie trotz seines fehlers mit ihm durch dick und dünn gehen würde.
7. Um der ruhe willen gab er sein geheimnis schließlich preis, obwohl ihm das angst machte.
8. Es war den beiden gar nicht recht, dass sie die rechnung im voraus bezahlen mussten.
9. Der anwalt protestierte namens seines mandanten gegen die erhobenen beschuldigungen.
10. Der patient wusste den namen des mittels nicht mehr, das er mittels der verschreibung bekommen sollte.
11. Zieh morgen nicht den schwarzen anzug an, nimm den braunen.
12. Der angeklagte konnte schwarz auf weiß beweisen, dass er nicht schuld war.
13. Montags und dienstags hatte er keine sprechstunden.
14. Immer wenn es dunkel ist, wird mir angst und bange, aber ich habe keine angst, wenn mein hund bei mir ist.
15. Ein jeder tappte bei der aufklärung des verbrechens im dunkeln.

Übung 4

16. Seit frühester kindheit war er ihm feind gewesen.
17. Er legte besonders viel wert auf sein äußeres.
18. Es war klar, dass er mangels fehlender aufträge über kurz oder lang bankrott sein würde.
19. Es tut not, dafür zu sorgen, dass die kinder nicht not leiden.
20. Sie konnte dank der hilfe ihres freundes aus dem gefängnis entkommen.
21. Du musst ein bisschen besser aufpassen, wenn du diese prüfung bestehen willst.
22. Sie nahmen an dem spiel nicht teil, aber regen anteil am schicksal der sportler.
23. Obwohl sie mittags immer eine stunde schlief, war sie am abend schon wieder müde.
24. Wir sind ihr gram, dass sie den verlockungen nicht widerstanden hat.
25. Das vorgehen der behörden war sicher nicht rechtens.
26. Ob der wahrheitsanspruch der behauptung gegeben ist, lässt sich nicht so leicht klären.
27. Man sollte von anfang an den kindern vermitteln, dass das lesen ein vergnügen ist.
28. Der vorgesetzte lehnte das bisher vorgeschlagene rundweg ab.
29. Es kommt in erster linie darauf an, die eigenen stärken herauszufinden und sie mit aller kraft einzusetzen.
30. Das ansuchen wurde kraft der neuen verordnung abgelehnt.
31. Sie wollte sich nicht jeden tag aufs neue über den hoffnungslos überfüllten linienbus ärgern.
32. Jeder gab jedem die schuld, nur nicht sich selbst.
33. Wer ist schuld an dem chaos?
34. Er ist sich im klaren darüber, dass er alles nötige sofort veranlassen muss.
35. Der preis des soeben erstandenen sommerkleides war um die hälfte heruntergesetzt.
36. Aller voraussicht nach werden wir bei dem treffen nichts aufregendes erfahren.
37. Die gesamten aktivitäten konnten ohne schwierigkeiten im grünen ausgeführt werden.
38. Eine angemessene skepsis ist von größter bedeutung, um nicht von vornherein einen fehler zu riskieren.
39. Im großen und ganzen scheint das unternehmen gut dazustehen.
40. Der schwer verständlichen rede konnten nur die wenigsten folgen.
41. Bedauerlicherweise war er sich keiner schuld bewusst, obwohl er offensichtlich schuld war.
42. Beim betreten des verfallenen schlosses wurde mir jedes mal angst und bange.
43. Die anwesenden anrainer hatten des öfteren versucht, die projektbetreiber zum umdenken zu bewegen.
44. Unter den vielen angeboten ließ sich wenig vergleichbares finden.
45. Viele wanderer machten sich trotz der dunkelgrauen wolken auf den weg.
46. Die übereinstimmenden aussagen mehrerer zeugen führten schließlich zur festnahme des gesuchten täters.
47. Er gab um keinen preis der welt die geheimen daten preis.
48. Über kurz oder lang werden alle fakten bekanntgegeben werden.
49. Dieser tennisspieler war der jüngste aller turnierspieler.

Übung **4**

50. Alle stellten sich die frage nach dem warum.
51. Im laufe dieser kurzen zeit wurden übermäßig viele zwischenfälle gemeldet.
52. Florian war von klein auf ein stets zu streichen aufgelegtes bürschchen.
53. Wüstenbewohner tragen trotz hoher temperaturen und glühender hitze lange kleidung und kopfbedeckung.
54. Gestern ist uns etwas peinliches passiert.
55. Wegen der eben erst überstandenen krankheit wollte sie sich mehr ruhe gönnen.
56. Kuvertüre ist weniger süß als kochschokolade und eignet sich daher besser zum backen.
57. Auf orientalischen märkten ist das feilschen um einen preisnachlass gang und gäbe.
58. In manchen landwirtschaftlichen betrieben kann man das eine oder andere produkt vor ort erstehen.
59. Der größte see österreichs ist der attersee, der kälteste der tiroler achensee.
60. Im bereich der weiterbildung liegt einiges im argen.

2.1.9 Tages- und Uhrzeiten sowie Wochentage

Info

Die Bezeichnungen von Tageszeiten nach Adverbien wie „gestern", „heute" und „morgen" werden als Nomen angesehen und großgeschrieben.

Beispiele

heute Mittag
gestern Abend
morgen Früh (in Deutschland auch morgen früh)

Aber

Bei umstandswörtlichem Gebrauch des zweiten Wortes Kleinschreibung:
heute mittags
gestern abends

Info

Die Verbindung von Wochentag und Tageszeit schreibt man zusammen, außer wenn beide Teile umstandswörtlich gebraucht werden.

Beispiele

Dienstagnachmittag
am Donnerstagvormittag
Dienstagfrüh
Mittwochnacht
montagmorgens
montags morgens

Info

Bei Uhrzeiten werden die Stundenangaben kleingeschrieben.

Beispiele

um acht aufstehen
um zwölf zu Mittag essen

2.1.10 „Mal" – „mal"

Info

Groß schreibt man „Mal", wenn das Nomen gemeint ist, was man an der Beugungsendung des vorangehenden Wortes erkennt.

Beispiele

mehrere Male
zum wiederholten Mal
das erste Mal
ein anderes Mal
dieses Mal
manches Mal

Info

Klein- und zusammengeschrieben wird „mal" mit ungebeugten Wörtern davor.

Beispiele

einmal, zweimal … (Bei besonderer Betonung ist hier auch Getrennt- und Großschreibung möglich: ein Mal, zwei Mal.)
diesmal
ein paarmal
manchmal

2.1.11 Anredefürwörter

Info

Die Höflichkeitsanrede „Sie" mit den entsprechenden Possessivpronomen wird immer großgeschrieben.

Klein schreibt man die vertraulichen Anredepronomen „du" und „ihr" mit den entsprechenden Possessivpronomen.

In Briefen kann die vertrauliche Anrede jetzt auch wieder großgeschrieben werden.

2.1.12 Zahlwörter

> **Kardinalzahlen unter einer Million werden kleingeschrieben, wenn sie eine Anzahl bedeuten (auch mit Artikel), groß, wenn die Zahl selbst damit bezeichnet wird.**

Info

Beispiele

Wir sind unser acht.
wir sieben
alle neune

Aber

einen Sechser würfeln
einen Einser bekommen

> Auf die Frage „wie viel(e)?" wird kleingeschrieben.

Tipp

Info

> **Bei „hundert", „tausend", „dutzend" ist Groß- und Kleinschreibung möglich bei unbestimmten (nicht in Ziffern schreibbaren) Mengenangaben.**

Beispiele

ein paar hundert/Hundert
ein paar hundert/Hundert Menschen
zigtausende/Zigtausende von Bewerbern
in mehreren dutzend/Dutzend Ausführungen

Aber nur

zweihundert (200) Menschen
drei **D**utzend (36) Eier (Hier ist „Dutzend" ein Zahlnomen.)

> Bleiben Sie bei „hundert" und „tausend" bei der Kleinschreibung, bei „Dutzend" bei der Großschreibung, dann sind Sie immer auf der richtigen Seite.

Tipp

Info

> **Bruchzahlen schreibt man klein vor Mengen- und Maßeinheiten und in Uhrzeitangaben unmittelbar vor Zahlen, sonst als Nomen groß.**

Beispiele

ein zehntel Millimeter
ein viertel Kilogramm
in drei viertel Stunden (oder: in drei Viertelstunden)
um viertel fünf
ein Viertel Butter
ein Drittel der Bevölkerung
um Viertel **vor** fünf

2.1.13 Farbbezeichnungen

Info

Farbbezeichnungen schreibt man groß

- nach Präposition
- nach Präposition + Artikel
- auf die Frage „was"? oder „welche Farbe"?

Beispiele

die Möbel in Braun liefern
ins Schwarze treffen
gerne Schwarz tragen

Aber

die blaue Farbe
Das Kleid ist rot.

2.1.14 Sprachbezeichnungen

Info

Man schreibt Sprachbezeichnungen groß

- nach Artikel
- nach Präposition
- nach Präposition + Artikel
- nach Possessivpronomen
- auf die Frage „was?"

Beispiele

das Deutsche
in Französisch
ins Spanische übersetzen
sein Englisch
Er kann Italienisch.

Aber

die englische Sprache
Sie spricht spanisch/Spanisch. (Frage „wie?" oder „was?" möglich)

Übung 5

Unterstreichen Sie die großzuschreibenden Wörter!

1. Am besten drückt sie sich in deutsch aus, während sie im spanischen noch schwierigkeiten hat.
2. Für den kuchen müssen wir noch ein dutzend eier und einen viertel liter milch kaufen.
3. Der veranstalter wünscht allen anwesenden einen guten abend, und zwar auch auf englisch und französisch.

4. Es ist jetzt drei viertel sieben; um viertel nach acht muss ich losfahren.

5. Wenn zwei sich streiten, freut sich der dritte.

6. Mit der ersten kugel gleich alle neune zu treffen, das ist ein kunststück, das nicht jeder zustande bringt.

7. Neben spanisch beherrscht sie auch noch griechisch und portugiesisch.

8. Am nächsten samstagabend findet im veranstaltungszentrum ein interessanter vortrag statt.

9. Sie brachen frühmorgens auf und erreichten gegen abend den gipfel.

10. Er erzählt von seinen drei hunden – alle drei sind reinrassig.

11. Jeden nachmittag spielt im kurpark eine kapelle, des abends jedoch nicht.

12. Leider können wir die bezüge nur in drei farben anbieten: in grün, gelb und blau. Bei der farbe rot gibt es lieferschwierigkeiten.

13. Am ersten jedes monats muss die miete bezahlt werden.

14. Zwei drittel der aufgaben müssen richtig gelöst werden, um einen vierer zu bekommen.

15. Manchmal ist es im leben notwendig, auch mal alle fünf gerade sein zu lassen.

16. Entschuldigen sie bitte, frau Maier, haben sie mein rufen wirklich nicht gehört?

17. Nachdem er am vortag um ein tausendstel verloren hatte, gelang es ihm heute, mit einem vorsprung von einer hundertstel sekunde zu gewinnen.

18. Die sieben hat im christentum eine besondere bedeutung.

19. Das erste viertel des weges liegt bereits hinter uns.

20. Viele millionen menschen starben im zweiten weltkrieg.

21. Der bau verschlang ein vielfaches der veranschlagten summe.

22. Jeden freitag und auch samstags kommt es in den städten zu ausgeprägten staus.

23. Die geschäfte sperren morgens um neun auf und haben über mittag geschlossen.

24. Heuer wurden die wiesen erst ende april grün.

25. Herr Huber, hiermit danke ich ihnen für ihre hilfe.

2.1.15 Wahlweise Groß- oder Kleinschreibung

Info

Feste Verbindungen aus Präposition und gebeugtem Adjektiv kann man groß- oder kleinschreiben.

Beispiele

von neuem/Neuem
binnen, seit, vor kurzem/Kurzem
seit langem/Langem, längerem/Längerem
ohne, bis auf weiteres/Weiteres
von weitem/Weitem

Aber

Feste Verbindungen mit ungebeugtem Adjektiv bleiben klein.

Beispiele

von klein auf
in bar
zu eigen machen

Info

Superlative nach „aufs" oder „auf das", die sich mit „wie?" erfragen lassen, kann man groß- oder kleinschreiben.

Beispiele

aufs angenehmste/Angenehmste überrascht werden
alles aufs beste/Beste regeln

Aber

auf das Schlimmste (worauf?) gefasst sein

Info

Possessivpronomen mit Artikel können groß- oder kleingeschrieben werden.

Beispiele

Du musst das Deine/deine dazu tun, damit du dein Ziel erreichst.
Jedem das Seine/seine!
das Unsere/unsere zu dieser Sache beitragen

Tipp

Bleiben Sie in diesen drei Fällen bei der Großschreibung, dann entspricht das den gängigen Groß- und Kleinschreibregeln.

Info

Bei manchen Infinitiven ist Groß- und Kleinschreibung möglich, weil man sie sowohl als ein nominales Satzglied als auch als Verb auffassen kann.

Beispiele

Er ist erst vier und lernt schon Lesen/lesen. (Man könnte sowohl sagen „Er lernt schon das Lesen" als auch „Er lernt schon zu lesen".)
Probieren/probieren geht über Studieren/studieren.

Übung 6

Abschlussübung zur Groß- und Kleinschreibung
Unterstreichen Sie die großzuschreibenden Wörter!

1. Mein kollege hat nicht im leisesten eine ahnung davon, dass er nach dem ersten befördert wird.
2. Sie unterhielten sich englisch, aber leider war ihr englisch sehr schlecht.
3. Dieses thema haben wir schon des langen und breiten diskutiert.

4. Das wichtigste an diesem konzept ist die möglichkeit, jederzeit zu kommunizieren.

5. Auch dieses jahr übernimmt er die rolle des wiener christkindls und erfreut groß und klein, die von nah und fern kommen, mit gedichten.

6. Zum tauchen, schnorcheln und schwimmen laden zahlreiche weiße strände ein.

7. Die vorstellung musste mangels interesse abgesagt werden.

8. Eine vielzahl von unbekannten geräuschen erklingt des nachts.

9. Er kann laut aussage seines arztes morgen nicht in den urlaub fliegen.

10. Ich denke schon, dass wir uns im wesentlichen einigen werden, nachdem wir das schon des öfteren diskutiert haben.

11. Diese inseln sind ideal für ein paar tage herrlichen nichtstuns.

12. In den alpen kommt winters wie sommers der sport nicht zu kurz.

13. Das buffet bot süßes und saures zu essen an; für jeden war etwas passendes dabei.

14. Für mich ist als sport das laufen das einzig wahre; alles andere macht im großen und ganzen keinen spaß.

15. Ich bekam fieber, das mich im nu extrem schwächte.

16. Sie blickte in einen raum, der spärlich möbliert war: mit einem bett, einem kleiderschrank und einer kommode.

17. Seine frau schüttelte den kopf und war sich darüber vollkommen im klaren, dass sie ihn zum ersten mal in ihrer ehe angelogen hatte.

18. Sie fuhr mit der hand über die schränke und vorhänge, die nach verbranntem rochen.

19. Da sie nie zuvor eine burka getragen hatte, musste sie sich beim anziehen von ihrem mann helfen lassen.

20. Da sie an dieses gewand nicht gewöhnt war, trat sie ständig auf den saum und geriet ins stolpern.

21. Nach kurzem zögern entschied sie sich für das kleid in weiß.

22. Hunde sind das einzige, was man in diesem viertel nicht sehen kann.

23. Ihr mann hält sich für etwas besonderes, weil er spanisch studiert hat.

24. Er vermittelt ihr mit seinen geschenken das gefühl, etwas kostbares, einzigartiges zu sein.

25. Sie konnte nichts neues über ihn in erfahrung bringen.

26. Er sagte, es gebe nichts schöneres, als nach der sauna in die kälte zu treten.

27. Sie kannte ihren älteren bruder nur vom hörensagen.

28. Nach dem tod ihres ältesten trug sie nur noch schwarz.

29. Albert war für höheres bestimmt.

30. Die beiden waren so tapfere junge männer gewesen, dass der major ihrer bestattung beiwohnte.

31. So etwas machte ihr angst.

32. Er nickte bedeutsam, als hätte sie etwas besonders kluges von sich gegeben.

33. Alles in allem hatte er sich ganz passabel gehalten.

34. Sie mussten die angelegenheit endlich ins reine bringen.

35. Er verbrachte täglich viele stunden mit üben.

36. Die preise verleiten zu haltlosem shoppen.

37. Der angeklagte geriet ständig ins schleudern und war schlecht im erklären, worin seine tätigkeit bestand.

Übung 6

38. Man kann wahlweise in bar oder online bezahlen.
39. Der preis muss um ein geringes erhöht werden.
40. Zwei drittel der ware wurden verkauft, ein drittel wurde zurückgelegt.
41. Das schiff passierte nachts das kap der guten hoffnung.
42. Er änderte das testament zu seines freundes gunsten.
43. Dass hier ausschließlich alte leute anzutreffen sind, ist für sie etwas vollkommen neues.
44. Er blieb nicht auf dem laufenden und konnte daher auch nichts überragendes leisten.
45. Sie hat zeit ihres lebens versucht, sich mit den sorgen und nöten ihrer mitmenschen auseinanderzusetzen.
46. Er wurde geradezu irre, da er nicht verstand, warum ihm alle welt feind war.
47. Sabine gelang es, kraft ihres starken willens trotz widriger umstände erste zu werden.
48. Nach einer dreiviertelstunde kam der letzte teilnehmer um viertel drei ins ziel.
49. Immer wieder wird darauf hingewiesen, dass stundenlanges sonnenbaden überaus schädlich ist.
50. Manchen menschen schießt röte ins gesicht, wenn ihnen etwas peinlich ist.
51. Die im rezept angegebenen zuckermengen können beim rührteig ohne weiteres um ein drittel verringert werden.
52. Laut pfarrer Kneipp sollte man morgens über taufrisches gras laufen.
53. Bis morgen nachmittag musst du dir im klaren sein, ob du die gäste auf deutsch oder englisch begrüßt.
54. Das schnelle eingreifen der polizei hatte zur folge, dass das leben von hunderten menschen gerettet wurde.
55. Niemand hatte es zuwege gebracht, die gestellten aufgaben auf anhieb zu lösen.

2.2 Vokale und Dehnung

Vokale werden ohne Hilfe eines anderen Lautes ausgesprochen.

Man unterscheidet:

- Einfache Vokale: a, e, i, o, u
- Umlaute: ä, ö, ü
  Einfache Vokale und Umlaute können lang oder kurz sein.
- Diphthonge (Zwielaute): au, eu, ei, ai, äu (selten ui). Diese gelten – genauso wie das lange „ie" – immer als lang, was bedeutet, dass danach bei deutschen Wörtern niemals ein Doppelkonsonant stehen darf!

Vokale, Umlaute

Die Länge eines Vokals lässt sich auf verschiedene Weisen ausdrücken:

- **einfacher Selbstlaut (unbezeichnete Dehnung); sehr oft nach mehreren Konsonanten**

Info

Beispiele

Schale, Rabe, Blume, grölen, Trog, Klage, grün, Brot

- **Verdoppelung des Vokals. Diese Wörter sind nicht sehr zahlreich; die wichtigsten sind:**

Info

Beispiele

aa: Haar, Aal, P/paar, Aas, Saal, Saat, Maat, Waage
ee: Allee, Beet, Kaffee, leer, Seele, Teer, Armee, Fee, Klee, Schnee, Speer, Idee, Lorbeer, Beere, Heer, Meer, See, Tee, Reede, Moschee
oo: Boot, Moor, Moos, Zoo

- **Dehnungs-h (stummes „h")**

Info

Beispiele

Uhr, wohnen, hohl

Das „h" bleibt auch bei Flexion und Ableitung erhalten.

Beispiele

befehlen – befahl; fliehen – floh

Ausnahme

Blume, Glut (trotz blühen und glühen)

Info

Kein Dehnungs-h haben Wörter, die mit „q", „sch", „sp" oder „t" beginnen: Beginnt mit „sch", „sp", „q" und „t" ein Wort, dann steht ein Dehnungs-h wohl niemals dort!

Beispiele

Qual, Tal, Schal, spät, Schule
(Ausnahmen sind das Wort Schuh, das aber in der Mehrzahl ein ausgesprochenes „h" hat, und Verben, deren „h" erst in der Abwandlung vor Konsonanten stumm wird: spähen – er späht.)

Info

Sehr viele Wörter mit langem, betontem Vokal schreibt man ohne Dehnungs-h. Dafür gibt es keine Regel, und man kann den Unterschied auch nicht hören:

Beispiele

hol! – hohl; Wal – Wahl; Sole – Sohle; Nachname – Nachnahme; war – wahr

Info

- **Dehnungs-e (langes „ie")**

Beispiele

Lied, riesig, bieten

Gegensatzpaar wider – wieder:
wider = gegen, entgegen
wieder = nochmals

Achtung

widerspiegeln
widerhallen
widerschallen
widerscheinen

Übung 7

Setzen Sie die richtigen Vokale ein!
a – ah – aa?

der M.......nbrief
das Schicks.......l
der W.......gemut
ausm.......len
der Blumendr.......t
der W.......lfang
der Leichn.......m
die M.......lzeit
der Sch.......l

der Fests.......l
die Nationalratsw.......l
das Denkm.......l
die Küchenw.......ge
w.......gerecht
die Qu.......l
der St.......r
f.......nden
die Formen w.......ren

sie w…….ren dumm

die F…….ndung

der …….l

sch…….l schmecken

der Sp…….g…….t

der Nachn…….me

das Or…….kel

die W…….re

das B…….rgeld

die M…….d

…….nen

sch…….ben

k…….l

der Sk…….nd…….l

w…….rscheinlich

die Nachn…….me

die Rep…….r…….tur

st…….tlich

sp…….ren

e – eh – ee – ä – äh?

legend…….r

die W…….rung

ausl…….ren

die Haarstr…….ne

die Besch…….rung

die Gef…….rdung

s…….lisch

die Entb…….rung

der Sch…….mel

überqu…….ren

…….rgeizig

die F…….de

n…….mlich

die G…….mse

gem…….chlich

kl…….cksen

qu…….ngeln

das B…….t

die M…….rchenf…….

die Preiselb…….re

die Gal…….rie

die Mosch…….

z…….

w…….leidig

das S…….kr…….t

die Verm…….lung

die Charakt…….re

beh…….nde

allm…….lich

w…….rend

reds…….lig

bel…….ren

die Geb…….rde

verh…….ren

die M…….ne

beschw…….ren

das Rotk…….lchen

bequ…….m

verz…….ren

die …….re

sie w…….re

verschm…….en

sch…….lten

sch…….len

sch…….ndlich

beg…….renswert

die S…….nsucht

w…….mütig

die S…….ne

das Gew…….r

der Pr…….sident

ordin…….r

unversch…….mt

das K…….nguru

entl…….nen

o – oh – oo – ö – öh?

der H…….lraum

die Salzs…….le

die Felsh…….le

die Schuhs…….le

die R…….re

das Gej…….le

Übung 7

gr.......len

st.......ren

t.......richt

die Erh.......lung

der M.......renkopf

kl.......nen

der M.......n

die H.......heit

ausb.......ten

sch.......nen

die G.......re

verh.......nen

die Windb.......e

die R.......heit

der Fl.......

schm.......kern

die St.......rung

sch.......nungslos

die Paprikasch.......te

die B.......le

verp.......nt

der H.......rsaal

st.......nen

das Torfm.......r

lichterl.......

geh.......ren

ich h.......le

verh.......kern

r.......

der Kopfh.......rer

die Str.......mung

pers.......nlich

einer Sache fr.......nen

das ....men

das Verh.......r

p.......r.......s

die Mim.......se

l.......ten

die Sch.......nkost

der F.......n

u – uh – ü – üh?

der ....rmensch

die Sp.......le

der ....rschlüssel

die Trinkk.......r

ungest.......m

p.......r

sch.......ren

k.......ren

die Sch.......rwolle

der/das Kr.......mel

die M.......le

ber.......mt

die M.......re

die M.......sal

das Schw.......rgericht

sp.......ren

das H.......nengrab

die F.......re

die Wanderd.......ne

das Eigent.......m

sp.......ken

schw.......l

die Geb.......r

die Blume bl.......te

w.......len

die Schn.......r

die Sp.......r

der Aufr.......r

die Lag.......ne

der Fl.......rschaden

i – ie – ieh?

der Br.......fst.......l

die Kr.......se

der V.......treiber

das Mot.......v

die B.......bel

qu.......ken

die Chem.......

die D.......le

l.......derlich

die Masch.......ne

das M.......nenspiel

es gesch.......t

 Deutsch • Berufsreifeprüfung © Lemberger • Ikon

das Benz…….n

flex…….bel

der Spatenst…….l

die Kl…….n…….k

die Pr…….se

die Kant…….ne

z…….mlich

die Mark…….se

die Umz…….kab…….ne

der Kam…….n

der M…….nensucher

das Augenl…….d

die Bleim…….ne

pr…….m…….t…….v

wir pr…….sen

ster…….l

die Windbr……se

das Souven…….r

die Lokomot…….ve

die Demokrat…….

Setzen Sie, wenn nötig, ein „h" ein!

kü…….n

die Fa…….rt

scha…….ben

schwe…….ben

stö……nen

der Sta…….l

das Krä…….enauge

der Schwa……nenschnabel

ich wa……r

die Sa……nedose

der Brü…….würfel

der Dre……bo……rer

unüberse…….bar

grö…….len

jo…….len

que…….r

beschä…….mt

er na…….t

du stie…….lst

sich pla…….gen

wa…….rne…….men

rö…….ren

der Hü…….ne

die Hö…….le

der Stro…….m

ho…….l sein

die Spu…….r

zie…….mlich

erwä…….nen

gelä…….mt

verpö…….nt

auf Bewä…….rung entlassen

stre…….ben

ich wä…….re

Getreide zu Me…….l ma…….len

die Prüfung wä…….rte lang

dä…….mlich

die Mü…….sal

erho…….lsam

e…….rlich

das erste Ma…….l

die/das La…….bsa…….l

der Le…….rsaal

u…….ralt

die Dü…….ne

das Mittagsma…….l

bege…….ren

se…….lig

die Wa…….rheit

nä…….mlich

die Ba…….re

die Ba…….r

unverblü…….mt

der Wä…….ler

fa…….nden

wa…….rscheinlich

gebä…….ren

die Scha…….le

der Leichna…….m

wä…….len

quä…….len

einem Laster frö…….nen

auserko…….ren

der Bo…….te

Übung 8

wä…….rend	die Gebü…….r bezahlen
die Blumen gedie…….en gut	sich im Morast su…….len
der E…….rgeiz	ich ho…….le etwas
sich etwas ausma…….len	die Schu…….rwolle

Übung 9

Setzen Sie „i" oder „ie" ein!

1. Von den Kandidaten erreichte w…….der Erwarten keiner die absolute Mehrheit.
2. Er konnte den Vortrag nur bruchstückhaft w…….dergeben.
3. Die Meldungen über den Unfall w…….dersprechen einander.
4. Trotz des w…….derlichen Wetters kam er rechtzeitig zu der Veranstaltung.
5. Etwaiges Zuw…….derhandeln wird bestraft.
6. Der W…….derstand des Gegners konnte erst nach zähen Verhandlungen gebrochen werden.
7. Diesem verlockenden Angebot konnte sie einfach nicht w…….derstehen.
8. Er stellte sich der W…….derwahl als Präsident.
9. Alle halfen beim W…….deraufbau des zerstörten Gebäudes mit.
10. In ihrem Gesicht spiegelte sich die Freude w…….der, die sie verspürte.
11. Den Erfolg dieser Arbeit würde ich gerne w…….derholen.
12. Die Kuh ist ein W…….derkäuer.
13. Immer w…….der musste er ermahnt werden, nicht so w…….derborstig zu sein.
14. Ihr w…….derstrebte es, an diesem schönen Tag für die Stundenw…….derholung zu lernen.
15. Zuerst müssen wir das Für und W…….der gründlich abwägen.
16. W…….der und w…….der mussten diese w…….dersinnigen Regeln w…….derholt werden.
17. Wer könnte dich in diesem Aufzug w…….dererkennen?
18. Nach der Operation konnte sie w…….der gehen.
19. Sie wussten nicht, dass sie ihr Kind nie mehr w…….dersehen würden.
20. An einem bestimmten Platz in den Alpen gibt es einen tollen W…….derhall.
21. Der Angeklagte konnte die Anschuldigungen w…….derlegen.
22. Er glaubt fest an die W…….dergeburt.
23. Gestern ist mir etwas Schreckliches w…….derfahren.
24. Sie wagten es nicht, dem Lehrer zu w…….dersprechen.
25. Als sie nach ihrem Alibi gefragt wurde, verwickelte sie sich in W…….dersprüche.
26. Zu w…….derholten Malen wurden sie von ihren W…….dersachern gepeinigt.
27. Das Klagen der Verwundeten hallte noch lange in ihren Ohren w…….der.
28. Der Angeklagte w…….derrief sein mehrmals w…….derholtes Geständnis.
29. W…….der meinen ausdrücklichen Wunsch gab er das Geheimnis preis.
30. Er erw…….derte, dass er das w…….derrechtliche Verfahren äußerst w…….derwärtig finde.
31. Er wollte den Schaden w…….dergutmachen.
32. Diese Vorstellungen waren im W…….derstreit mit der Moral.
33. Es stellte sich heraus, dass er der W…….derstandsbewegung angehört hatte.
34. Er schob den Teller angew…….dert von sich.

Diphthonge

Schwierigkeiten bereiten oft „ai – ei" und „eu – äu", da sie gleich ausgesprochen werden.

ai – ei

Wörter mit „ai" gibt es im Deutschen nicht viele: der Kaiser, das Waisenkind, der Laib Brot (oder Käse), der Mais, die Geigensaite, der Mai, der Laich (Eier von Wassertieren), der Hai, der Hain (kleiner Wald), der Waidmann.

Aus anderen Sprachen entlehnte Wörter mit „ai", die im Deutschen häufig vorkommen, sind: das Detail, der Kai, die Saison, die E-Mail, das Email, Mailand, die Taille, die Medaille …

eu – äu

Bei der Unterscheidung von „eu" und „äu" kann man sich oft damit helfen, dass man auf die Herkunft der Wörter achtet: Mit „äu" geschriebene Wörter kann man meist von einem Wort mit „au" ableiten (säubern – sauber).

Übung 10

> ### ai, ei, äu oder eu?
>
> l…….gnen
> Sturm l…….ten
> …….len nach Athen tragen
> nach M…….land r…….sen
> der T…….ch
> ein Wollkn…….el
> den Zug vers…….men
> eine Lieblingssp…….se
> Kriegsgr…….el
> das kl…….nste Det…….l
> die K…….mauer
> tr…….men
> die W…….sung
> sich str…….ben
> die Nagelf…….le
> ein guter L…….mund
> einen B…….trag l…….sten
>
> die P…….tsche
> Mitl…….d h…….cheln
> Zeit verg…….den
> der H…….fisch
> ein L…….b Brot
> ein eingez…….ntes Grundstück
> die …….glein fallen ihm zu
> etwas einbl…….en
> ein ger…….miges Haus
> in …….le sein
> das …….ter der wiederk…….enden Kuh
> eine M…….te von Hunden
> zerst…….ben
> der Froschl…….ch
> ein bl…….licher Schimmer
> ein Geb…….de mit vielen R…….mlichkeiten

2.3 Konsonanten und Schärfung

Konsonanten (Mitlaute) werden mithilfe eines Vokals ausgesprochen: b, c, d, f …

Info

Die Kürze eines Vokals wird durch zwei Konsonanten (z. B. Lampe, Karte) oder durch Verdoppelung (Schärfung) des Mitlautes ausgedrückt (z. B. Matte, Karre).

Statt „kk" steht jedoch meist „ck", statt „zz" steht „tz".

- Wörter mit „kk" und „zz" kommen im Deutschen nur sehr selten vor, wenn, dann als Lehn- oder Fremdwörter.

Beispiele

Sakko, Akkord, Akku, Trekking (auch: Trecking), Mokka

Intermezzo, Skizze, Jazz, Pizza, Mozzarella, Razzia, Puzzle, Polizze, Paparazzo, Mezzosopran

Info

- Wörter mit „bb", „dd" oder „gg" sind ebenfalls sehr selten im Deutschen; meist kommen sie aus dem Niederdeutschen oder aus dem Englischen.

Beispiele

Robbe, Ebbe, Hobby, knabbern, Sabbat (jüdischer Feiertag), jobben, blubbern, rubbeln, krabbeln, schrubben

Paddel, Troddel (kleine Quaste), Pudding, buddeln, Addition

Aggression, Roggen, Bagger, Waggon (auch Wagon), Flagge, Schmuggler, Egge, joggen

Info

Nach „l", „m", „n", und „r", das merke ja, steht nie „tz" und nie „ck"!

Übung 11

Setzen Sie die entsprechenden Konsonanten ein!
f – ff?

die A……äre	der Ei……er
das So……a	die Gira……e
ho……en	der Mu……
die Ma……ia	ho……entlich
kei……en	tri……tig
häu……ig	die Sa……ari
der Lö……el	das Ri……
die Di……erenz	der Ne……e
der Pfi……	pfei……en
trie……en	hau……enweise
abdri……ten	sü……isant
der Schö……e	die Sta……el

der A.......ekt   e.......ektiv

kla.......en   de.......ekt

di.......us   sü.......ig

die Wa.......el   tau.......en

die He.......e   bü.......eln

die Mu.......e   der Schli.......

der Sa.......t   der Ko.......er

o.......ensiv   vom Regen in die Trau.......e

k – kk – ck?

das Pa.......et   das Deli.......t

die A.......ustik   sich mo.......ieren

das Glü.......   nu.......lear

der Mo.......a   die A.......ademie

das Deba.......el   das Baro.......

der E.......el   die Bara.......e

das A.......ordeon   der Taba.......

der Amo.......lauf   die Spitzha.......e

der Hen.......el   die Anti.......e

die He.......ti.......   das Ha.......enkreuz

l – ll?

die A.......ee   der Ba.......sam

einfä.......tig   finanzie.......

der Ka.......ender   die Medai.......e

a.......ein   das Gemä.......de

para.......e.......   das Protoko.......

sensatione.......   inte.......igent

ko.......ossal   die Gese.......schaft

das Karusse.......   gü.......tig

fata.......   der Do.......metscher

die Ko.......onie   der Ko.......aps

das Flussde.......ta   die I.......usion

der Ko.......ege   die Ba.......ustrade

die Basi.......ika   die Ko.......ik

das A.......mosen

m – mm?

i.......ens   die Ko.......ission

i.......itieren   der Wi.......pel

ra.......poniert   die E.......ission

insgesa.......t   die Gra.......atik

das Da.......wild   der I.......ker

die Ka.......era   der Ka.......erad

Übung 11

de.......olieren

das Ko.......ando

die Ra.......pe

sä.......tlich

nu.......erieren

der Sa.......t

die Tro.......pete

n – nn?

der Mi.......ister

ma.......

das Pa.......orama

der Kie.......span

der Sta.......desdü.......kel

jederma.......

der Mi.......esang

mu.......keln

die Bi.......senweisheit

Großbrita.......ien

die Se.......ke

der Ma.......

die Spi.......e

der Ka.......ton

spo.......tan

der Bra.......twein

der Ka.......ibale

die Ke.......tnis

das I.......land

p – pp?

po.......ulär

a.......art

die Ka.......sel

ka.......utt

der A.......arat

se.......arat

die Re.......ublik

pie.......sen

die Ka.......uze

der O.......ortunist

der Pa.......st

schni.......isch

abru.......t

der A.......ell

die Attra.......e

der Di.......lomat

der A.......eritif

die Lu.......e

das O.......ium

die La.......alie

die Hu.......e

der Pa.......rika

sim.......el

der Sto.......ball

der A.......etit

ka.......ern

r – rr?

der Ko.......idor

die Ka.......ikatur

scha.......enweise

das Ka.......ate

die Vo.......aussetzung

die He.......berge

die Ba.......iere

das Pa.......te.......e

sku.......il

die Te.......asse

die Ka.......iere

he.......schen

der Fa.......n

wiede.......um

die Ga.......antie

der Ba.......on

der Ba.......iton

d – dd – dt – t – tt – th?

das Amule…….	die Wi…….we
die Gesan…….schaft	das …….ermometer
die Unfallstä…….e	die Han…….el
die Ta…….	die Bekann…….schaft
der Pu…….ing	die Wi…….mung
der Eigenbrö…….ler	das Stan…….bil…….
das Pa…….el	der Brann…….wein
das Rückgra…….	sie lä……. ein
der Sta…….ran…….	aufs Gera…….ewohl
bere…….	der Versan…….
das Mitlei…….	die Verwan…….schaft
er jag…….	das …….eater
das Entgel…….	die Ma…….ematik
die Jag…….	der Ze…….el
der Ba…….ikdruck	der Längengra…….
die Sympa…….ie	der Kuror…….
der Kan…….i…….a…….	der De…….ektiv

z – zz – tz?

der Ar…….t	die Wan…….e
schä…….en	verschmi…….t
verdu…….t	der Wei…….en
die Mün…….e	das Kreu…….
ki…….eln	tro…….ig
die Mü…….e	die Mili…….
die Justi…….	die Pi…….a
das Du…….end	die Wür…….e
der Kau…….	gei…….ig
der Papara…….o	prä…….ise
du…….en	die Bei…….e
die Lipi…….aner	

f - v - ph?

die An…….orderung	der …….atikan
der Lied…….ers	der E…….eu
der …….ortschritt	die …….ase
trium…….ieren	e…….angelisch
…….ordern	ner…….ös
die …….erse	…….ertig
die Pro…….ezeiung	der As…….alt
das So…….a	das Ni…….eau
die …….eile	die Pri…….atschule
…….öllig	das Kla…….ier

Übung 11

das Pul…….er…….ass   die …….iloso…….ie

x – ks – cks – chs – gs?

Tipp

Hier kann es helfen, die Herkunft der Wörter und ihre Zusammensetzung zu beachten!

verkor…….t   der Te…….t
schla…….ig   schnurstra…….
das Wa…….   der/das Ke…….
das Schi…….al   verwe…….eln
fle…….ibel   der Fu…….
komple…….   der Mi…….er
mu…….mäuschenstill   bu…….ieren
der Kle…….   ta…….über
der Kni…….   se….
die A…….e

2.4 Gleich und ähnlich klingende Wörter und Silben

2.4.1 „end" – „ent"

Info

Die Silbe „end" hat als Vorsilbe etwas mit „Ende" zu tun (Endrunde, endlich) und ist dabei immer betont oder sie wird zur Bildung des Partizips der Gegenwart verwendet (schreibend, singend).

Die Silbe „ent" ist als Vorsilbe immer unbetont, kann aber auch im Wortinneren als Fugenlaut vor „-lich" auftreten (wöchentlich, hoffentlich, versehentlich).

Aber

morgendlich, abendlich, jugendlich

Übung 12

Setzen Sie „d" oder „t" ein !

1. Das En…….spiel findet en…….gültig in St. Pölten statt.
2. En…….lich, am Ende dieser en…….setzlichen Woche, hatte er seinen En…….wurf für die En…….wicklung des neuen Projektes fertig.
3. Die en…….nervte Mutter begab sich zur En…….spannung auf einen aben…….lichen Spaziergang.
4. Ein Arbeiter war versehen…….lich in den En…….wässerungsgraben gefallen.
5. Michael Ende, ein bedeuten…….er Autor für jugen…….liche Leser, schrieb „Die unen…….liche Geschichte".

Übung 12

6. Die unen…….behrlichen Medikamente werden hoffen…….lich bald en…….sandt.
7. Weinen……. en…….schloss sie sich, en…….lich eine En…….scheidung zu treffen, obwohl sie eigen…….lich noch nicht im En…….ferntesten wusste, wie sich ihr Leben danach en…….wickeln sollte.
8. En…….eignung bedeutet so viel wie En…….ziehung des Eigentums.

2.4.2 „tod" – „tot"

Hier gibt es für die verschiedenen Wortarten eigene Regeln.

> **Bei Hauptwörtern wird die Silbe mit „t" geschrieben, wenn es sich tatsächlich um den Tod handelt.**

Info

Beispiele

Totschlag
Totgeburt

Ausnahme

der Tod

> **Hauptwörter werden mit „d" geschrieben, wenn sie nur eine übersteigerte Ausdrucksweise darstellen.**

Info

Beispiele

Todfeind
Todsünde

> **Verben werden mit „t" geschrieben**

Info

Beispiele

totfahren
totlachen
sich totarbeiten

> **Eigenschaftswörter werden mit „t" geschrieben, wenn „tot" allein steht oder an zweiter Stelle genannt wird.**

Info

Beispiele

tot
halbtot
scheintot

Info

Eigenschaftswörter werden mit „d" geschrieben, wenn „tod" an erster Stelle steht.

Beispiele

todunglücklich
tödlich
todsicher
todblass

Info

Bei einigen Zusammensetzungen kann man die Schreibung auch an der Endung erkennen.

- Endet der erste Teil auf „-en", schreibt man „t".

Beispiele

To**ten**stille
To**ten**bett

Info

- Endet der erste Teil hingegen auf „-es", dann schreibt man „d".

Beispiele

Todesanzeige
Todeskampf

Übung 13

Setzen Sie „tod" oder „tot" (ggf. mit ö) ein!

der ....
.......bang
die ....esangst
.......fahren
die ....enstadt
.......bringend
der ....feind
.......müde
die ....sünde
die ....geburt
mause.......

.... sein
.......arbeiten
der ....engräber
.......blass
.......enblass
.......ernst
......lich
.......schweigen
.......schick
schein.......
die ....esfurcht

2.4.3 „seit" – „seid"

> Das Vorwort „seit" steht in Zusammenhang mit einer Zeitangabe (seit gestern), „seid", die gebeugte Form des Hilfszeitwortes „sein", steht immer in Zusammenhang mit „ihr". (Ihr seid wieder in der Stadt.)

Übung 14

> **Setzen Sie „d" oder „t" ein!**
>
> 1. Sei…….. dem Wochenende sei…….. ihr total unausgeglichen.
> 2. Ihr sei…….. herzlich eingeladen, mit uns die Zeit bis zum Abflug totzuschlagen.
> 3. Sei……dem er wusste, was ihm bevorstand, fand er keine Ruhe mehr.
> 4. Sei…….. ihr nicht bei dem Gedränge fast erdrückt worden?
> 5. Du bist sei…….. letzter Woche immer so blass.
> 6. Sei…….. 50 Jahren tragen die Polizisten diese Uniform.
> 7. Sei…….. bitte pünktlich zur Feier.
> 8. Sei…….. sie ihn verlassen hat, ist er immer traurig.
> 9. Ihr sei…….. dumm, wenn ihr diesen Tipp nicht annehmt.
> 10. Dieser Aufgabe sei…….. ihr nicht gewachsen.
> 11. Sei…….. wann sei…….. ihr so frech?

2.5 Wortzusammensetzungen

> Treffen in Zusammensetzungen drei gleiche Selbstlaute oder Mitlaute aufeinander, werden immer alle drei geschrieben.

Beispiele

Schifffahrt
Kongressstadt
Stillleben
Teeei
Kaffeeersatz

> Um die Lesbarkeit zu erleichtern, kann auch mit Bindestrich geschrieben werden.

Beispiele

Schiff-Fahrt
Kongress-Stadt
Still-Leben
Tee-Ei
Kaffee-Ersatz

2.6 s-Schreibung

Info

Das „normal, weich" (stimmhaft) gesprochene „s" schreibt man immer „s".

Beispiele

Haus, rasen, Sand

Info

Das scharf (stimmlos) gesprochene „s" schreibt man nach langem Vokal und Zwielaut „ß".

Beispiele

Fuß, grüßen, außen

Info

Nach kurzem Vokal schreibt man das scharf ausgesprochene „s" als „ss", und zwar auch am Wort- oder Silbenende und vor Mitlauten.

Beispiele

Tasse, er lässt, der Pass

Tipp

Der Unterschied zwischen scharfem „ss/ß" und nicht scharfem „s" ist im Wortinneren meist leicht zu hören („er reist – er reißt"), schwieriger ist es am Wortende („in Saus und Braus leben"); hier kann einem die Verlängerungsprobe helfen (in den Plural bringen, aus einem Nomen ein Verb machen …): Man macht aus „Saus" und „Braus" „sausen" und „brausen" und hört ganz deutlich, dass es kein scharfer s-Laut ist.

Achtung

Die Wörter mit den Endungen „-is", „-as", „-us" und „-nis" werden trotz des kurzen Selbstlautes und der stimmlosen Aussprache nur mit „s" geschrieben, in der Mehrzahl und in den gebeugten Formen jedoch mit „ss":

Beispiele

das Zeugnis	die Zeugnisse
der Iltis	die Iltisse
der Bus	die Busse
der Globus	die Globusse (neben Globen)
der Atlas	die Atlasse (neben Atlanten)
die Ananas	die Ananasse (neben Ananas)
der Zirkus	die Zirkusse

Was die Schreibung der Verben betrifft, so ist darauf zu achten, dass alle Formen und alle Zeiten mit „s" geschrieben werden, wenn auch die Nennform mit „s" geschrieben wird.

Info

Einmal „s" – immer „s"! Einmal „ss/ß" – immer „ss/ß"!

Beispiele

ich lese – ich las
der Wind bläst – der Wind blies

Bei einigen Wörtern ergeben sich aufgrund der landschaftlich unterschiedlichen Aussprache verschiedene Schreibweisen:

Geschoss, in Süddeutschland und Österreich auch **Geschoß**
Löss oder **Löß**, in beiden Ländern beide Varianten erlaubt
Spaß, in Österreich auch **Spass**
die **Maß** oder **Mass** für das bayrische und österreichische Flüssigkeitsmaß

Achtung

In der Schweiz und in Liechtenstein gibt es kein „ß", es wird durch „ss" ersetzt.

Übung 15

Setzen Sie die s-Laute ein!

verständni…….voll	barfu…….
die wei…….e Farbe	der Sommerschlu…….verkauf
das La…….o	die Sü…….igkeiten
gro…….	bü…….en
die Waldschnei…….e	der Schu…….
das Grie…….koch	verlä…….lich
verschlie…….en	in Ma…….en kommen
der Bi…….	du mu…….t
zerrei…….en	er lie…….
das Gefä…….	die Narzi…….en
wir a…….en das Brot	der Imbi…….
die Ga…….e	die Stra…….e
der Ru…….	das Bewu…….tsein
der Mü…….iggang	sich von den Mu…….en kü…….en la…….en
bla…….	genie…….en
in einer Hütte hau…….en	rie…….ig
die Ta…….e	hohe Ko…….ten
das Rei…….ig	nie…….en
er la……. ein Buch	eine drei…….te Antwort geben
hei…….	die Zeugni…….e waren schlecht
das Ga…….pedal	die Luftdü…….e
verrei…….en	er wei…….
der Fu…….ball	gie…….en
scheu…….lich	grü…….en

Übung 15

brem…….en	du vergi…….t deine Papiere
drau…….en	au…….en
au…….ergewöhnlich	der Verdru…….
to…….ender Applaus	die Blu…….e
hä…….lich	ha…….tig
grä…….lich	das Ki…….en
ma…….los	die Gei…….elnahme
das Scheu…….al	mit blo…….en Fü…….en
die Schie…….erei	ra…….ant
sich brü…….ten	schlie…….lich
die Wei…….heit	der Grei…….
der Bewei…….	der Grie…….gram
sau…….en	schmau…….en
mutma…….lich	der Schwei…….
aggre…….iv	na…….
das Mi…….verständni…….	mei…….t
Eier und Brö…….el	kein Verla……. sein auf jemanden

Übung 16

Setzen Sie s, ss oder ß ein!

England, ein Gespensterland

Stets war England dein Rei…….eziel Nummer ein……. gewe…….en, dein grö…….ter Wunsch war, in einem Schlö…….chen zu hau…….en. Nun bi…….t du da! Müde von Spaziergängen über Wie…….en oder durch Gä…….chen und Stra…….en willst du jetzt, nachdem du noch an der erle…….enen, für…….tlichen Schlo…….tafel kö…….tlich geschmau…….t hast, im Himmelbett ra…….ten. Begeistert über die Gun…….t des Schicksals dö…….t du ein. Da erfa…….t dich unfa…….bares, ei…….iges Grau…….en: Grü…….te aus dem Bild nicht absto……end grin……end ein grie…….grämiger Grei…….? Das mu…….t du dir eingebildet haben! Doch da – ein grä…….liches Ra…….eln von Ei…….en- schlü…….eln, glei…….endes Licht inmitten der Finsterni…….! Ein hä…….liches, rie…….iges Mon…….terwe…….en ra…….t ha…….tig zwischen Ka…….ten- schrank, Fen…….ter, Bodenva……en und Kaminsim……. umher. Blutrün…….tig und voller Bo…….heit stö…….t das Scheu…….al ein gru…….eliges Win…….eln aus. Eine wei…….e, barfü…….ige Frau umkrei…….t dich drei…….t und blä…….t dir hu…….tend den in der Na…….e bei…….enden Pe…….thauch der Verwe…….ung entgegen. Deine Bru…….t will zerrei…….en, ma…….lo…….e Angst pre…….t dich ins Ki…….en, lä…….t dich zittern wie E…….penlaub, Schwei……. flie…….t literwei…….e aus allen Poren, dir ist ei…….kalt und hei……. wie in der Wü…….tenglut zugleich.

Wer nach England rei…….t, mu……. sich nicht wundern, dass ihm stets gru…….elige We…….en und Mon…….ter begegnen. In Palä…….ten und Schlö…….ern, gro…….en Bürgerhäusern und dü…….teren Gaststätten treiben sie ihr ma…….loses Unwe…….en, ja sogar in Pfarrhäusern hau…….en sie als bla…….e

Frauen, grie…….grämige Grei…….e oder hä…….liche Gerippe. Mit ra…….elnden Schlü…….eln, Gei…….eln, Spie…….en oder pestartigem Gestank krei…….en sie durch rie…….ige, finstere Hallen und zwängen sich durch ma…….ive Wände. In Sümpfen la…….en einen des Nachts bei to…….enden Stürmen grä…….liche Schreie blutrünstiger, scheu…….licher Bestien zu Eis erstarren. Meist bela…….en es die Hausgeister aber dabei, grin…….end und leise herumzudü…….en und harmlose Spä…….chen zu treiben. Niemals würden Engländer sich erdrei…….ten, die geringsten Zweifel an diesen Erscheinungen zu äu…….ern, ja sie brü…….ten sich mit ihren Geisterma…….en, die zu England gehören wie Prinze…….innen und Nie…….elregen. Lie…….t man schlie…….lich die Sagen, wei……. man bald, dass immer dasselbe pa…….iert ist: Bö…….e Menschen mü…….en für ihre Schuld als Gespenster bü…….en und die einst in trostlose Verlie…….e gesto…….enen Opfer böser Scheu…….ale la…….en niemanden die Schuld seiner Vorfahren verge…….en. Erlö…….en kann man die Geister blo……. durch furchtlose, inbrünstige Liebe, nicht durch Pistolenschü…….e oder äu…….erst heftige Stö…….e mit Spie…….en oder Mi…….tgabeln.

Quelle: Alexander Geist, aus: mentor Lernhilfe ISBN 978-3-580-65517-4, Langenscheidt Verlag (S. 20, 62)

2.7 „das" – „dass"

„Das" hat drei verschiedene Funktionen im Satz:

- **Artikel**
- **Demonstrativpronomen**
- **Relativpronomen**

Info

Beispiel

Das (Demonstrativpr.) ist das (Artikel) Haus, das (Relativpr.) mir gefällt.

„Dass" ist eine Konjunktion und bindet einen Gliedsatz an einen Hauptsatz.

Info

Beispiel

Es freut mich, dass es dir gut geht.

Die Unterscheidung zwischen „das", dem Artikel bzw. Pronomen, und „dass", dem Bindewort, lässt sich anhand der Ersetzungsprobe feststellen. „Das" mit einfachem „s" kann man entweder durch „dies(es)" oder durch „welches" (mundartlich „des") ersetzen. „Dass" mit „ss" lässt sich nicht ersetzen.

Info

Übung 17 ✏

Setzen Sie „das" oder „dass" ein!

1. Ist …… …… Rad, …… du neulich gekauft hast und …… du deinem Sohn schenken willst?
2. Ob …… stimmt, …… er morgen kommen wird, …… weiß ich wirklich nicht.
3. …… kann doch nicht dein Ernst sein, …… du so schnell aufgibst!
4. Sie glaubten, …… …… Ziel bald erreicht sein würde.
5. Sie waren zu schwer verletzt, als …… sie hätten mitfliegen können.
6. Das Boot lief voll Wasser, ohne …… die Ruderer es bemerkten.
7. Bakterien lassen sich ohne …… Mikroskop nicht erkennen.
8. In ihm breitete sich die Gewissheit aus, …… …… …… Ende war.
9. Mein Freund teilte mir mit, …… …… Ticket für …… Konzert, …… immer gut besucht war, über Internet bestellt worden war.
10. …… es sich hier um einen Befehl handelte, …… war ihnen klar.
11. Glaub ja nicht, …… ich dir …… abnehme und …… du damit durchkommst.
12. ……ändert nichts daran, …… viele Menschen …… größte Vergnügen daran finden, …… sie Krimis ansehen.
13. Wie kommt …… nur, …… …… Böse uns so fasziniert?
14. …… …… Leben voller Überraschungen ist und …… wir vieles nicht ahnen können, …… ist gewiss.
15. …… …… …… ist, was dir so große Angst macht, …… ist mir klar.
16. Ich komme mehr und mehr zu der Ansicht, …… …… Verhalten nicht angebracht ist.
17. …… Beton härter ist als Holz, …… weiß man im Allgemeinen.
18. Man hörte, …… dieses Haus schon nach wenigen Jahren bröckelte und …… es einzustürzen drohte.
19. …… hängt sicherlich damit zusammen, …… …… Leben uns manchmal Streiche spielt.
20. Man sollte wissen, …… …… Gehirn Mühe hat, sich Ähnliches zu merken, und …… es Pausen braucht.
21. Im Übrigen glaube ich, …… …… hier gang und gäbe ist.
22. Die Tatsache, …… …… Bild von einem berühmten Maler ist, rechtfertigt diesen hohen Preis.
23. Alle sollten sich bewusst sein, …… die Tiere artgerecht gehalten werden müssen.
24. …… der Kerl ein Aufschneider war, wussten alle, aber …… er auch ein Dieb war, …… brachte …… Fass zum Überlaufen.
25. Jeder fühlte, …… sich etwas Unheimliches zusammenbraute; …… konnte man spüren.
26. …… …… Urlauben guttut, lässt sich auch wissenschaftlich nachweisen.
27. Es ist durchaus möglich, …… …… Buch, …… ich dir geborgt habe, weiterhin vergriffen ist.
28. Er sieht, …… …… möglicherweise eine große Gefahr für die Zukunft sein könnte.
29. Alle Siege können nicht darüber hinwegtäuschen, …… die Wiedererrichtung der Macht äußerst mühsam voranging.

Übung 17

30. Ich war stolz darauf, ……. schon mein Urgroßvater in Penzing gelebt hatte und ……. meine Großmama ein unverfälschtes Wienerisch sprach.
31. ……. bewirkte, ……. Leute stehen blieben, und ……. verursachte eine Stockung auf dem Trottoir.
32. ……. bedeutete, ……. die Zensur sie gezwungen hatte, ……. auszulöschen, was den Behörden nicht genehm war.
33. ……. Mitleid, ……. ich mit mir empfand, tröstete mich ein bisschen.
34. Wer hat schon die Muße, ……. er täglich mehrere Zeitungen liest?
35. Es war vergeblich, darauf hinzuweisen, ……. diese Bluse fast gar nicht getragen war.
36. Ich wartete auf ……. Abendblatt, ……. auch bald ausgehängt wurde.
37. Sie sagte, ……. an der ganzen Religion ……. ……. Wichtigste sei.
38. Ich beschwere mich über ……. Misstrauen, ……. man mir entgegenbringt.
39. Schließlich befehligte er ein Kommando, ……. den verstorbenen Soldaten drei Salven über ……. Grab schoss.
40. Es ist zu bemerken, ……. in der Menge eine gewisse Gelassenheit herrscht.
41. Aus dem 1. Stockwerk des Hauses, ……. aussieht wie alle anderen Häuser dieser Gasse, dringt mitreißende Musik.
42. ……. war eine fantastische Zeit, wenn man bedenkt, ……. er auf Sand lief.
43. ……. war ……. Hemd, ……. er sich in Honolulu gekauft hatte.
44. Es wurde ihnen signalisiert, ……. sie anhalten sollten.

Übung 18

Setzen Sie „das" oder „dass" ein!

Was tun, ……. Dracula einen nicht erwischt?

……. Dracula existiert, ……. glaubt, wenn man ihn ……. fragt, keiner. Aber ……. man sich irren könnte, ……. denkt mancher, selbst wenn er ……. nie zugäbe. ……. ……. Unmögliche möglich ist, ……. ist die Furcht vieler. Was ……. Vampirproblem betrifft, so ist es dadurch leicht lösbar, ……. wir viele Vampirfilme sehen können. ……. Fernsehen ist wirklich ……. Bildungsmittel, ……. uns jede Angst nehmen kann. Um zu verhindern, ……. ein Vampir ……. Fenster aufstößt und ……. er sich uns nähert, so ……. unsere Zähne klappern, brauchen wir nur ……. anzuwenden, was uns ……. Fernsehen gelehrt hat. ……. ……. Zähneklappern nichts hilft, ……. weiß jeder, auch wenn ……. klappernde Körperteil ……. ist, ……. der Vampir einsetzt. Besser ist es, ……. man rund um ……. Bett so viele Knoblauchzehen aufhängt, ……. sich garantiert kein Lebewesen nähert. ……. man selbst nicht mehr schlafen kann, ……. muss man hinnehmen. Eine andere Möglichkeit ist, ……. man ……. Bett mit tausend Kerzen umgibt, auch wenn ……. bedeutet, ……. ……. Bett unzugänglich ist. ……. man in das Nachtkästchen außerdem ……. nötige Werkzeug legt, ……. ist logisch. Und zwar sind ……. ein Hammer, ein Pflock und ein Fässchen mit Weihwasser. All ……. natürlich in mehrfacher Ausfertigung! ……. ……. Verbrennen von Särgen, während ……. Vampirmonster gerade unterwegs ist, hilft, ……. war auch in einem Film zu sehen, so ……. man jedem nur raten kann, ……. er ständig ……. Haus durchsucht, auf ……. er keinen herumstehenden Sarg übersieht.

Quelle: Alexander Geist, aus: mentor Lernhilfe ISBN 978-3-580-65517-4, Langenscheidt Verlag (S. 63)

2.8 Getrennt- und Zusammenschreibung

Die Getrennt- und Zusammenschreibung ist der schwierigste Teil der deutschen Rechtschreibung. Die Regeln sind sehr komplex und setzen die Kenntnis aller Wortarten voraus. Wenn die Entscheidung nach den Regeln nicht eindeutig zu treffen ist, muss man im Wörterbuch nachschauen. Sollte auch dieses nicht weiterhelfen können, gilt sowohl die Getrennt- als auch die Zusammenschreibung. Wie schwierig diese Regeln anzuwenden sind, zeigt auch die Tatsache, dass die Wörterbücher sehr häufig beide Varianten als richtig angeben.

Entscheidend beim Regelwerk der Getrennt- und Zusammenschreibung ist die Kombination verschiedener Wortarten.

2.8.1 Nomen/(ungebeugtes)Adjektiv/Pronomen/Adverb … und Nomen

Info

Die Grundregel ist die Zusammenschreibung.

Beispiele

Fußboden
Schuhsohle
Großschreibung
Icherzählung
Zusammenschreibung

Info

Manche Verbindungen von Präposition und Nomen kann man sowohl getrennt als auch zusammenschreiben.

Beispiele

anstelle	oder	an Stelle
vonseiten	oder	von Seiten
aufseiten	oder	auf Seiten
zuhause	oder	zu Hause
nachhause	oder	nach Hause
zumute	oder	zu Mute
zurande	oder	zu Rande
zurate	oder	zu Rate
zuschanden	oder	zu Schanden
zuschulden	oder	zu Schulden
zugunsten	oder	zu Gunsten
zuleide	oder	zu Leide
zunutze	oder	zu Nutze
zutage	oder	zu Tage
zuwege	oder	zu Wege
zustande	oder	zu Stande
zugrunde	oder	zu Grunde
aufgrund	oder	auf Grund
anstelle	oder	an Stelle
infrage	oder	in Frage
mithilfe	oder	mit Hilfe
hierzulande	oder	hier zu Lande

2.8.2 Verb/Partizip und Verb

Die Getrenntschreibung ist immer richtig.

Beispiele

laufen lernen, spazieren gehen, geschenkt bekommen

Verbindungen mit „bleiben" und „lassen" dürfen bei übertragener Bedeutung auch zusammengeschrieben werden.

Beispiele

sitzen bleiben	oder	sitzenbleiben (eine Klasse wiederholen)
stehen lassen	oder	stehenlassen (sich abwenden)
liegen bleiben	oder	liegenbleiben (unerledigt sein)

Beide Schreibweisen sind auch erlaubt bei:

kennen lernen	oder	kennenlernen
verloren geben	oder	verlorengeben
verloren gehen	oder	verlorengehen

Bleiben Sie hier grundsätzlich bei der Getrenntschreibung, dann ist es immer richtig!

2.8.3 Nomen und Verb

Nomen und Verb schreibt man getrennt, wenn das Nomen als eigenständig angesehen wird.

Beispiele

Rad fahren
Schlange stehen
Schi fahren
Kuchen backen
Bescheid geben
in Kauf nehmen
Gebrauch machen von etwas

Info

Nomen und Verb schreibt man zusammen, wenn das Nomen als „verblasst" angesehen wird.

Beispiele

bankrottgehen
eislaufen
teilnehmen
(Vgl. Groß- und Kleinschreibung Punkt 2.1.7, S. 23)

Info

Nomen und Verb schreibt man in untrennbaren, festen[1] Verbindungen zusammen.

Beispiele

schlafwandeln
maßregeln
notlanden
kopfrechnen
bergsteigen

[1] „Ich wandle schlaf", „ich regle maß", „ich lande not" … kann man nicht sagen.

Info

Manche Verbindungen von Nomen und Verb kann man auf zwei Arten schreiben.

Beispiele

Acht geben	oder	achtgeben	**aber nur:** sehr achtgeben
			aber nur: allergrößte Acht geben
Acht haben	oder	achthaben	
Dank sagen	oder	danksagen	
Haus halten	oder	haushalten	
Hohn lachen	oder	hohnlachen	
Maß halten	oder	maßhalten	
Staub saugen	oder	staubsaugen	

Deutsch • Berufsreifeprüfung © Lemberger • Ikon

2.8.4 Partikel und Verb

Bei diesen Zusammensetzungen spielt die **Betonung** die entscheidende Rolle.

Ist die Betonung auf der Partikel, wird zusammengeschrieben.

Beispiele

aufgeben
nachlassen
entgegenkommen
zurückgehen
wiedersehen
aufwärtsgehen
davonkommen
zusammenarbeiten

Dazu zählen auch Wörter, die selbstständig nicht mehr vorkommen:
fehlgehen
feilbieten
weismachen

Ist jedoch die Betonung auf beiden Bestandteilen gleich oder nur beim Verb, wird getrennt geschrieben.

Beispiele

übereinander **reden**
wieder **sehen** können
aufwärts **gehen**
davon **kommen**
zusammen **arbeiten**

Untrennbare Zusammensetzungen mit den Partikeln „durch", „hinter", „über", „um", „unter", „wieder" und „wider" werden zusammengeschrieben, auch wenn die Betonung auf dem 2. Teil liegt.

Beispiele

übersetzen
wiederholen
widerlegen
hinterfragen

2.8.5 Adjektiv und Verb

Hier kommt es auf die **Bedeutung** an.

Info

wortwörtliche Bedeutung getrennt

Beispiele

falsch spielen
gerade sitzen
frei sprechen (ohne Notizen)
auswendig lernen
bewusstlos schlagen

Info

übertragene Bedeutung zusammen

Beispiele

fernsehen
hochrechnen
krankschreiben
einen Angeklagten freisprechen

Info

Wenn ein einfaches Adjektiv das Ergebnis einer Verbhandlung ausdrückt, kann getrennt oder zusammengeschrieben werden.

Beispiele

warmmachen/warm machen
kleinschneiden/klein schneiden
rotstreichen/rot streichen

Achtung

Bei abgeleiteten oder erweiterten Adjektiven oder zusammengesetzten Verben wird nur getrennt geschrieben.

Beispiele

schmutz**ig** machen
rot **an**streichen

2.8.6 Verbindungen mit „sein"

„Sein" bleibt immer allein.

Beispiele

dabei sein
allein sein
zurück sein
fertig gewesen

Aber

das Alleinsein, das Dasein … (s. Punkt 2.8.15, S. 64)

2.8.7 Nomen und Partizip/Adjektiv

Zusammenschreibung ist hier immer richtig.

Beispiele

angsterfüllt   freudestrahlend
schneeweiß   jahrelang

Getrenntschreibung ist nur dann möglich, wenn bei Partizipien die Verbindung mit dem zugrundeliegenden Verb auch getrennt geschrieben würde.

Beispiel

notleidende/Not leidende Kinder (wegen Not leiden)

Bleiben Sie hier bei der Zusammenschreibung, die ist immer richtig!

2.8.8 Verbindungen von „nicht" und Adjektiv

Diese Verbindungen können wahlweise zusammen- oder getrennt geschrieben werden.

Beispiele

eine nicht berufstätige/nichtberufstätige Frau
eine nicht amtliche/nichtamtliche Darstellung

2.8.9 Adjektiv/Adverb und Partizip

Info

Bei diesen Verbindungen, die meist beifügend gebraucht werden, kann man sowohl getrennt als auch zusammenschreiben, wenn die zugrundeliegende Verbindung mit dem Verb getrennt geschrieben wird.

Beispiele

ein weichgekochtes/weich gekochtes Ei
eine alleinerziehende/allein erziehende Mutter
eine allgemeinbildende/allgemein bildende Schule
ein obenerwähntes/oben erwähntes Buch

Info

Nur Zusammenschreibung ist möglich, wenn ein zusammengeschriebenes Verb zugrunde liegt.

Beispiel

ein krankgeschriebener Arbeiter

Tipp

Mit der Zusammenschreibung sind Sie auf der sicheren Seite.

2.8.10 Partizip und Adjektiv

Info

Verbindungen aus Partizip und Adjektiv schreibt man getrennt.

Beispiele

blendend weiß
brütend heiß

2.8.11 Adjektiv und Adjektiv

Info

Wenn ein endungsloses, einfaches Adjektiv das zweite näher bestimmt, sind beide Schreibweisen zulässig.

Beispiele

schwer verständlich/schwerverständlich
leicht verderblich/leichtverderblich

Nur die Getrenntschreibung ist zulässig, wenn der erste Bestandteil gesteigert oder erweitert wird.

Info

Beispiele

sehr schwer verständlich
leichter verderblich

Zusammengeschrieben wird, wenn der erste Bestandteil bedeutungsverstärkend oder bedeutungsabschwächend ist, beide gleichrangig sind oder einer der beiden Bestandteile in der Form sonst nicht vorkommt.

Info

Beispiele

bitterböse, dunkelblau, superschlau
blaugrau, nasskalt, taubstumm
mehrdeutig, aschfahl, großspurig

2.8.12 „zu"

betontes „zu": Zusammenschreibung

Info

Beispiel

Wir wollen nur z**ú**sehen.

unbetontes „zu": Getrenntschreibung

Info

Beispiel

Hier gibt es nichts zu s**é**hen.

Bei mehrteiligen Verben richtet sich die Schreibung mit „zu" nach der Schreibung ohne „zu".

Info

Beispiele

fernsehen – fernzusehen
spazieren gehen – spazieren zu gehen

2.8.13 Zusammensetzungen mit „irgend-"

Info

Alle Formen von „irgend-" schreibt man zusammen.

Beispiele

irgendein, irgendjemand, irgendetwas

Aber

irgend so ein

2.8.14 Verbindungen von „so", „wie", „zu" und (Zahl-)Adjektiv/Adverb

Info

Zusammengeschrieben werden die Bindewörter „soviel", „sobald", „sooft", „solange", „soweit", „sosehr".

Beispiele

Soviel ich erfahren habe, kommt sie morgen.
Soweit ich weiß, geht es ihr gut.
Sosehr mir deine Rede auch gefallen hat, kann ich dir nicht in allem zustimmen.

Info

In allen anderen Fällen wird getrennt geschrieben.

Beispiele

Er weiß **so viel.**
Ich bin **so weit** gegangen, dass mir die Füße wehtun.
So viel hast du verloren? (Steht zwar am Beginn, ist aber kein Bindewort, daher getrennt.)
Wie viel kosten die Äpfel?
Das ist nicht all**zu gut**.
Das ist viel **zu viel** für mich.
Dieses Kleid ist genau**so schön** wie das andere.
Dass du **so bald** kommst, hätte ich nicht gedacht.
Er litt **so sehr**, dass er keinen Ausweg mehr wusste.

2.8.15 Hauptwörtlich gebrauchte Nennformen

Info

Alle hauptwörtlich gebrauchten Nennformen werden, wie schon vor der Reform von 1996, groß- und zusammengeschrieben.

Beispiele

das Radfahren
das Auswendiglernen
beim Spazierengehen
zum Erwachsenwerden
das Beisammen**sein**

2.8.16 Achtung!

Beispiele

Zusammenschreibung	Getrenntschreibung
zuallererst	vor allem
zuallerletzt	gar nicht
nichtsdestotrotz	zu Recht/zu Unrecht
insofern	auf einmal
inwieweit	sehr wohl
dasselbe	zu Fuß
vonnöten	zu Land und zu Wasser
zurzeit (jetzt)	zur Zeit (Napoleons)
heutzutage	
tagaus, tagein	
jahraus, jahrein	
infolge	
zufolge	
anhand	
inmitten	
zugutekommen	
zunichtemachen	

Entscheiden Sie beim Fragezeichen, ob getrennt oder zusammengeschrieben wird, und unterstreichen Sie die großzuschreibenden Wörter!

Übung **19**

1. Er war so klug, dass er sogar das finanzamt irre ? führte.
2. Viele wollen, dass papst Johannes Paul II. selig ? gesprochen wird.
3. Sie konnte gar ? nicht sprechen, da sie unter schock stand.
4. Das beisammen ? sein mit ihren freunden macht ihr überhaupt keinen spaß, deshalb wird sie bald zurück ? sein.
5. Es ist viel ? zu ? weit, um zu ? fuß zu ? gehen.
6. Sie blickt zwar immer griesgrämig drein, hat aber sehr ? wohl ein butter ? weiches herz.
7. Die kleinen kinder haben vor den meter ? hohen wellen angst.
8. Wenn man das ganze hoch ? rechnet, dann kommt man zu einem sehr erfreulichen ergebnis.
9. Bevor sie das auto kaufen, ist es unbedingt von ? nöten, dass sie damit probe ? fahren.
10. Zieh dir handschuhe an, damit die farbe nicht an deinen fingern kleben ? bleibt.
11. In ? folge des nass ? kalten wetters blieben die buchungen aus.
12. Er wollte sie nicht bloß ? stellen, obwohl jeder sehen konnte, dass es mit ihr abwärts ? ging.
13. Es würde mir sehr leid ? tun, wenn uns heute keine zeit mehr bliebe eis ? zu ? laufen.
14. Völlig zu ? recht wurden zu ? aller ? erst die zu ? unrecht angeklagten frei ? gesprochen.
15. Ich bin so ? sehr beschäftigt, dass ich keine zeit habe, am sonntag ? morgen rad ? zu ? fahren.

Übung 19

16. Alle wollen das ? selbe: billig einkaufen.
17. In dem buch finden sie die anleitung, wie man maschine ? schreibt.
18. Wie ? viele wohl blau ? machen und krank ? feiern werden, nur um bei diesem spiel dabei ? sein zu können?
19. Er fragte mich, wie ? weit es bis Berlin sei.
20. Wenn die fehler überhand ? nehmen, muss man auf abhilfe sinnen.
21. Die suppe ist noch kochend ? heiß.
22. Er hatte schon so ? oft zugesehen, dass er wusste, wie ? viel anstrengung dahinter ? steckte.
23. Gott ? sei ? dank gibt es nur selten menschen, die ihre gegner tot ? schlagen.
24. In zweifelsfällen sollte man entweder im duden nach ? schlagen oder ein anderes wort ein ? setzen.
25. Der betrag wurde dem kunden gut ? geschrieben.
26. Rückwärts ? ein ? zu ? parken ist schwieriger, als vorwärts ? zu ? fahren.
27. Trotz des drucks von außen wollte er seine erkenntnisse nicht preis ? geben.
28. So ? weit ich mich erinnere, habe ich ihm gar ? nichts gesagt.
29. Nun konnte er beweisen, wie ? viel zu wagen er bereit war.
30. Als sie zusammen ? saßen und über alles nach ? dachten, kam er herein.
31. Zuerst musste sie ihre bedenken beiseite ? schieben.
32. Er hat ihm weis ? gemacht, dass die mathematikschularbeit ausfalle.
33. Genau ? so ? gut hätte er mich in ein bistro einladen können.
34. Niemand konnte vorher ? sehen, dass diese sache so ? große ausmaße annehmen würde.
35. Wie kann man das nur verstehen, wann man getrennt ? schreiben muss und wann zusammen ? geschrieben wird?
36. Das helm ? aufsetzen ist beim moped ? fahren pflicht.
37. Irgend ? wo ist ihm das buch abhanden ? gekommen.
38. Für eine gute note hat er ein geschenk versprochen ? bekommen.
39. Ich würde so ? gerne eis ? laufen, rad ? fahren oder schi ? fahren, aber da ich krank bin, bleibt mir nur das fern ? sehen.
40. Sie würde am donnerstag ? nachmittag lieber mit ihrem hund spazieren ? gehen.
41. Der richter forderte, dass er sich in seinem schluss ? plädoyer zurück ? halten sollte.
42. Sie nahm ihr zeugnis freude ? strahlend entgegen.
43. Als er versuchte, die feindlichen linien zu ? durch ? brechen, wurde er gefangen ? genommen.
44. So ? viel aufwand für so ? wenig leute!
45. So ? weit ich das beurteilen kann, geht es meinen kindern sehr gut.
46. Sie spielt so ? oft geige, dass es mir zu ? viel wird.
47. Die letzten kriegsgefangenen durften erst heim ? kehren, als der krieg schon zehn jahre zu ? ende war.
48. Es ist so ? weit: die schule ist aus.
49. Er versuchte vor seinen freunden geheim ? zu ? halten, wie ? sehr er in dieses mädchen verliebt war.
50. Wenn man grippe hat, ist es ratsam, im bett liegen ? zu ? bleiben, um seine kräfte zurück ? zu ? gewinnen.

51. Wir stehen hier schon so ? lange, dass mir die füße weh ? tun.

52. Immer ist irgend ? etwas los, immer kommen irgend ? welche leute.

53. Ich dachte nicht, dass du so ? bald schon wieder zurück ? sein würdest. Du wolltest doch erst nächste woche zurück ? kommen.

54. Es ist fraglich, ob dieses problem mit den gewalt ? bereiten jugendlichen gelöst werden kann.

55. So ? oft habe ich ihn schon auf seine mangelnde sorgfalt aufmerksam gemacht!

56. Es ist viel ? zu ? spät; du kannst jetzt nicht mehr weg ? gehen.

57. Experten bezweifeln, dass man langfristige wettervorhersagen ernst ? nehmen kann.

58. Es ist nicht verwunderlich, dass er beruflich nicht vorwärts ? kommt, wenn er lieber müßig ? geht und mit seinen freunden zusammen ? sitzt.

59. Es bleibt ihr nichts anderes übrig, als die zähne zusammen ? zu ? beißen und zu ? zu ? sehen, wie alles abwärts ? geht.

60. Höflichkeit wird in diesem haus groß ? geschrieben.

61. Es ist ihm nicht leicht ? gefallen, die beherrschung zu bewahren.

62. Das tier versucht ihn zu ? beißen; gott sei dank hat es noch nie fest zu ? gebissen.

63. Er hat ihnen nahe ? gelegt, sich umeinander ? zu ? kümmern.

64. Schon lange bevor es los ? ging, standen die menschen schlange vor dem einlass.

65. Früher wurden schlimmen schülern die ohren lang ? gezogen.

66. Heut ? zu ? tage ist es wichtig, sich lebens ? lang weiter ? zu ? bilden.

67. Es ist nicht mehr dazu ? gekommen, dass er sich dazu ? gesellen konnte, denn sie hatten sich schon heimlich davon ? geschlichen.

68. Als er ein auto geschenkt ? bekam, konnte er durch ganz europa reisen.

69. Sie kann besser auto ? fahren als berg ? steigen und kopf ? stehen. Auch mit dem rad ? fahren und eis ? laufen hat sie schwierigkeiten.

70. Nach dem ersten weltkrieg ist es mit österreich abwärts ? gegangen.

71. Der fehler drohte den erfolg zu ? nichte ? zu ? machen.

72. Das frühstück ? machen und das geschirr ? spülen sind am muttertag immer die aufgaben der kinder.

73. Ich durchschaue nicht, wie man dieses handy hand ? haben soll.

74. Das fest wird auch bei regen statt ? finden.

75. Damit es mir gut ? geht, werde ich mir schuhe kaufen, in denen ich gut ? gehen kann.

76. Da es ohnehin klar ? sein dürfte, wer recht hat, solltest du das endlich klar ? stellen.

77. Das war knapp, aber wir sind noch einmal davon ? gekommen.

78. Sie müssen leider mit diesem borten ? verzierten stuhl vorlieb ? nehmen.

79. Kaum etwas ist tiefer ? verwurzelt als vorurteile.

80. Ich kann kaum mehr aufrecht ? sitzen, aber ich muss weiter ? machen, bis die arbeit voll ? endet ist.

81. Die patienten mussten essen: nicht zu ? viel und nicht zu ? wenig.

82. Ich verzog mich in die küche, um allein ? zu ? sein.

83. Dieser kleine strolch hatte es faust ? dick hinter den ohren.

84. Ich konnte keinen ton hervor ? bringen, doch irgend ? wie kam ich zu ? recht.

Übung 19

85. Bei ihrer verhaftung wurde ihnen alles weg ? genommen.
86. Ich dankte ihm, dass er dicht ? gehalten und mich nicht verraten hatte.
87. Um etwas beiseite ? zu ? schaffen, heraus ? zu ? schmuggeln oder weiter ? zu ? geben, brauchte man einen aufbewahrungsort.
88. Beim ordnung ? halten war er sehr gewissenhaft.
89. Ich sah einige männer, die den gang entlang ? schritten.
90. Man sah, dass er den kranken aufrichtiges mitgefühl entgegen ? brachte.
91. Als er sich los ? riss und auf die tür zu ? stürzte, brach panik aus.
92. Ringsherum zogen sich, so ? weit das auge reichte, bestellte felder hin.
93. Durch ihre hilfe gelang es ihnen, die moral aufrecht ? zu ? erhalten.
94. Kurze zeit später durch ? schritten die ersten das tor.
95. So wurden große teile der fabrik lahm ? gelegt.
96. Dieser vorfall konnte nicht geheim ? gehalten werden.
97. Ich kehrte mit den anderen um, die in die ? selbe richtung strebten.
98. Als er vom mittagessen zurück ? kehrte, pfiff er vergnügt durch die zähne.
99. Ich hatte nicht bemerkt, dass mein chef vor mir stehen ? geblieben war.
100. Sie häuften wertsachen an, weil sie hofften, dass sie ihnen später zu ? gute ? kommen würden.
101. Zu meinen pflichten gehörte das sauber ? machen der beiden räume.
102. Wir mussten hinein ? klettern und wurden eng zusammen ? gepfercht.
103. Wieder einmal hat die solidarität der durch das ? selbe schicksal miteinander ? verschworenen menschen gesiegt.
104. Ich bekam so ? viel, dass ich den anderen etwas abgeben konnte.
105. Zu ? recht stellte er fest, dass man sich hier bei dunkelheit nur schwer zu ? recht ? finden konnte.
106. Wir wollten nicht, dass irgend ? etwas schief ? geht.

Übung 20

Abschlussübung Groß- und Kleinschreibung, s-Schreibung und Zusammen- und Getrenntschreibung

Unterstreichen Sie die großzuschreibenden Wörter, setzen Sie s, ss oder ß ein und entscheiden Sie beim Fragezeichen, ob getrennt oder zusammengeschrieben wird!

1. Mit zittern und bangen wartet jeder einzelne auf die verkündung der ergebni…….e.
2. Sie bilden nach au…….en gewi…….erma…….en eine kleine gemeinschaft, die ihre geheimni…….e um keinen preis der welt preis ? gibt.
3. Du darfst seine aussagen nicht ins lächerliche ziehen, denn er leidet ma…….iv unter dem gefühl, nicht sein bestes gegeben zu haben.
4. Warum werden die schüler angesichts des gro…….en schadens nicht härter bestraft?
5. Um viertel nach sieben werden die arbeiter eingela…….en und in ihre aufgaben eingewie…….en.
6. So kommen sie flugs an die schönsten orte der welt, und da……. ganz exklusiv.
7. Es geht nicht ums reich ? werden, nicht ums sparen, sondern nur ums überle-

Übung **20**

ben, blo……. darum, sein auskommen zu finden.

8. Hier leben auch die sogenannten stra…….enkinder, die kein zuhause haben.

9. Des abends scheinen die häuser enger zusammen ? zu ? rücken.

10. Diese stadt kann selbstbewu…….t auf eine jahrhunderte ? lange tradition zu-rück ? blicken.

11. Die kohleöfen sind schuld an den vielen verru…….ten gebäuden der stadt.

12. Dicht an dicht drängen sich in Hallstadt die häuser in den engen gä…….chen.

13. Um 12 uhr mittags wird die sommerliche stille durch einen schu……. unter ? brochen.

14. Die skandinavische küche, die zur ? zeit in aller munde ist, verwendet ausschlie…….lich sai…….onale produkte.

15. Diese stadt ist nicht so ? gro……., da……. man den überblick verliert.

16. Es ist ein tolles erlebni……., da……. strahlen in den augen der kinder zu sehen, wenn sie mit ihren eltern den wiener christkindlmarkt besuchen.

17. Das ambiente seiner kindheit trägt ma…….geblich dazu bei, da……. er vergan-genes revue pa…….ieren lä…….t.

18. Nach dem morgendlichen öffnen der rie…….igen fenster erfüllte glei…….endes licht den ganzen raum.

19. Wer glaubt, St. Pölten habe au…….er dem dom nichts zu bieten, mu……. um-denken.

20. Am ufer joggen fitne…….begeisterte, denen die gro…….e hitze gar ? nichts aus ? zu ? machen scheint.

21. Das restaurant hat sich derart gemau…….ert, da……. es zu einem eldorado für genu…….freudige wurde; bei lä…….iger mu…….ik la…….en sich die besten spei…….en genie…….en.

22. Ein paar tage mü…….iggang entschädigen ihn für wochen ? langes schuften.

23. Anders als es sein name vermuten lä…….t, ist der Arlberg kein berg, sondern ein pa…….

24. Viele regionen österreichs sind nicht nur in grün, sondern auch in wei……. ein genu…….

25 Es ist da……. besondere, nicht alltägliche, da……. den charme dieses ortes ausmacht.

26. Schon von weitem sieht man die rie…….igen tiroler berge.

27. Obwohl es von au…….en wenig einladendes zu bieten hat, überrascht es innen durch seine ungewöhnliche ausstattung.

28. Serviert wird in den alten wiener bei…….eln nur deftiges: schweinsbraten, schnitzel und co.

29. Die in rot gestrichenen gebäude sind mit blauen teppichen ausgestattet.

30. Für die unterhaltung der kleinen wird alles erdenkliche getan.

31. Sie leben hier mehr schlecht als recht vom pferde ? züchten.

32. Es geschieht im verborgenen und richtet sich an alle, die das besondere suchen.

33. Wer lu…….t und mu…….e hat, kann sich von der köchin erklären ? la…….en, wie man die eine oder andere spei…….e zubereitet.

34. Von den touri…….mu…….managern werden ganze ortschaften auf dem rei…….brett entworfen.

35. Die farben wei……. und braun setzen die akzente in den liebevoll ein-gerichteten zimmern.

Übung 20

36. Martin legte wert auf die feststellung, da…….Wien eine so schöne stadt sei, da……. der diplomat darum gebeten habe, dort bestattet zu werden.

37. Maria wu…….te schon im voraus, da……. er auf seine geschäfte zu sprechen kommen würde.

38. Manche häuser bestanden aus lehm und waren so staub ? grau wie die berge, die die stadt umgaben.

39. Maria wu…….te nichts von einem präsidenten namens Nixon, geschweige ? denn von dem rie…….en ? skandal, der ihn zum rücktritt gezwungen hatte.

40. Es mu……. sicher ? gestellt werden, da……. die stra…….e für alle da ist und da……. alle die ? selben rechte und pflichten haben.

41. To…….ende wa…….erma…….en überschwemmten das deck und ri…….en fort, was nicht niet- und nagelfest war.

42. Er ist der bo……. in dem ausschu……., der das bu…….geld beschlie…….en mu…….te.

43. Im angesicht einer katastrophe wird vielen menschen angst und bange und sie reagieren anders als normaler ? weise.

44. Von nah und fern kamen alt und jung, um das schlo……. Ludwigs des vier- zehnten zu ? sehen.

45. Der kaufmann hoffte im stillen, nicht pleite ? zu ? gehen, denn pleite ? zu ? sein ist ein hartes los, vor dem ihm angst und bange war.

46. Ich bin es leid, da……. ich immer schuld sein soll.

47. Onkel Salomon gab bescheid, da……. er zur eröffnung der tagung frei ? spre- chen werde und sich vorher nicht fest ? legen wolle.

48. Die beiden lie…….en ihn einfach auf der stra…….e stehen, als ob sie ihn gar ? nicht gesehen hätten.

49. Der ra…….en, weitläufig und verla…….en, wie……. kahle stellen auf, weil der sommer so hei……. gewesen war.

50. Es wäre ein leichtes gewesen, bei den wucher ? händlern, die sich vermehrten wie schmei…….fliegen auf einem aa……., die erle…….ensten köstlichkeiten zu kaufen; aber nichts hätte ihn mehr abgesto…….en.

Deutsch • Berufsreifeprüfung © Lemberger • Ikon

2.9 Fremdwörter

Fremdwörter sind Wörter, die aus anderen Sprachen übernommen wurden. Gründe für solche Übernahmen können in Sprachgrenzräumen liegen oder die Vorreiterrolle einer anderen Kultur führte zur Übernahme von Fachbegriffen aus ihrer Sprache.

Sie sind hinsichtlich Lautung, Betonung, Flexion, Wortbildung und Schreibung so unangepasst (im Gegensatz zu den integrierten Lehnwörtern), dass sie als fremd empfunden werden.

Die wichtigsten Spendersprachen sind Griechisch, Latein, Italienisch, Französisch und in den letzten Jahren und Jahrzehnten natürlich Englisch.

Da im Deutschen die Fremdwörter großteils so geschrieben werden wie in der Ursprungssprache, gibt es nur einige allgemeine Regeln:

Info

Fremdwörter haben fast nie ein Dehnungs-h.

Das lang gesprochene „i" wird meist durch ein einfaches „i" ausgedrückt (außer in den Endungen „-ie", „-ieren").

„k" nach kurzem Vokal wird meist als „k" oder „kk" geschrieben, „ck" kommt selten vor (Ausnahmen: Attacke, Baracke, Perücke).

Auch „tz" kommt fast nie vor (Ausnahmen: Matratze, Lakritze).

Im Zuge der Rechtschreibreform von 1996 wurden einige – vor allem gebräuchliche – Fremdwörter in die deutsche Laut-Buchstaben-Zuordnung integriert.

Bei den Fremdwörtern aus dem Englischen sind die im Folgenden angeführten Änderungen von 1996 verpflichtend, bei Fremdwörtern aus anderen Sprachen ist es freigestellt, ob die alte oder die eingedeutschte Form verwendet wird.

2.9.1 Fremdwörter aus dem Englischen

Info

Zweiteilige Begriffe aus Adjektiv und Nomen werden in der Regel getrennt und ohne Bindestrich geschrieben. Der erste Teil ist dann – als Beginn des Gesamtbegriffes – großzuschreiben, der zweite Teil, weil er ein Nomen ist, ebenfalls.

Beispiele

High Society
New Economy

Sonderfall

Wenn beim Gesamtbegriff die Betonung auf dem ersten Teil liegt, kann auch zusammengeschrieben werden.

Beispiele

Fast Food	oder	Fastfood
Hot Dog	oder	Hotdog

Info

Andere zweiteilige englische Begriffe, die im Deutschen ein Nomen repräsentieren, werden in der Regel groß- und zusammengeschrieben.

Beispiele

Homepage
Countdown

Info

Wörter, deren problemlose Lesbarkeit bei Zusammenschreibung nicht gewährleistet ist, müssen getrennt geschrieben werden.

Beispiele

Make-up
Making-of

Info

Mehrteilige Begriffe (mehr als zwei) werden durch Bindestriche durchgekoppelt, wobei der erste Buchstabe des Gesamtbegriffs und jeder nominale Einzelteil großzuschreiben sind.

Beispiele

Duty-free-Shop
Stop-and-go-Verkehr

Info

Mehrzahlformen englischer Fremdwörter auf „-y" müssen (abweichend von der Schreibweise im Englischen) mit „-ys" geschrieben werden!

Beispiele

Baby   -   Babys
Hobby   -   Hobbys

2.9.2 Französische Fremdwörter

Info

Einige französische Fremdwörter mit „-nn-" können nun auch mit „-n-" geschrieben werden.

Beispiele

Bonbonniere   oder   Bonboniere
Chansonnier   oder   Chansonier
Saisonnier   oder   Saisonier
Ordonnanz   oder   Ordonanz

Info

Die meisten französischen Fremdwörter auf „-é" oder „-ée" können nun auch mit „-ee" geschrieben werden.

Beispiele

Bouclé	oder	Buklee
Canapé	oder	Kanapee
Dekolleté	oder	Dekolletee
Doublé	oder	Dublee
Dragée	oder	Dragee
Drapé	oder	Drapee
Exposé	oder	Exposee
Frappé	oder	Frappee
Glacé	oder	Glacee
Lamé	oder	Lamee
Pappmaché	oder	Pappmaschee
Praliné	oder	Pralinee
Rommé	oder	Rommee
Séparée	oder	Separee
Soufflé	oder	Soufflee

Aber nur

das Café, das Varieté, passé sein

Info

Einzelfestlegungen

Beispiele

Bouquet	oder	Bukett
Platitude	oder	Plattitüde
Nougat	oder	Nugat
Portemonnaie	oder	Portmonee
Tête-à-tête	oder	Tete-a-tete
vis-à-vis	oder	vis-a-vis

Info

Fremdwörter, die aus dem Französischen oder Italienischen stammen, werden in der Schweiz in der ursprünglichen Schreibung belassen, da diese beiden Sprachen ja auch Landessprachen sind.

Tipp

Wenn Sie die alte Schreibweise dieser Wörter beherrschen, hat es wenig Sinn, umzulernen.

2.9.3 Griechische Fremdwörter

Griechische Fremdwörter mit den Silben „-graph-", „-phon-" und „-phot-" können nach der neuen Rechtschreibung generell auch mit „f" geschrieben werden, daneben das Wort „Delfin" und das Wort „Fantasie". (Das Wort „Telefon" gibt es nur noch eingedeutscht.)

Beispiele

Orthographie	oder	Orthografie
Phonotypistin	oder	Fonotypistin
Photographie	oder	Fotografie

Einzelfestlegungen

Beispiele

Hämorrhoiden	oder	Hämorriden
Panther	oder	Panter
Thunfisch	oder	Tunfisch

Wichtige Wortbestandteile aus dem Griechischen

Beispiele

anti	gegen	Antipathie, Antipode, Antiaging
auto	selbst	Auto, Autonomie, Automat, Autopilot
bio	Leben	Biologie, Biochemie, Biograf
chron	Zeit, zeitlich	Chronologie, Chronik, Chronometer
demo	Volk	Demokratie, Demografie
geo	Erde	Geografie, Geochemie
graph	schreiben	Orthografie, Geografie
hetero	andere, anders	Heterosexualität, heterogen
homo	gleich	Homosexualität, homogen
hydro	Wasser	Hydrant, Hydraulik, Dehydrierung
hyper	über	hyperaktiv
hypo	unter	hyposensibilisieren
kosmo	Ordnung, Weltall	Kosmopolit, Mikrokosmos
kratie	Herrschaft	Demokratie
logie	Wissenschaft	Sinologie, Meteorologie
makro	groß, weit	Makrokosmos
mega	groß	Megalith, Megafon
mikro	klein	Mikroskop, Mikroorganismus
mono	allein, einzeln	Monokultur, Monolith
neo	neu	Neoklassizismus, Neonazismus
ortho	recht, richtig	Orthografie, orthodox
path	Gefühl, Krankheit	Pathologie, Sympathie
poly	viel	polygam, Polytechnik
syn, sym	zusammen	Synergie, Symbiose, Synchronie

Deutsch · Berufsreifeprüfung © Lemberger · Ikon

2.9.4 Lateinische Fremdwörter

Lateinische Fremdwörter auf „-tiell", „-tial" oder „-tiat" können wahlweise auch mit „-ziell", „-zial" oder „-ziat" geschrieben werden.

Info

Beispiele

existentiell	oder	existenziell
Potential	oder	Potenzial
Lizentiat	oder	Lizenziat

Wichtige Wortbestandteile aus dem Lateinischen

Info

Beispiele

ad	an, herbei	Advent, Adverb, Adjektiv
ambi	beid-, doppelt	ambivalent
äqui	gleich	äquivalent
bi	zwei	Bigamie, Biathlon, bilateral
con	zusammen	Konsonant, Konklave, Konglomerat
dis	auseinander	Disput, Distanz, Diskrepanz
esse	sein	Interesse
inter	zwischen, inmitten	Interesse, interaktiv, Intercity
multi	viel	multikulturell, Multimedia
prae	vor	Präposition, Prävention, prähistorisch
pro	für, vor	prowestlich, Prodekan
re	zurück, wieder	Reformation, Reflektor, retour
trans (tra)	über, jenseits	Transfusion, Transport
ultra	über … hinaus	Ultraschall, ultrakonservativ

2.9.5 Fremdwörter aus anderen Sprachen

Beispiele

Joghurt	oder	Jogurt
Spaghetti	oder	Spagetti
Ginkgo	oder	Ginko

2.9.6 Fremdwörter, die Sie nicht verwechseln sollten

adaptieren	=	anpassen
adoptieren	=	ein Kind annehmen
Amnesie	=	Gedächtnisstörung
Amnestie	=	genereller Straferlass
Astrologie	=	Sterndeutung
Astronomie	=	Sternkunde
ethisch	=	sittlich
ethnisch	=	zu einem Volk gehörig
fingieren	=	vortäuschen
fungieren	=	tätig sein als
Katheder	=	Podium, Lehrerpult
Katheter	=	medizinisches Röhrchen
Magnat	=	reiche, wichtige Person
Magnet	=	Anziehungsmittel
Manie	=	Wahn
Manier	=	Art und Weise
materiell	=	stofflich
materialistisch	=	nach Konsum strebend
Mediation	=	Vermittlung
Meditation	=	religiöse Versenkung, Nachdenken
ökonomisch	=	wirtschaftlich
ökologisch	=	die Umwelt betreffend
Referenz	=	Empfehlung
Reverenz	=	Ehrbezeugung
Sepsis	=	Blutvergiftung
Skepsis	=	Zweifel
simulieren	=	vortäuschen
stimulieren	=	anregen
Tipp	=	Wink, Hinweis
Typ	=	Gattung, Urbild, Muster
Type	=	Druckbuchstabe oder ugs. eine komische Figur
psychisch	=	seelisch
physisch	=	körperlich

**Suchen Sie die häufig verwendeten Fremdwörter
(jeder Strich steht für einen Buchstaben)!**

1.	fest vereinbarter Bezug von Zeitungen	das A _ _ _ _ _ _ _ _
2	angemessen, entsprechend	a _ _ _ _ _ _
3.	Geschäftsstelle, Nachrichtenbüro	die A _ _ _ _ _ _
4.	Angriffslust	die A _ _ _ _ _ _ _ _
5.	zeitgemäß	a _ _ _ _ _ _
6.	Anzeige in Zeitungen und Zeitschriften	die A _ _ _ _ _ _
7.	Gerät	der A _ _ _ _ _ _
8.	Aufruf	der A _ _ _ _ _
9.	Verlangen nach Essen	der A _ _ _ _ _ _
10.	Begründung einer Aussage	das A _ _ _ _ _ _ _
11.	hochmütig	a _ _ _ _ _ _ _
12.	unfähig zum Leben in der Gemeinschaft	a _ _ _ _ _ _
13.	Zeitalter, Epoche	die Ä _ _
14.	Stimmung, Umgebung	die A _ _ _ _ _ _ _ _
15.	Angriff	die A _ _ _ _ _ _
16.	echt	a _ _ _ _ _ _ _ _ _
17.	Lehre vom Schall	die A _ _ _ _ _
18.	plötzlicher Wirtschaftsaufschwung	der B _ _ _
19.	Geschäftszweig	die B _ _ _ _ _ _
20.	verfügbare Geldmittel	das B _ _ _ _ _
21.	Wesensart	der C _ _ _ _ _ _ _ _
22.	Einzelheit, Einzelteil	das D _ _ _ _ _
23.	Unterschied	die D _ _ _ _ _ _ _ _
24.	Meinungsaustausch	die D _ _ _ _ _ _ _ _
25.	Einsatz für eine bestimmte Sache	das E _ _ _ _ _ _ _ _ _
26.	wesentlich	e _ _ _ _ _ _ _ _ _
27.	moralische Haltung der Menschen	die E _ _ _ _
28.	Rangordnung	die H _ _ _ _ _ _ _ _ _
29.	Gesundheitspflege	die H _ _ _ _ _ _
30.	gesetzeswidrig	i _ _ _ _ _ _
31.	unermesslich	i _ _ _ _ _
32.	Erneuerung	die I _ _ _ _ _ _ _ _
33.	Klugheit	die I _ _ _ _ _ _ _ _
34.	unbedeutend	i _ _ _ _ _ _ _ _ _
35.	jemand, der für Zeitungen Artikel verfasst	der J _ _ _ _ _ _ _ _ _
36.	kritisch-satirische Kleinkunst	das K _ _ _ _ _ _ _
37.	Spottzeichnung	die K _ _ _ _ _ _ _ _
38.	Gruppe, in die etwas eingeordnet wird	die K _ _ _ _ _ _ _ _
39.	bedeutende Laufbahn	die K _ _ _ _ _ _ _
40.	abgegriffener Ausdruck	das K _ _ _ _ _ _ _
41.	Gruppe von Personen, die mit Aufgaben für einen bestimmten Zweck betraut sind	das K _ _ _ _ _ _
42.	Ausschuss	die K _ _ _ _ _ _ _ _
43.	Verständigung, Meinungsaustausch	die K _ _ _ _ _ _ _ _ _ _

Übung 21 ✏️

44. Blutbad	das M _ _ _ _ _ _
45. Umgebung	das M _ _ _ _ _
46. ungerechtfertigtes Schikanieren	das M _ _ _ _ _ _
47. Muster, Vorbild, Nachbildung	das M _ _ _ _
48. Fotomodell	das M _ _ _ _
49. Stufe, Stand, geistige Höhe	das N _ _ _ _ _
50. nicht an der Regierung beteiligte Parteien	die O _ _ _ _ _ _ _ _
51. Lehrer	der P _ _ _ _ _ _
52. vergleichbarer Fall	die P _ _ _ _ _ _ _
53. Betrachtungsweise aus einem bestimmten Blickwinkel	die P _ _ _ _ _ _ _ _ _ _
54. seltenes Ereignis, Wunder	das P _ _ _ _ _ _
55. Beliebtheit	die P _ _ _ _ _ _ _ _ _
56. Staatsoberhaupt	der P _ _ _ _ _ _ _
57. Hochschullehrer	der P _ _ _ _ _ _ _
58. Gewinn	der P _ _ _ _
59. Beginn der Geschlechtsreife	die P _ _ _ _ _ _
60. Staatsform	die R _ _ _ _ _ _
61. Rohstoffquelle	die R _ _ _ _ _ _ _
62. taktmäßige Gliederung	der R _ _ _ _ _ _
63. Spalte, Kategorie	die R _ _ _ _ _
64. Zuneigung	die S _ _ _ _ _ _ _
65. Duldsamkeit	die T _ _ _ _ _ _

2.10 Worttrennung

Info

Zusammengesetzte Wörter und Wörter mit Vorsilbe trennt man grundsätzlich zwischen den einzelnen Bestandteilen.

Beispiele

Haus-tür
durch-aus
voll-enden

Info

Bei einfachen Wörtern oder Wörtern mit einer Nachsilbe trennt man vor dem Konsonanten, bei zwei oder mehreren Konsonanten vor dem letzten.

Beispiele

Le-ben
Ad-ler
Wüs-te
Zu-cker
knusp-rig
hei-ßen
Ta-gung

 Deutsch · Berufsreifeprüfung © Lemberger · Ikon

Info

„ch", „sch", „ph", „rh", „sh", „th" und „ck" werden nicht getrennt, weil sie nur einen Laut wiedergeben.

Getrennt werden jedoch „tz", „sp" und seit 1996 auch „st".

Trennung zwischen Vokalen, die zu zwei verschiedenen Silben gehören

Beispiele

Ei-er
Famili-en
Ru-ine

Info

Trennung von Fremdwörtern und Wörtern mit verblassten Zusammensetzungen nach Sprechsilben oder nach ihren Sprachbestandteilen

Beispiele

Pä-da-go-gik	oder	Päd-ago-gik
pa-ral-lel	oder	par-allel
he-rein	oder	her-ein
wo-rüber	oder	wor-über

3 SATZZEICHEN

3.1 Bindestrich

3.1.1 Bindestrich bei Zusammensetzungen und Hervorhebungen

> **In Zusammensetzungen mit Einzelbuchstaben, Abkürzungen und Ziffern steht ein Bindestrich.**

Beispiele

A-Dur
b-Moll (!)
T-Shirt
x-mal
zum x-ten Mal

ATP-Weltrangliste
UV-Strahlung

18-**j**ährig
die 18-**J**ährige
2-seitig
5-mal
1:2-Niederlage

Aber

kein Bindestrich bei **Ziffern** mit **Nachsilben**

Beispiele

32stel
95er
8%ig

Info

> **Bei Wortverbindungen mit „fach" und „Jahr" ist die Schreibung mit oder ohne Bindestrich möglich.**

Beispiele

5-fach/5fach
die 60er-Jahre/die 60er Jahre

Info

> **Wenn mehrere Wörter, Buchstaben oder auch Ziffern und Abkürzungen vor einem Zweitglied stehen, wird die ganze Fügung durch Bindestriche verbunden. In substantivischen Aneinanderreihungen wird das erste Wort auch dann großgeschrieben, wenn es selbst kein Nomen ist.**

Beispiele

die Ad-hoc-Entscheidung
der Erste-Hilfe-Lehrgang
das Entweder-oder
der K.-o.-Schlag
die A-Dur-Tonleiter
der 400-m-Lauf

Info

Dazu zählen auch hauptwörtlich gebrauchte Nennformen, die aus mehr als zwei Teilen bestehen; hier werden das erste Wort und die Nennform großgeschrieben, die anderen Wörter ihrer Wortart entsprechend.

Beispiele

das Auf-die-lange-Bank-Schieben
das An-den-Haaren-Herbeiziehen
beim In-die-Luft-Schauen

Ausnahmen sind übersichtliche Zusammensetzungen wie z. B. „Inkrafttreten".

Info

In unübersichtlichen Zusammensetzungen aus gleichrangigen Adjektiven wird ebenfalls ein Bindestrich gesetzt.

Beispiele

ein englisch-deutsches Wörterbuch
die medizinisch-technische Fachkraft

Info

Treffen in Zusammensetzungen drei gleiche Vokale oder Konsonanten aufeinander, so können diese Wörter auch mit Bindestrich geschrieben werden.

Beispiele

Ballett-Truppe
Imbiss-Stube
Kaffee-Ernte
Tee-Ei

Info

Sollen einzelne Bestandteile einer Verbindung hervorgehoben werden, so kann ebenfalls ein Bindestrich gesetzt werden.

Beispiele

das Ich-Gefühl
der Ist-Bestand
die Hoch-Zeit der Renaissance

Info

Auch bei unübersichtlichen Zusammensetzungen kann ein Bindestrich gesetzt werden.

Beispiele

Lohnsteuer-Tabelle
Lotto-Annahmestelle

3.1.2 Ergänzungsbindestrich

Info

Wird in Zusammensetzungen ein gemeinsamer Bestandteil eingespart, wird ein Bindestrich gesetzt.

Beispiele

auf- und abgehen
Wurst- und Käsetheke
2- bis 3-mal
Holzgewinnung und -verarbeitung

Übung 22

Setzen Sie die nötigen Bindestriche!

1. Sie können diese Sichthüllen, die aus PVC Hartfolie bestehen, im 10er Pack kaufen.
2. Dieser CD Koffer gefällt mir sehr gut.
3. Es war klar, dass er mit seiner Freundin ein Katz und Maus Spiel betrieb.
4. Da der PKW Fahrer einen Unfall gehabt hatte, musste er nun mit der U Bahn fahren.
5. 1981 erhielt Marcel Reich Ranicki den Ricarda Huch Preis.
6. Damit du wirklich Erste Hilfe leisten kannst, musst du einen Erste Hilfe Kurs machen.
7. Es ist üblich, vor Veranstaltungen Hals und Beinbruch zu wünschen.
8. Deine Schlamperei ist zum Aus der Haut Fahren.
9. Ich kann mir nie merken, ob man die Uhr vor oder zurückstellt.
10. Die seit zwei Tagen 17 Jährige hat zu ihrem Geburtstag 17 Rosen erhalten.
11. Mit einem 100 prozentigen Einsatz aller Ressourcen kann die Firma vielleicht noch gerettet werden.

3.2 Beistrich (Komma)

3.2.1 Beistrich bei Nebensätzen

> **Der Beistrich trennt Haupt- und Nebensätze voneinander.**

Nebensätze (Gliedsätze) können am Anfang oder am Ende stehen oder auch eingeschoben sein; in diesem Fall werden sie in Beistriche eingeschlossen.

Bindewörter, die Nebensätze einleiten, sind: als, dass, so dass, bis, seit, seitdem, indem, wenn, falls, da, während, ob, obwohl, obgleich, damit, nachdem, weil, bevor, ehe, sobald …

Auch die **Relativpronomen** (der, die, das, welcher, welche, welches) leiten Nebensätze (Relativsätze) ein.

Ebenso können **Fragewörter** (wie, wo, wann, wer, wieso, weshalb, warum) indirekte Fragesätze (=Nebensätze) einleiten.
Gliedsätze erkennt man immer daran, dass die Personalform des Verbs am Schluss steht.

Beispiele

Ich hoffe, **dass euch dies gelingen wird.**
Weil es heute regnet, können wir die geplante Bergtour nicht machen.
Hier liegt das Buch, **das ich gerade lese.**
Lange hatte er überlegt, **wo er seinen Schirm vergessen hatte.**
Jeder Mensch, **der sich politisch auf dem Laufenden halten will,** sollte eine Tageszeitung lesen oder zumindest die Nachrichten hören.

3.2.2 Beistrich bei Aufzählungen

> **Gleichrangige Sätze, Wortgruppen oder Wörter in Aufzählungen werden mit Beistrich voneinander getrennt.**

Beispiele

Es tauchte ein Problem auf, sie scheiterten daran.
Sie lächelt halb verlegen, halb belustigt.
Er kauft Äpfel, Birnen, Orangen.

> **Sind jedoch die Aufzählungen durch die anreihenden oder ausschließenden Bindewörter „und", „sowie", „sowohl – als auch", „weder – noch", „oder", „beziehungsweise", „entweder – oder" verbunden, wird kein Beistrich gesetzt.**

Beispiele

Er hatte sich weder für die Prüfung vorbereitet noch sich dem Anlass entsprechend gekleidet.
Der Film kann sowohl Erwachsenen als auch Kindern empfohlen werden.

Ausnahme

Wenn es sich um vollständige Hauptsätze handelt, darf auch bei diesen Bindewörtern ein Beistrich stehen.

Beispiele

Es begann zu regnen(,) und ich spannte den Regenschirm auf.

3.2.3 Beistrich vor den Konjunktionen „aber", „sondern", „(je)doch"

Info

Wenn Sätze oder Aufzählungen durch diese entgegenstellenden Bindewörter verbunden sind, muss ein Beistrich gesetzt werden.

Beispiele

Ich wollte ihr helfen, doch sie wehrte ab.
Das Kleid ist schön, aber leider auch sehr teuer.

3.2.4 Beistrich bei Einschüben und Zusätzen/Nachträgen

Solche Einschübe oder Zusätze können sein:

Info

• **Parenthesen (eingeschobene Sätze)**

Beispiel

Winston Churchill, **er war einer der bedeutendsten Politiker Englands,** erhielt 1953 auch den Literatur-Nobelpreis.

Hier kann man, wenn man noch deutlicher abgrenzen will, auch Gedankenstriche setzen.

Info

• **Appositionen (substantivische Beifügungen, die ihr Bezugswort näher beschreiben)**

Beispiel

Johann, **dem Vorsitzenden des Deutschen Vereins,** wurde nahegelegt, mit gutem Beispiel voranzugehen.

Achtung

Appositionen müssen immer im selben Fall stehen wie das Bezugswort.

Info

• **Nachgestellte Erläuterungen**

Beispiel

Der Lieferant kommt einmal wöchentlich, **und zwar jeden Mittwoch.**

Manchmal ist es den Schreibenden freigestellt, ob sie etwas als Einschub betrachten oder nicht.

Beispiele

Sie hat(,) vor allem in Deutsch(,) großes Potential.
Er ist(,) außer während des Unterrichts(,) immer erreichbar.

3.2.5 Beistrich bei Infinitivgruppen

Bei der einfachen Infinitivgruppe („zu" und Infinitiv) ist es freigestellt, einen Beistrich zu setzen.

Beispiele

Ich habe keine Lust(,) zu lernen.
Er ist dagegen(,) heimzufahren.

Manchmal ist es aber auch hier **empfehlenswert**, einen Beistrich zu setzen, um Missverständnisse zu vermeiden.

Beispiele

Er versprach nicht, zu kommen.
Er versprach, nicht zu kommen.

Die erweiterte Infinitivgruppe, bei der noch mindestens ein Wort zum Infinitiv mit „zu" kommt, muss in folgenden Fällen durch Beistrich abgegrenzt werden:

- Die Infinitivgruppe ist mit „um", „ohne", „statt", „anstatt", „außer", „als" eingeleitet.

Beispiel

Sie öffnet das Fenster, **um** frische Luft hereinzulassen.

- Die Infinitivgruppe hängt von einem Nomen ab.

Beispiel

Er verletzte sich bei dem **Versuch**, auf den Baum zu klettern.

- **Die Infinitivgruppe wird durch ein hinweisendes Wort („daran", „darum", „darauf", „es", „das", „dies") angekündigt oder es folgt ihr.**

Beispiele

Ihre größte Freude war **es**, stundenlang im Wald spazieren zu gehen.
Es ist besser, noch einmal alles zu wiederholen.
Die Matura zu machen, **das** ist sein größter Wunsch.
Daran, den Job zu wechseln, dachte sie nicht.

In allen anderen Fällen muss man keinen Beistrich setzen, aber man kann.

Schreiben Sie bei einer erweiterten Infinitivgruppe immer einen Beistrich, dann brauchen Sie sich diese Regel nicht zu merken!

3.2.6 Beistrich bei Partizipialgruppen

Als Partizipialgruppe bezeichnet man Partizipien, die mit einer näheren Bestimmung verbunden sind (bitterlich weinend, herzlich lachend …).

Eine Partizipialgruppe muss durch einen Beistrich abgetrennt werden, wenn ein Wort auf sie hinweist oder wenn sie nachgestellt ist.

Beispiele

Auf diese Weise, die Preise senkend, bekommen wir neue Kunden.
Heftig atmend, **so** kam sie nach einem 3-stündigen Lauf ins Ziel.
Sie hat das Restaurant verlassen, **tödlich beleidigt**.

3.2.7 Beistrich bei Ausrufen und Anreden

Der Beistrich trennt die Anrede vom übrigen Satz.

Beispiel

Susanne, bring mir bitte meine Tasche!

Ausrufe und das Wort „bitte" können durch Beistrich abgetrennt werden, wenn sie besonders hervorgehoben werden sollen.

Beispiele

Ach(,) das tut mir aber leid!
Bitte(,) komm doch herein!

3.2.8 Beistrich bei „wie" und „als"

Kein Beistrich steht, wenn auf „wie" oder „als" kein vollständiger Satz folgt (kein Prädikat).

Beispiel

Ich bin größer als du.

Folgt hingegen ein Satz (mit eigenem Prädikat) oder eine Nennformgruppe, dann steht ein Beistrich.

Beispiele

Ich bin größer, als du bist.
Er liest lieber, als durch die Bars zu ziehen.

Übung 23

Setzen Sie die nötigen Beistriche!

1. Der Arzt kam sobald er konnte doch es war schon zu spät.
2. Barbara die gerne Schi fährt schlägt eine Fahrt nach Österreich vor.
3. Das war ein Ereignis das die Welt erschütterte und veränderte.
4. Es ist kaum mehr vorstellbar ohne Auto Flugzeug Handy und Computer zu leben.
5. Bäume und Sträucher werden bald zu knospen beginnen und das Land mit leuchtendem Grün überziehen.
6. Anton fürchtet dass das alte Auto das er von seinem Opa geerbt hat nicht mehr fahrtauglich ist.
7. Die Stadt sieht ganz anders aus als vor 20 Jahren als ich sie das erste Mal besucht habe.
8. Er war gut gelaunt bis er in der Menge seinen alten Rivalen entdeckte.
9. Die Schülerinnen und Schüler haben Folder erstellt mit denen sie über das Praktikum informieren; sie haben auch die Damen und Herren die sie während des Praktikums betreut haben zum Schulfest eingeladen.
10. Seit Jahrzehnten zermartern sich Wissenschaftler den Kopf darüber wie man diese Krankheit wenigstens in ihrem Fortschreiten verlangsamen könnte wenn es schon nicht gelänge sie zu heilen.
11. Vier Jahre muss man trainieren bis man das Fechten beherrscht.
12. Als Jugendlicher hatte er oft das Gefühl allein gegen die ganze Welt zu kämpfen.
13. Wie wichtig eine ausreichende Flüssigkeitszufuhr ist um die Gesundheit zu erhalten erfuhren die Schüler im Rahmen eines Vortrags.
14. Selbst im Sommer wird es in den Räumen die von dicken Mauern umgeben sind nicht richtig warm.
15. Viele wissen nicht ob sie genügend trinken.
16. Er sah mich an ohne Reue zu zeigen.
17. Herr Richter unser Klassenlehrer ist streng aber gerecht.
18. Gegen Abend sind Schneeschauer wahrscheinlich vor allem im Westen und

Norden.

19. In der Steinzeit benutzten die Menschen Werkzeuge aus Stein um ihre Arbeit zu verrichten.
20. Es gibt nichts Schöneres als nach einem langen Tag nach Hause zu kommen.
21. Dann wollte er wissen ob mir der Verdienst oder das Ansehen wichtiger sei.
22. Sie waren den ganzen Tag gezwungen mit Holzbalken die in die Ränder gesteckt wurden Mahlsteine zu drehen.
23. Er tut so als hätte er nichts gehört und gesehen.
24. So ging der Patient dahin geheilt und ohne Beschwerden.
25. Weswegen sie lachten weiß ich immer noch nicht.
26. Zahlreiche Sklaven hatten ihr Leben lang das Los so monotone und anstrengende Arbeiten zu verrichten.
27. Er wurde vom Vater einem leidenschaftlichen Antifaschisten dazu angewiesen sich früh für eine Politik des Widerstands zu interessieren.
28. Ich fragte was er meine erhielt aber keine Antwort.
29. Der Reporter fing nun als der Schauspieler Platz genommen hatte mit dem Interview an.
30. Ich lehnte dankend ab da ich weder Hunger hatte noch Lust auf ein Getränk verspürte.
31. Er der Polizist sieht die alte Frau vor dem Fernseher sitzen.
32. Er kann das Leben des anderen retten indem er dessen Platz einnimmt.
33. Eine Familie erschien die aus Vater Mutter und zwei Kindern bestand.
34. Es sind Gerüchte aufgetaucht der Schauspieler habe die Stadt schon wieder verlassen.
35. Ich war so müde dass ich mich auf meinem Fauteuil ausstreckte.
36. Ehe ich den Tisch decken konnte musste ich die Katze von diesem entfernen was mir auch prompt gelang.
37. Sie sagte es sei ein wunderschöner Tag den sie genießen wolle.
38. Gerade als der Bauer aus dem Stall trat rollte der Wagen seines Sohnes in den Hof.
39. Sie hat große Lust ihn anzurufen oder gar zu besuchen.
40. Langweiliges Ballgekicke zu verfolgen daran kann ich wahrlich kein Vergnügen finden.
41. Aus vollem Halse lachend so kam sie uns entgegen.
42. Daran dieses Problem zu lösen wirst auch du scheitern.
43. Trotz aller Fortschritte der Medizin gibt es Krankheiten welche die Menschen vor schier unlösbare Aufgaben stellen.
44. Alte Bäume deren Stämme morsch sind können bei Sturm sehr gefährlich werden.
45. Die Leute die uns eingeladen hatten gaben ihr Bestes aber ihre Möglichkeiten waren begrenzt.
46. Nachdem er die Auseinandersetzung begonnen hatte musste er sie auch fortsetzen damit man ihn ernst nahm.
47. Ich war wütend ich fühlte mich von einem Freund verraten aber so war die Sache wenigstens klar.
48. Ich brauchte Zeit um meine Rede vorzubereiten.
49. Die Menschheit sagt Marx stelle sich nur Aufgaben die sie auch lösen kann.

Übung 23

50. Ein Grund warum ich ihm wohlgesinnt bin ist dass er immer ehrlich war.
51. Ich hatte noch einen anderen Grund nicht da sein zu wollen.
52. Wir fuhren zu den Bunkern am Kanal die aus sehr hohen konzentrischen Mauern bestehen mit Stacheldraht besetzt.
53. Paul stimmte zunächst allen Einwänden zu aber mit Trotz List und einem Witz den sie nicht verstanden zog er sich immer wieder aus der Affäre.
54. Ich weiß nicht was ich getan hätte wenn ich diesen Artikel im Moment seiner Veröffentlichung gelesen hätte.
55. Er wusste nicht wie er es schaffen würde den Film zu drehen.
56. Schwarze Wolken hingen über den Hausdächern eisiger Regen trommelte nieder Wind und Kälte waren draußen und drinnen.
57. Er fragte sich warum er hergekommen war welchen Sinn es hatte über einen Film zu reden der nie entstehen würde.
58. Er besaß genug Taktgefühl mir sofort ihren Namen und ihre Telefonnummer sowie einige Informationen zu geben.
59. Sie war Berlinerin die Mutter war Wienerin der Vater entstammte deutschem Großbürgertum.
60. Er zeigte dem Gast wo sich die Kopfhörer befanden.
61. Wann immer es möglich war hörte mein Vater im Radio die Nachrichten.
62. Ich stellte Fragen bettelte tobte sie aber blieb unbeugsam.
63. Am Ende schafften sie die ganze Reise ohne auch nur einen Cent für Essen und Trinken ausgegeben zu haben.
64. Es kam tatsächlich vor dass sie unerwartet die Tür öffnete um in ihr Zimmer zu gehen um dort zu schlafen oder ein vergessenes Buch zu holen.

3.2.9 Beistrich bei „und"

Vor „und", „oder" und entsprechenden Bindewörtern wird ein Beistrich gesetzt, wenn

ein eingeschalteter Gliedsatz davor zu Ende ist,

Info

Beispiel

Er sagte mir, wo er gewesen war, und ging fort.

eine nachträgliche Erläuterung folgt, die mit „und", „und zwar", „und das" eingeleitet ist.

Info

Beispiel

Sie bekam immer gute Noten, und zwar mit Recht.

Kein Beistrich wird gesetzt, wenn „und" die Glieder einer Aufzählung verbindet oder nur ein Nebensatz fortgeführt wird.

Beispiele

Das neue Kleid ist schön, teuer und sehr modern.
Ich ärgerte mich, dass ich nichts gelernt hatte und dass dies meine letzte Chance war.

Übung **24**

Setzen Sie die nötigen Beistriche!

1. Ich erinnerte daran arbeiten zu müssen und verschwand im Haus.
2. Diese Bestimmung gilt wenn Häuser neu gebaut sowie wenn vorhandene vergrößert werden.
3. Um zehn kommt seine Frau nach Hause fragt ob die Kinder schon schlafen würden und geht ins Badezimmer.
4. Weiß irgendjemand wie sich der Unfall ereignet hatte und wer schuld war?
5. Er erinnerte mich daran die Katze zu füttern und die Blumen zu gießen.
6. Anja die aus Polen stammt und ich sind gute Freundinnen.
7. Willst du das Hemd das du gestern anhattest oder brauchst du einen Pullover?
8. Er erkundigte sich was es zu essen gebe und ob Post gekommen sei.
9. Ich hoffe dass dir die Wohnung gefällt und dass sie dir groß genug ist.
10. Ich denke euer Problem sind Konflikte die nicht angesprochen werden und Bedürfnisse die nicht ausgedrückt werden.
11. Er sagt er wisse von nichts und verschwindet.
12. Er überlegte lange und das mit gutem Grund.
13. Das Licht geht aus der Vorhang hebt sich und die Musiker beginnen zu spielen.
14. Dieses Rätsel lösen kann nur ein Genie und das bist du bestimmt nicht.
15. Hoffentlich siehst du nun ein dass es so nicht weitergehen kann und dass sich etwas ändern muss.
16. Er war der Einzige der den Ort kannte und er konnte der Versuchung nicht widerstehen den Fremdenführer zu spielen.
17. Er spürte dass das Land in großer Gefahr schwebte und das ertrug er nicht.
18. Ich wollte es um ehrlich zu sein nicht allzu weit treiben und sagte nichts mehr.
19. Als Peter eines Tages anklopfte waren fünf Jahre vergangen seit wir nicht mehr mit unserer Mutter gelebt und mehr als zwei Jahre seit wir sie nicht mehr gesehen hatten.

Deutsch • Berufsreifeprüfung © Lemberger • Ikon

3.3 Punkt

Der Punkt steht:

- am Ende eines ganzen Satzes
- nach Abkürzungen
- nach Ordnungszahlen

Info

Beispiele

Ich habe gestern den ganzen Tag gearbeitet.
bzw., u., Nr.
am 27. Dezember

Kein Punkt wird gesetzt:

- nach Überschriften und Titeln
- nach sogenannten Buchstabenwörtern (Kurzformen)

Info

Beispiele

PKW
NATO
EU

3.4 Gedankenstrich

Häufig wird ein Gedankenstrich gesetzt, wenn eine Pause im Satz die Spannung erhöhen soll.

Info

Beispiel

Plötzlich – ein lautes Knacken.

Ebenso kann damit ein überraschender Abschluss angekündigt werden.

Info

Beispiel

Du wirst diese Aufgabe erledigen – und zwar allein.

Durch einen doppelten Gedankenstrich kann man Zusätze oder Nachträge deutlich vom übrigen Text abgrenzen.

Info

Beispiel

Dieses Buch – das bekannteste des Autors – wurde ein Bestseller.

3.5 Doppelpunkt

Info

Der Doppelpunkt steht vor der wörtlichen Rede.

Beispiel

Sie sagte: „Morgen komme ich dich besuchen."

Info

Er steht vor Aufzählungen.

Beispiel

Sie hat im Zuge ihres Studiums mehrere Sprachen gelernt: Englisch, Französisch, Schwedisch und Norwegisch.

Info

Er steht vor angekündigten Satzstücken, Sätzen oder auch einzelnen Wörtern.

Beispiel

Es gibt nur eine Möglichkeit, die Matura zu bestehen: lernen.

Info

Wird in einem Satz schon vorher Erwähntes zusammengefasst oder aus einem Vortext etwas gefolgert, wird ebenfalls der Doppelpunkt verwendet.

Beispiel

Du arbeitest zu viel und ernährst dich schlecht: Du tust deiner Gesundheit nichts Gutes.

3.6 Strichpunkt (Semikolon)

Info

Den Strichpunkt kann man zwischen gleichrangigen Sätzen oder Wortgruppen verwenden, wo der Punkt zu stark, der Beistrich zu schwach trennen würde.

Beispiel

Keine Regel verlangt den Einsatz des Strichpunktes; man fühlt es mehr, wann man ihn setzen soll.

Info

Der Strichpunkt kann auch verwendet werden, um zusammengehörige Gruppen in Aufzählungen zu markieren.

Beispiel

Unser Picknick bestand aus Speck und Wurst; Salat und Gemüse; Äpfeln, Bananen und Orangen.

3.7 Auslassungszeichen (Apostroph)

3.7.1 Apostroph zwingend

Grundsätzlich steht das Auslassungszeichen, wie der Name sagt, für Auslassungen von einem oder mehreren Buchstaben.

 **Info**

Beispiel

Ku´damm (für Kurfürstendamm)

Auch in dichterischen Texten kommen solche Auslassungen vor.

Info

Beispiel

ein einz´ger Augenblick

Personennamen, deren Grundform auf einen Zischlaut (s, ss, ß, tz, z, x, c) endet, bekommen im Genitiv den Apostroph.

Info

Beispiele

Aristoteles´ Schriften
Thomas´ Schwester
Fritz´ Geburtstag

3.7.2 Kein Apostroph

Kein Apostroph steht bei Verschmelzungen von Präpositionen mit dem Artikel.

Info

Beispiele

fürs, ans, aufs, durchs, hinters

Für das entfallene Schluss-e in bestimmten Verbformen und bei Nomen und Adjektiv steht kein Apostroph.

Info

Beispiele

Das lass ich nicht zu.
Bursch
öd

Info

Auch Abkürzungen, die im Plural oder im Genitiv stehen, haben keinen Apostroph.

Beispiele

meine CDs, viele LKWs, meines PKWs

Info

Wenn ein Personenname nicht auf einen Zischlaut endet, steht im Genitiv kein Apostroph.

Beispiele

Mozarts Opern
Annas Fahrrad

3.7.3 Apostroph freigestellt

Info

Bei Verkürzungen des Pronomens „es" zu „s" nach Verben ist die Verwendung des Apostrophs freigestellt.

Beispiel

Mir geht´s gut.   oder   Mir gehts gut.

Info

Ableitungen von Eigennamen mit „-sch" können mit Apostroph geschrieben werden.

Beispiel

die Grimm´schen Märchen (auch: die grimmschen Märchen)

Info

Gelegentlich wird der Apostroph auch vor dem Genitiv-s gesetzt, um die Grundform des Personennamens zu verdeutlichen.

Beispiele

Andrea´s Salon (zur Unterscheidung vom männlichen Vornamen Andreas)
Sissi´s Würstchenstand (im geschäftlichen Bereich)

3.8 Anführungszeichen

3.8.1 Anführungszeichen bei der direkten Rede

Am Anfang und am Ende einer direkten Rede stehen Anführungszeichen, wobei der Begleitsatz vor, nach oder zwischen den Teilen des Redesatzes sein kann.

Beispiele

Er sagte: „Morgen fliege ich nach New York."
„In einer Woche bin ich wieder zurück", versicherte er.
Nach dem schließenden Redesatz steht hier immer ein Beistrich.

„Ich werde mich", versprach er, „sofort nach der Ankunft melden."
Der eingeschobene Begleitsatz wird durch einen paarigen Beistrich markiert.

3.8.2 Anführungszeichen bei Zitaten

Anführungszeichen werden gesetzt am Anfang und Ende eines wörtlichen Zitates, bei Titeln von Büchern und Zeitungen, Theater- und Musikstücken.

Beispiele

Hast du den Roman „Das Parfum" von Patrick Süskind gelesen?
Das Sprichwort „Aller Anfang ist schwer" ist hier wohl anzuwenden.
In Bregenz habe ich „Fidelio" gesehen.

Ändert sich beim Zitat eines Titels durch die Deklination der Artikel, dann bleibt er außerhalb der Anführungszeichen.

Beispiel

Mit dem „Parfum" im Gepäck fuhr sie in Urlaub.

Wenn innerhalb eines mit Anführungszeichen versehenen Textes noch ein Titel, ein Zitat oder dergleichen vorkommt, dann wird ein halbes Anführungszeichen gesetzt.

Beispiel

Der Lehrer fragte die Schüler: „Habt ihr ‚Die Weber' schon gelesen?"

3.8.3 Anführungszeichen bei Hervorhebung von Wörtern

Um Wörter oder Teile eines Textes hervorzuheben, zu denen man Stellung nehmen oder die man beispielsweise ironisch verwenden möchte, setzt man ebenfalls Anführungszeichen.

Beispiele

Dieser Artikel erschien im „Kurier".
Das Wort „Akustik" hat nur ein „k".
Zu Weihnachten ist es üblich, die „liebe" Verwandtschaft zu besuchen.

 Übung 25

Abschlussübung zur Rechtschreibung und Zeichensetzung
Unterstreichen Sie die großzuschreibenden Wörter, setzen Sie „s", „ss" und „ß" ein, entscheiden Sie beim Fragezeichen, ob zusammen- oder getrennt geschrieben wird, und setzen Sie die nötigen Beistriche!

1. So ? bald der wettbewerb zu ende war meinte ein teilnehmer: „So ? bald mache ich das nicht mehr!"
2. Um möglichen schuldzuweisungen entgegen ? zu ? wirken wurden keine einzelheiten über diesen vorfall preis ? gegeben.
3. Es ist mir äu…….erst schwer ? gefallen den angebotenen sü…….igkeiten zu widerstehen.
4. Die käufer konnten selbst entscheiden wie ? viel ihnen das gebotene wert war und dann den preis fest ? legen.
5. Nach der geheimen besprechung über den ablauf des überraschungsfestes versprachen alle dicht ? zu ? halten.
6. Jeder hat ein recht auf eigene vorstellungen und muss sich dafür nicht rechtfertigen .
7. Aus angst da……. unternehmen könnte pleite ? gehen erklärte sich die gesamte belegschaft dazu bereit eine zeitlang kurz ? zu ? arbeiten.
8. Von dem ausgewählten rastplatz geno……. er einen unverge…….lichen ausblick.
9. Nur selten pa…….ierte es da……. er die reise wegen eines starken regengu…….es unterbrechen mu…….te.
10. Um die regionalen genü…….e den gästen näher ? zu ? bringen wollen die gastbetriebe enger zusammen ? arbeiten.
11. Etwa ein drittel der belegschaft i…….t zu mittag asiatische gerichte.
12. Peter will sich mit mu…….e das fu…….ballspiel zuhause im fernsehen anschauen und nicht im regen ? na…….en stadion sitzen.
13. Wir wissen da……. der hundertjährige krieg nicht genau hundert jahre gedauert hat.
14. Hoffentlich haben die berichte nicht recht da……. die alteingese…….ene firma bald pleite ? geht.
15. Erfahrungsgemä…….lä…….t sie sich nicht grundlos krank ? schreiben.
16. So ? weit ich zurück ? denken kann war da……. sterben eines menschen aus unserer familie etwas da……. uns alle aus der bahn warf was ich mit

gro…….em staunen registrierte.

17. Obwohl sein fortgehen auch für mich ein schock war verstand ich sein handeln durchaus.

18. Den grö…….ten widrigkeiten zum trotz hatte ihre unerme…….liche liebe sie immer wieder zueinander ? finden la…….en.

19. Jedes ? mal vergo……. ich tränen und hoffte da……. die geschichte ein gutes ende nehmen möge.

20. Wenn man kein zu ? hause mehr hat dann mu……. man sich sein eigenes im herzen suchen.

21. Meine gro…….mutter war äu…….erst zuverlä…….ig trug hochgeschlo…….ene kleidung und war niemals au…….erhalb ihres heimat-ortes gewesen.

22. Nun lag da in der wiege etwas winziges schreiendes da……. noch nicht zum spielen taugte.

23. Die brautleute hübsch zu ? recht ? gemacht a…….en im nahen gasthaus zu mittag.

24. Wenn ihr im leben genau ? so ? viel weinen mü…….t wie ihr jetzt lacht werdet ihr mir leid ? tun.

25. Ihre gewi…….heit vom aufgehoben ? sein im jenseits vertrug sich nicht mit der vorstellung eines strafenden und rächenden gottes der amtskirche.

26. Man lie……. ihn in ruhe denn er war durch nichts zum reden zu bewegen.

27. Wo viele frauen miteinander das zimmer teilen kommt dieses thema über kurz oder lang auf den tisch.

28. Während die spanische grippe gra…….iert die den vater wochen ? lang ans bett fe…….elt mu……. die tochter voll flei……. alle anstehenden arbeiten erledi-gen.

29. Heiraten war das einzige was aus dieser mi…….ere retten konnte.

30. Sie laufen abends auf der eisbahn schlittschuh.

31. Sie fühlte sich zerri…….en unter den verschiedenen einflü…….en und hatte keine ahnung wie es weiter ? gehen sollte.

32. Es war eine wunderbare gewi…….heit für sie da……. sie sich nicht mehr über bei…….ende kälte und nie…….elregen beklagen mu…….te.

33. Er ergo……. einen schwall italienischer worte über meinen vater der fragte ob die unterhaltung nicht auch auf französisch geführt werden könne.

34. Marie stammelte da……. wir uns gerne wahr ? sagen la…….en würden obwohl wir nicht wu…….ten ob wir das ganze ernst ? nehmen konnten.

35. Er übergab mich am fu…….e der treppe einem herrn der mich in meine kabine geleitete.

36. Ich sah wie ihm ein rie…….en ? stein vom herzen fiel und er beschlo……. sich sofort zu verabschieden.

37. Die pa…….agiere arm und reich alt und jung allein ? reisende männer und fami-lien mit kindern kamen zu fu……. oder in autos bi……. zur gangway.

38. Sie wie……. auf eine dame in schwarz die am hafen entlang ? schlenderte.

39. Da es kein zurück mehr gab waren wir beide sehr mi…….mutig.

40. Ich spürte das schwanken des schiffes kaum aber meine freundin wurde von heftigem unwohl ? sein geplagt.

41. Während sie lieber liegen ? bleiben wollte begab ich mich in den spei…….esaal.

Übung 25

42. Sie verstand kein deutsch ich kein französisch so unterhielten wir uns auf englisch.

43. Er sagte da....... ich es nicht fertig ? bringen würde ihm zehn minuten in die augen zu ? sehen ohne diese errötend nieder ? zu ? schlagen.

44. Ich dachte nicht daran an dieser mie.......en wette teil ? zu ? nehmen noch weniger wollte ich den mir zugewie.......enen prei....... entgegen ? nehmen.

45. Am e.......tisch sa....... mir ein rie.......iger deutscher gegenüber.

46. Nach der fahrt durch das rote meer wo es brütend ? hei....... war vergingen viele tage ohne da....... land in sicht kam.

47. Als sie von mir hörte da....... mir das ? selbe angeboten worden war zweifelten wir beide nicht mehr daran da....... absicht dahinter ? stecken mu.......te und wir be.......er zusammen ? halten sollten.

48. Als ich mi.......trauisch wurde zeigte er auf seine wei.......en schläfen und sagte ich solle ihm um himmels willen doch vertrauen.

49. Es war schon sehr hei....... aber ich geno....... die drei.......ig grad.

50. Auf den sogenannten gewürzinseln einem paradie....... da....... zu ? aller ? erst den portugie.......en und schlie.......lich den holländern reichtum gebracht hatte ist alles zusammen ? gebrochen.

51. Er hat sich sehr schnell zu einem gewi.......enhaften geschäftsmann hoch ? ? gearbeitet.

52. Ein grei....... lä.......t einen ballen auf den fu.......boden fallen und breitet den inhalt aus: zehn verschli.......ene hemden.

53. Je mehr ich la....... umso mehr verwie....... jedes buch auf so viele andere und belehrte mich da....... ich wenig wu.......te.

54. Zur abschreckung der mitschüler mu.......te ich die aufsätze vorlesen bi....... der profe.......or merkte da....... die kollegen meinen zynismu....... geno.......en.

55. Wir sa.......en in der gleichen kla.......e und fürchteten uns davor da.......der lehrer da....... staberl auf unsere handflächen sau.......en la.......en würde.

56. Die frauen stehen mit verdro.......enen zügen da; das durch ? halten ? müssen fällt ihnen schwer.

57. Er prüft die qualität der angebotenen waren mit mi.......billigendem kopfschütteln blo....... deshalb um die ansprüche hinab ? zu ? setzen.

58. Es ist klar da....... trotz aller anstrengungen für 10 euro pro kopf und woche nicht wunder was angeboten werden kann.

59. Sie haben sich ein jeder auf seine wei.......e von religion und tradition entfernt.

60. Man kann in die kleinen schenken und cafés eintreten ohne schlimmes zu befürchten.

61. Im morgengrauen höre ich auf der ga.......e vor meinem fenster ein durcheinander ? summen von stimmen.

62. Man mu....... daran denken da....... dieses viertel beinahe zur hälfte jüdisch war.

63. Ein nein hätte bedeutet da....... man selbst drauf und dran war zu den armen zu gehören und da....... wollte keiner.

64. Die vom ewigen allein ? sein unzufriedene ehefrau leidet unter dem ständigen mü.......iggang.

65. Fa.......t geräuschlos nähern wir uns dem gasthaus da....... an einer gro.......en

ra…….enfläche liegt und in de…….en parterre man spei…….t.

66. Sie mü…….en selbstbewu…….t auftreten sonst kommen die bediensteten den anwei…….ungen nicht nach.

67. Wir hatten uns so ? viel zu erzählen bevor wir zu einem kleinen imbi……. aufbrachen.

68. Wir mü…….en uns einigerma…….en an die regeln halten wenn wir vorwärts ? kommen wollen.

69. Sie kommen mittags schwei…….gebadet heim und dö…….en danach vor sich hin.

70. Im badezimmer übergie…….t man sie mit dem erfrischenden na…….

71. Er la……. so grä…….lich da……. einem das hören und sehen verging.

72. Ich geno……. es so frei mit meinen freundinnen zusammen ? zu ? sein.

73. Da……. haus des a…….istenten hat einen quadratischen grundri…….

74. Aufsteigen kann jeder der einerseits zuverlä…….ig andererseits aber auch gewi…….enlos ist.

75. Wir bemühten uns redlich uns nach einigen achteln wein aufrecht ? zu ? halten.

76. Weil er ein geschickter bastler war hatte er es sogar fertig ? gebracht da……. knarren des parketts zum schweigen zu bringen.

77. Weil er flie…….end deutsch sprach und verstand bekam er im vorübergehen die bemerkungen der theaterbesucher mit die sich umdrehten um seine begleiterin zu mustern.

78. Unter diesen widrigen umständen konnten sie beim besten willen ihr gewohntes leben nicht aufrecht ? erhalten.

79. Wenn zahllose an einem strang ziehen dann erreichen sie in der regel mehr als der einzelne.

80. Da der schriftsteller so gut ? schreiben konnte hat man seinem konto einen gro…….en betrag gut ? geschrieben.

81. Man sollte an dritte keine geheimni…….e preis ? geben.

4 GRAMMATIK

4.1 Hauptwort (Nomen)

Nomen machen den größten Teil des deutschen Wortschatzes aus und können darüber hinaus noch zu neuen Wörtern zusammengesetzt werden.

4.1.1 Arten der Nomen

Man unterscheidet Konkreta und Abstrakta.

Konkrete Nomen sind materiell, also greifbar; dazu zählen Eigennamen, Lebewesen sowie Gegenstände.

> **Beispiele**
>
> Glas, Waschmaschine, Lampe, Tisch, Fleisch

Abstrakte Nomen sind nicht materiell, also nicht greifbar.

> **Beispiele**
>
> Liebe, Verstand, Fröhlichkeit

4.1.2 Geschlecht (Genus)

Es gibt im Deutschen drei grammatische Geschlechter:

männlich (maskulin): der Apfel
weiblich (feminin): die Blume
sächlich (neutral): das Blatt

Das **grammatische** Geschlecht stimmt nicht immer mit dem **natürlichen** Geschlecht überein; man denke nur an „das Mädchen". Beim Schreiben hat man sich allerdings nur nach dem grammatischen Geschlecht zu richten.

> **Beispiele**
>
> Das ist das Mädchen, das (nicht „die") als Sekretärin arbeitet.
> Dort steht die Person, die (auch wenn es ein Mann ist) den Unfall beobachtet hat.

Achtung

> Im Dialekt werden manche Artikel falsch verwendet.
> Es heißt standardsprachlich richtig:

> **Beispiele**
>
> die Butter
> der Teller
> das Radio
> das Benzin
> der Monat
> der Kommentar
> die Mühsal
> die Zwiebel

4.1.3 Zahlformen (Numeri)

Die Numeri (Einzahl Numerus) im Deutschen sind **Einzahl (Singular)** und **Mehrzahl (Plural)**.

Es gibt Wörter, die **nur im Singular** stehen können, wie z. B. viele Abstrakta sowie Stoff- und Sammelbezeichnungen.

> **Beispiele**
>
> Furcht, Hass, Kälte
> Gold, Silber, Milch

Andererseits gibt es aber auch Wörter, die **nur im Plural** vorkommen.

> **Beispiele**
>
> Ferien, Kosten

Gleiche Wörter mit verschiedener Bedeutung unterscheiden sich durch die Pluralformen:

die Bank – die Bänke (Sitzgelegenheit)
die Bank – die Banken (Geldinstitut)

das Wort – die Wörter (für Einzelwörter ohne Rücksicht auf den Zusammenhang)
das Wort – die Worte (für Äußerung, Ausspruch)

der Strauß – die Strauße (Vogel)
der Strauß – die Sträuße (Blumen)

Fremdwörter haben oft die Pluralbildung der Ausgangssprache, manchmal aber zusätzlich auch schon eine „eingedeutschte", wenn sie häufig gebraucht werden.

 Übung 26

> **Schlagen Sie den Plural folgender Wörter nach!**
>
> | die Praxis | .... | der Doktor | .... |
> | das Gymnasium | .... | das Datum | .... |
> | das Konto | .... | der Zirkus | .... |
> | das Hobby | .... | das Klima | .... |
> | das Individuum | .... | der Zyklus | .... |
> | der Charakter | .... | das Privileg | .... |
> | das Schema | .... | der Bonus | .... |
> | der Espresso | .... | der Paparazzo | .... |
> | der/das Virus | .... | | |

4.1.4 Beugung (Deklination)

Im Deutschen gibt es 4 Fälle:

1. Fall (Nominativ): Frage: wer? was?
2. Fall (Genitiv): Frage: wessen?
3. Fall (Dativ): Frage: wem?
4. Fall (Akkusativ): Frage: wen? was?

Info

Hauptwörter verändern beim Gebrauch in den verschiedenen Fällen ihre Form: Deklination. Es gibt bei den Nomen eine starke, schwache und gemischte Deklination.

- **Die starke Deklination zeichnet sich durch Genitiv-(e)s bei den männlichen und sächlichen Wörtern aus, die weiblichen Nomen sind endungslos, die Pluralbildung ist unterschiedlich.**

Singular:			
Nom.	der Mann	die Tochter	das Kind
Gen.	des Mann**es**	der Tochter	des Kind**es**
Dat.	dem Mann	der Tochter	dem Kind
Akk.	den Mann	die Tochter	das Kind

Plural:	
Nom.	die Männer/Töchter/Kinder
Gen.	der Männer/Töchter/Kinder
Dat.	den Männer**n**/Töchter**n**/Kinder**n**
Akk.	die Männer/Töchter/Kinder

Achtung

Männliche und sächliche Hauptwörter auf **„-el"** bilden die Mehrzahl ohne eine Endung (mit Ausnahme des 3. Falles).

Beispiele

der Stiefel – die Stiefel
das Rätsel – die Rätsel
das Mittel – die Mittel

Ausnahmen

der Pantoffel – die Pantoffeln
der Muskel – die Muskeln
der Stachel – die Stacheln

Info

- Die schwache Deklination (nur Maskulinum und Femininum) zeichnet sich dadurch aus, dass bei den männlichen Wörtern alle Fälle bis auf den 1. Fall Singular auf „-en" enden, die weiblichen sind im Singular endungslos, im Plural steht ebenfalls nur „-en".

Singular:		
Nom.	der Mensch	die Frau
Gen.	des Mensch**en**	der Frau
Dat.	dem Mensch**en**	der Frau
Akk.	den Mensch**en**	die Frau

Plural:	
Nom.	die Mensch**en**/Frau**en**
Gen.	der Mensch**en**/Frau**en**
Dat.	den Mensch**en**/Frau**en**
Akk.	die Mensch**en**/Frau**en**

Info

- Einige männliche und sächliche Nomen haben die gemischte Deklination, das heißt im Singular wird stark gebeugt, im Plural schwach.

Singular:		
Nom.	der Staat	das Auge
Gen.	des Staates	des Auges
Dat.	dem Staat	dem Auge
Akk.	den Staat	das Auge

Plural:		
Nom.	die Staaten	die Augen
Gen.	der Staaten	der Augen
Dat.	den Staaten	den Augen
Akk.	die Staaten	die Augen

Übung 27

> **Bestimmen Sie die Fälle und die Zahl der fettgedruckten Wörter!**
>
> 1. **Märchen** werden gerne kleinen **Kindern** erzählt. ....
> 2. Der Orkan fegte **das Dach des Hauses** hinweg. ....
> 3. Die Leute stehen vor **dem Käfig des Löwen**. ....
> 4. Oben auf **dem Apfelbaum** hängen die besten **Früchte**. ....
> 5. Die ganze **Stadt** wurde aus **dem Mittagsschlaf** geweckt. ....
> 6. **Das Kind** ging um **die Ecke der Hütte**. ....
> 7. In **den Wipfeln** blies **der Wind**. ....

Deklination von Eigennamen

Info

Namen erhalten im 2. Fall ein „-s". Bei mehreren Namen erhält nur der letzte die Genitivendung.

Beispiel

die Werke Schillers, die Werke Friedrich Schillers

Info

Wenn ein Artikel vorhanden ist, bleibt der Name ungebeugt.

Beispiel

die Werke des Friedrich Schiller

Info

Wenn zum Namen ein Titel ohne Artikel kommt, wird nur der Name gebeugt.

Beispiel

die Vorlesung Professor Meiers

Info

Tritt zum Titel ein Artikel, wird der Titel gebeugt, der Name nicht

Beispiel

die Vorlesung des Professors Meier

Info

Bei mehreren Titeln wird nur der erste gebeugt.

Beispiel

die Vorlesung des Professors Doktor Meier

Info

„Doktor" wird nie dekliniert.

Beispiel

die Vorlesung Doktor Meiers, die Vorlesung des Doktor Meier

Deutsch • Berufsreifeprüfung © Lemberger • Ikon

4.2 Begleiter, Geschlechtswort (Artikel)

Grundsätzlich wird zwischen bestimmtem und unbestimmtem Artikel unterschieden.

Der bestimmte Artikel tritt mit Nomen auf, zeigt deren Geschlecht, Zahl und Fall an und wird verwendet, um etwas Bekanntes auszudrücken.

Singular:			
Nom.	der	die	das
Gen.	des	der	des
Dat.	dem	der	dem
Akk.	den	die	das

Plural:	
Nom.	die
Gen.	der
Dat.	den
Akk.	die

Oft **verschmilzt** der unbetonte bestimmte Artikel mit einer Präposition:

am	=	an dem
ans	=	an das
aufs	=	auf das
beim	=	bei dem
durchs	=	durch das
fürs	=	für das
im	=	in dem
vom	=	von dem
zum	=	zu dem
zur	=	zu der

Der unbestimmte Artikel tritt ebenfalls mit Nomen auf, hat jedoch keine Pluralform und wird verwendet für etwas nicht näher Bestimmtes.

Nom.	ein	eine	ein
Gen.	eines	einer	eines
Dat.	einem	einer	einem
Akk.	einen	eine	ein

Ohne Artikel (mit sogenanntem Nullartikel) stehen häufig:

Personennamen	Das ist Maria.
Ortsnamen	Ich wohne in Wien.
Ländernamen	Österreich, Deutschland, Frankreich …
	Aber: die Türkei, die Niederlande, die USA …
	(Wenn der Artikel männlich, weiblich oder in der Mehrzahl ist, muss er stehen.)

| Stoffbezeichnungen | Ich trinke Wein. Das ist Seide. |
| feste Verbindungen von Nomen und Verb | Rücksicht nehmen, Probe fahren, Bescheid sagen … |

4.3 Zeitwort (Verb)

Verben dienen vor allem dazu, Handlungen, Vorgänge und Zustände zu bezeichnen.

4.3.1 Verbarten

Info

Vollverben sind Zeitwörter, die allein im Satz vorkommen können.

Beispiele

Sie **singt** im Kirchenchor.
Er **geht** auf den Fußballplatz.

Info

Hilfsverben sind „haben", „sein" und „werden". Sie dienen dazu, bestimmte Zeitformen und das Passiv zu bilden, und kommen meist zusammen mit Vollverben vor.

Beispiele

Sie **hat** im Kirchenchor gesungen.
Er **ist** auf den Fußballplatz gegangen.

Info

Manchmal können sie auch als Vollverben auftreten.

Beispiel

Heute **bin** ich in St. Pölten.

Info

Modalverben sind „können", „mögen", „dürfen", „müssen", „sollen" und „wollen"; sie kommen immer zusammen mit Vollverben im Infinitiv vor, speziell in Ausdrücken von Wunsch, Zwang oder Möglichkeit.

Beispiel

Ich **will** heute noch spazieren gehen.

Info

Modifizierende Verben, wie z. B. „hoffen", „meinen", „verstehen", „scheinen", „pflegen", „brauchen" …, kommen in Verbindung mit einem Vollverb im Infinitiv mit „zu" vor.

Beispiel

Sie **scheint** heute frei zu haben.
Sie haben aber alle auch eine eigenständige Bedeutung.

 Deutsch • Berufsreifeprüfung © Lemberger • Ikon

4.3.2 Verbformen

Die **Personalformen (finiten Formen)** lassen erkennen, welche Person im Satz handelt oder auf welche Person (Sache) sich die Handlung richtet:

Info

- **die sprechende Person (1. Person): ich schlafe – wir schlafen**
- **die angesprochene Person (2. Person): du schläfst – ihr schlaft**
- **die besprochene Person (3. Person): er, sie, es schläft – sie schlafen**

Die **infiniten Formen** lassen nicht erkennen, von welcher Person oder Sache die Rede ist:

Info

- **die Nennform (Infinitiv): loben, schreiben, lernen**
- **das 1. und das 2. Mittelwort (Partizip I und II): lobend, gelobt, schreibend, geschrieben**

Jedes Verb hat drei **Stammformen**, die zur Zeitenbildung notwendig sind:

Info

- **1. Stammform: Infinitiv**
- **2. Stammform: Präteritum**
- **3. Stammform: Partizip II**

Beispiele

gehen – ging – gegangen
treffen – traf – getroffen

4.3.3 Abwandlung (Konjugation)

Unter Konjugation versteht man die Abwandlung des Verbs nach Person, Zahl, Zeit, Modus, Aktiv und Passiv.

Man unterscheidet starke, schwache und gemischte Verben. Die schwachen Verben sind regelmäßig, die starken und gemischten unregelmäßig.

Info

- **Starke Verben verändern den Stammvokal und die 3. Stammform endet auf „-en": singen – sang – gesungen.**

- **Schwache Verben verändern den Stammvokal nicht und enden in der 3. Form auf „-t": leben – lebte – gelebt.**

- **Gemischte Verben haben zwar verschiedene Stammvokale, die 3. Stammform endet jedoch auf „-t": denken – dachte – gedacht.**

Übung 28

Bilden Sie von folgenden Verben die 2. und 3. Stammform!

beißen		
bitten		
bersten		
bieten		
blasen		
brechen		
dreschen		
fechten		
fressen		
frieren		
gebären		
gelingen		
gelten		
genesen		
genießen		
gewinnen		
gießen		
gleiten		
gleichen		
glimmen		
heben		
heißen		
klingen		
kneifen		
laden		
lassen		
laufen		
leiden		
leihen		
lesen		
meiden		
melken		
messen		
mögen		
pfeifen		
preisen		
quellen		
reißen		
reiten		
rennen		
riechen		
ringen		
rufen		
saufen		
schelten		

schießen	....	....
schlingen	....	....
schmelzen	....	....
schreiten	....	....
schwören	....	....
sinnen	....	....
spinnen	....	....
sprießen	....	....
stehlen	....	....
stinken	....	....
streiten	....	....
treffen	....	....
trügen	....	....
tun	....	....
verderben	....	....
vergessen	....	....
wachsen	....	....
waschen	....	....
weichen	....	....
weisen	....	....
wiegen	....	....
winden	....	....
wringen	....	....

4.3.4 Zeitformen (Tempora)

Info

- **Gegenwart (Präsens): er schläft, wir gehen**
- **Mitvergangenheit (Präteritum, Imperfekt): er schlief, wir gingen**
- **Vergangenheit (Perfekt): er hat geschlafen, wir sind gegangen**
- **Vorvergangenheit (Plusquamperfekt): er hatte geschlafen, wir waren gegangen**
- **Zukunft (Futur I): er wird schlafen, wir werden gehen**
- **Vorzukunft (Futur II): er wird geschlafen haben, wir werden gegangen sein**

4.3.5 Handlungsarten

Info

- **Tätigkeitsform (Aktiv): ich lobe**
- **Leideform (Passiv): ich werde gelobt**

Man unterscheidet zwei Arten des Passivs: das Vorgangs- und das Zustandspassiv.

Das **Vorgangspassiv** wird gebildet mit „werden" und dem Partizip II des betreffenden Verbs.

Beispiel

Präsens:	Das Fenster wird geputzt.
Präteritum:	Das Fenster wurde geputzt.
Perfekt:	Das Fenster ist geputzt worden.
Plusquamperfekt:	Das Fenster war geputzt worden.
Futur I:	Das Fenster wird geputzt werden.
Futur II:	Das Fenster wird geputzt worden sein.

Das **Zustandspassiv** wird gebildet mit den Formen von „sein" und dem Partizip II des entsprechenden Verbs.

Beispiel

Das Fenster ist geputzt.

4.3.6 Aussageweisen (Modi)

Info

- **Wirklichkeitsform (Indikativ): er geht**
- **Möglichkeitsform (Konjunktiv): er gehe, er ginge**
- **Bedingungsform (Konditional): er würde gehen**
- **Befehlsform (Imperativ): Geh!, Geht!**

4.3.7 Möglichkeitsform (Konjunktiv)

Bildung

Vom Konjunktiv gibt es zwei Formen, den 1. und den 2.

Info

Der 1. wird vom Wortstamm der Gegenwart, der 2. von dem der Mitvergangenheit (oft mit Umlaut) gebildet.

Beispiel

Konjunktiv von „sehen"

1. Konjunktiv:	ich sehe
	du sehest
	er sehe
	wir sehen
	ihr sehet
	sie sehen
2. Konjunktiv:	ich sähe
	du sähest
	er sähe
	wir sähen
	ihr sähet
	sie sähen

Das Hilfsverb **„sein"** unterscheidet sich in seiner Bildung des Konjunktivs sehr deutlich von der des Indikativs:

1. Konjunktiv:

    ich sei
    du sei(e)st
    er sei
    wir seien
    ihr seiet
    sie seien

2. Konjunktiv:

    ich wäre
    du wär(e)st
    er wäre
    wir wären
    ihr wär(e)t
    sie wären

Einige Verben bilden den Konjunktiv II **unregelmäßig**, oder sie haben eine Doppelform. Diese sonderbar klingenden Konjunktivformen leiten sich von alten Präteritumbildungen ab; so sagte man früher zwar „ich warf", aber „wir wurfen".

befehlen	beföhle/befähle
beginnen	begänne/begönne
empfehlen	empföhle/empfähle
gelten	gälte/gölte
gewinnen	gewänne/gewönne
helfen	hülfe/hälfe
kennen	kennte (selten)
rinnen	ränne/rönne
schwimmen	schwömme/schwämme
spinnen	spönne/spänne
stehen	stünde/stände
stehlen	stähle/stöhle (selten)
sterben	stürbe
verderben	verdürbe
werfen	würfe

 **Übung 29**

Bilden Sie die entsprechenden Konjunktivformen!

		Konjunktiv I	Konjunktiv II
1.	ihr seht	....	....
2.	er lässt	....	....
3.	sie geben	....	....
4.	wir treffen	....	....
5.	sie liegt	....	....
6.	wir sind	....	....
7.	du kannst	....	....
8.	er hilft	....	....
9.	er spricht	....	....

Übung 29

10. sie kommt	....	....
11. er hat	....	....
12. du gehst	....	....
13. ihr braucht	....	....
14. sie liest	....	....
15. ich muss	....	....
16. sie singt	....	....

Verwendung

Der Konjunktiv I steht bei Wünschen und bei der indirekten Rede, der Konjunktiv II bei Unmöglichkeit, Unwirklichkeit und als Ersatzform für den Konjunktiv I.

Konjunktiv in der indirekten Rede

Info

Bei der indirekten Rede wird der Konjunktiv verwendet, und zwar normalerweise der Konjunktiv I. Wenn dieser allerdings mit dem Indikativ ident ist, weicht man auf den Konjunktiv II aus.

Beispiel

Er sagt: „Ich lese".
Er sagt, dass **er lese**. (Der Konjunktiv I unterscheidet sich vom Indikativ – er liest –, daher passt diese Form.)
Er sagt: „Sie lesen."
Er sagt, dass sie **läsen**. (Konjunktiv I wäre „sie lesen", was gleich ist mit dem Indikativ, daher Konjunktiv II.)

Info

Häufig wird der 2. Konjunktiv auch mit „würde" (Konditional) umschrieben, und zwar vor allem dann, wenn Konjunktiv II und Mitvergangenheit sich nicht unterscheiden (z. B. bei den schwachen Verben) oder wenn der 2. Konjunktiv eine sehr ungewöhnliche Form hat.

Beispiele

Er sagt: „Sie reden viel."
Er sagt, dass sie viel reden würden (nicht: redeten).
Er sagt: „Sie fliegen nach Amerika."
Er sagt, dass sie nach Amerika fliegen würden (nicht: flögen).

Info

Wenn man in der indirekten Rede Zweifel an einer Aussage ausdrücken möchte, kann man anstelle des Konjunktiv I auch den Konjunktiv II verwenden.

Beispiel

Er sagt, dass er verschlafen habe. (Haltung zur Aussage neutral)
Er sagt, dass er verschlafen hätte. (Zweifel an der Aussage)

Info

Die Umwandlung in den Konjunktiv der Vergangenheit geschieht mit der jeweiligen Form von „haben" oder „sein".

Beispiel

Fred sagt: „Gestern las ich lange."
Fred sagt, dass er am Vortag lange gelesen habe.

Info

Der Konjunktiv der indirekten Rede ist bei dass-Sätzen neuerdings nicht mehr unbedingt notwendig, aber natürlich nach wie vor ratsam.

Beispiel

Sie sagt, dass sie müde sei.
Auch: Sie sagt, dass sie müde ist.
Aber nur: Sie sagt, sie sei müde.
Nicht: Sie sagt, sie ist müde.

Info

Die indirekte Rede muss also mit mindestens einem Mittel (Konjunktiv oder Nebensatz) gekennzeichnet werden.

Unterstreichen Sie in folgendem Text, einem Ausschnitt aus Daniel Kehlmanns „Die Vermessung der Welt", alle Konjunktive! (Dieser Text ist in alter Rechtschreibung!)

Übung 30

[…] Sie meldeten sich freiwillig, und dann könne man sie plötzlich nicht mehr finden. Auch sähen sie sich alle so ähnlich!

Das Boot für ihre Weiterfahrt wurde herbeigetragen. Es war so schmal, daß sie hintereinander auf den Kisten mit ihren Instrumenten würden sitzen müssen.

Lieber einen Monat in der Hölle, sagte Bonpland, als das!

Er werde beides bekommen, versprach Pater Zea. Die Hölle und das Boot.

Am Abend servierte man ihnen das erste gute Essen seit Wochen und sogar spanischen Wein. Durch das Fenster hörten sie die durcheinanderredenden Stimmen der Ruderer, die sich über den Verlauf einer Geschichte nicht einigen konnten.

Er habe den Eindruck, sagte Humboldt, hier werde ununterbrochen erzählt. Wozu dieses ständige Herleiern erfundener Lebensläufe, in denen doch nicht einmal eine Lehre stecke?

Man habe alles versucht, sagte Pater Zea. Erfundene Geschichten aufzuschreiben sei in allen Kolonien verboten. Aber die Leute seien hartnäckig, und auch die heilige Macht der Kirche kenne Grenzen. Es liege am Land. Er frage sich, ob der Baron noch dem berühmten La Condamine begegnet sei.

Humboldt schüttelte den Kopf.

Er schon, sagte Bonpland. Ein alter Mann, der sich im Palais Royal mit den Kellnern gestritten habe. Genau der, sagte der Pater. Hier gebe es noch den einen oder anderen Greis, der sich an ihn erinnere. Auch eine Frau, die vom Pulver eines schlechten Medizinmannes altere, ohne sterben zu können, ein furchtbarer Anblick übri-

Übung 30

gens. Ihre Geschichten seien hörenswert. Ob er es erzählen dürfe?
Humboldt seufzte.

Damals, sagte Pater Zea, habe die Akademie ihre drei besten Vermesser geschickt, La Condamine, Bouguer und Godin, um die Meridianlänge des Äquators festzustellen. Man habe, aus ästhetischen Gründen vor allem, Newtons unschöne These widerlegen wollen, daß die Erde sich durch Rotation abplatte. Pater Zea sah ein paar Sekunden konzentriert auf den Tisch. Ein riesiges Insekt landete auf seiner Stirn. Instinktiv streckte Bonpland die Hand aus, stockte und zog sie wieder zurück.

Den Äquator messen, fuhr Pater Zea fort. Also eine Linie ziehen, wo nie eine gewesen sei. Ob sie sich dort draußen umgesehen hätten? Linien gebe es woanders. Mit seinem knochigen Arm zeigte er auf das Fenster, das Gestrüpp, die von Insekten umschwärmten Pflanzen. Nicht hier!

Linien gebe es überall, sagte Humboldt. Sie seien eine Abstraktion. Wo Raum an sich sei, seien Linien.

Raum an sich sei anderswo, sagte Pater Zea.

Raum sei überall!

Überall sei eine Erfindung. Und den Raum an sich gebe es dort, wo Landvermesser ihn hintrügen. Pater Zea schloß die Augen, hob sein Weinglas und stellte es wieder ab, ohne daraus getrunken zu haben. Die drei Männer hätten unvorstellbar genau gearbeitet. Trotzdem hätten ihre Daten nie übereingestimmt […]

Quelle: Daniel Kehlmann, „Die Vermessung der Welt", Copyright © 2005 Rowohlt Verlag GmbH, Reinbek bei Hamburg, S. 114f.

Übung 31

Formen Sie folgende Sätze in die indirekte Rede um!

1. Meine Freundin erzählt mir: „Ich habe noch einen Arzttermin."
   Meine Freundin erzählt mir, sie ……………………………………………
2. Die Kinder klagen: „Wir haben überhaupt keine Lust zum Lernen."
   Die Kinder klagen, dass ………………………………………………………
3. Das Ministerium teilt mit: „Die neuen Bestimmungen gelten erst ab 2016."
   Das Ministerium teilt mit, die …………………………………………………
4. Meine Freundin aus Polen schrieb mir: „Wir kommen im Juli drei Wochen zu Besuch."
   Meine Freundin aus Polen schrieb mir, sie ………………………………………
   ………………………………
5. Sie fügte hinzu: „Wahrscheinlich kann mein bester Freund aus Wien auch kommen."
   Sie fügte hinzu, dass …………………………………………………………………
6. Die Wirtschaftsexperten beteuern: „Die Krise wird bald überwunden sein."
   Die Wirtschaftsexperten beteuern, die Krise ………………………………………
7. Der Meteorologe prophezeit: „Die nächsten Tage wird es regnen!"
   Der Meteorologe prophezeit, dass …………………………………………………
8. Unsere Nachbarn beteuern: „Wir haben von den Verdächtigungen nichts gewusst."
   Unsere Nachbarn beteuern, sie ……………………………………………………

Deutsch • Berufsreifeprüfung © Lemberger • Ikon

Übung **31**

9. Die Verkäuferin fragt mich: „Welches Kleid gefällt Ihnen besser?"
    Die Verkäuferin fragt mich, welches ....

10. Der Angeklagte behauptet: „Ich habe diese Tat nicht begangen."
    Der Angeklagte behauptet, er ....

11. Frau Mayer erzählt: „Ich bin in St. Pölten geboren und aufgewachsen."
    Frau Mayer erzählt, sie ....

12. „Leider durfte ich in meiner Kindheit nicht mit anderen spielen", fährt sie fort.
    ...., fährt sie fort.

13. Die Angestellte beklagt sich: „Ich bin nicht informiert worden, deshalb konnte
    ich das einfach nicht wissen."
    Die Angestellte beklagt sich, sie ....
    ....

14. Der Verlag teilte mit: „Das Buch durfte in dem Land nicht verkauft werden."
    Der Verlag teilte mit, das ....

15. Meine Schwester jammert ständig: „Ich habe nichts anzuziehen."
    Meine Schwester jammert ständig, sie ....

16. Die Polizei vermutet: „Als Täter kommt nur jemand aus der Familie in Frage."
    Die Polizei vermutet, dass ....

4.4 Eigenschaftswort (Adjektiv)

Eigenschaftswörter werden im Satz auf drei Arten gebraucht:

- attributiv (als Beifügung): Ich wohne in einem alten Haus.
- adverbial (als Beifügung zum Eigenschaftswort): schwer verständlich
- prädikativ: Die Blumen sind schön.

4.4.1 Beugung

Info

Wenn das Eigenschaftswort als Beifügung (Attribut) verwendet wird, richtet es sich in Geschlecht, Zahl und Fall nach dem Wort, auf das es sich bezieht. Dabei kann es stark, schwach oder gemischt gebeugt werden.

- **Wenn kein Artikel oder Begleiter mit Beugung vor dem Adjektiv steht, dann zeigt dieses die typischen Fallendungen an (Ausnahmen Gen. Singular Maskulinum und Neutrum), das heißt, es wird stark gebeugt.**

Singular:			
Nom.	kleine**r** Mann	klein**e** Frau	kleine**s** Kind
Gen.	kleinen Mannes	kleine**r** Frau	kleinen Kindes
Dat.	kleine**m** Mann	kleine**r** Frau	kleine**m** Kind
Akk.	kleine**n** Mann	klein**e** Frau	kleine**s** Kind

Plural:

Nom.	kleine Männer/Frauen/Kinder
Gen.	kleiner Männer/Frauen/Kinder
Dat.	kleinen Männern/Frauen/Kindern
Akk.	kleine Männer/Frauen/Kinder

Info

- Adjektive werden schwach gebeugt (mit „-e" oder „-en"), wenn ein Begleiter mit Beugung davorsteht, da ja dann schon der Begleiter die typischen Fallendungen trägt.

Singular:

Nom.	der kleine Mann	die kleine Frau	das kleine Kind
Gen.	des kleinen Mannes	der kleinen Frau	des kleinen Kindes
Dat.	dem kleinen Mann	der kleinen Frau	dem kleinen Kind
Akk.	den kleinen Mann	die kleine Frau	das kleine Kind

Plural:

Nom.	die kleinen Männer/Frauen/Kinder
Gen.	der kleinen Männer/Frauen/Kinder
Dat.	den kleinen Männern/Frauen/Kindern
Akk.	die kleinen Männer/Frauen/Kinder

Info

- Nach dem unbestimmten Artikel oder dem besitzanzeigenden Fürwort (mein, dein …) steht die gemischte Deklination.

Singular:

Nom.	ein kleiner Mann	eine kleine Frau	ein kleines Kind
Gen.	eines kleinen Mannes	einer kleinen Frau	eines kleinen Kindes
Dat.	einem kleinen Mann	einer kleinen Frau	einem kleinen Kind
Akk.	einen kleinen Mann	eine kleine Frau	ein kleines Kind

Plural:

Nom.	seine kleinen Männer/Frauen/Kinder
Gen.	seiner kleinen Männer/Frauen/Kinder
Dat.	seinen kleinen Männern/Frauen/Kindern
Akk.	seine kleinen Männer/Frauen/Kinder

Deutsch • Berufsreifeprüfung © Lemberger • Ikon

Info

Nach einigen unbestimmten Fürwörtern schwankt die Beugung des nachfolgenden Adjektivs:

schwach nach:	all- beide (meist) sämtlich- solch-
stark nach:	ander- einig- etlich- mehrere viel- wenig-
beide Beugungen:	folgend-: Sg. schwach, Pl. stark manche: Sg. schwach, Pl. stark und schwach irgendwelche: stark und schwach

Info

Mehrere als Beifügung gebrauchte Eigenschaftswörter werden in gleicher Weise gebeugt.

Beispiele

Er starb nach lang**em**, schwer**em** Leiden.
Bei der Lagerung gu**ten**, alt**en** Weines ist viel zu beachten.

Übung **32**

Setzen Sie die folgenden Wortgruppen in die angegebenen Fälle!

1. der – arm – Bettler: 3. F. Pl. ....
2. eine – leer – Kasse: 2. F. Sg. ....
3. die – blond – attraktiv – Frau: 2. F. Pl. ....
4. folgend – schwer – Aufgabe: 2. F. Pl. ....
5. beide – klein – Kinder: 2. F. Pl. ....
6. eine – lang – toll – Geschichte: 3. F. Sg. ....
7. mein – billig – Auto: 3. F. Sg. ....
8. dicht – Verkehr: 4. F. Sg. ....
9. ein – intelligent – fleißig – Schüler: 2. F. Sg. ....
10. das – scharf – Gewürz: 3. F. Pl. ....

Info

Schwierigkeiten bereitet oft die Unterscheidung zwischen 3. und 4. Fall. Hier kann man die „Mir-Mich-Ersatzprobe" machen:
mir = 3. Fall
mich = 4. Fall

Adjektive wie „super", „extra", „prima", „klasse" sowie Farbadjektive, die ursprünglich Nomen waren, wie „rosa", „lila", „creme" …, sind nicht deklinierbar.

Setzen Sie die richtigen Endungen ein!

Automatisch – automatischer – am automatischsten?

Dies……. merkwürdig……. Titel kann man entnehmen, dass der Verfasser eine Geschichte mit seltsam……. Hintergrund geschrieben hat. Begleiten wir die drei jung……., fesch……. Herren, die zu ein……. ander……. gehen, mit dem sie bei gemeinsam……. Mittagessen etwas zu besprechen haben. Nach gut……. alt……. Brauch bewirtet sie der Hausherr zunächst mit klar……., kühl……. Sekt; denn bei dies……. unerträglich……. Beschuss mit Sonnenstrahlen benötigt man Kühlung. So sitzen sie auch unter ein……. breit……., farbig……. Sonnenschirm. Leicht……. Fußes war man gekommen und steigerte sich auch bald in ein……. gemütlich……. Plauderton hinein.

In bestechend……. Stil pries nun der Erste sein eigen……. Heim: „Unsere Maschine mit automatisch……. Waschvorgang bedarf nicht der geringst……. Wartung." Der Zweite ergänzte im nebensächlichst……. Allerweltston: „Wir haben dazu noch eine Geschirrspüleinrichtung, die mit leis……. Brummen Teller, Löffel und Gabeln ableckt."

Nun dachte der Dritte: „Auf ein……. grob……. Klotz gehört ein grob……. Keil!" Er berichtete, dass sie nicht auf halb……. Wege stehen bleiben wollten: „Meine Frau, die mit enorm……. Reichtum gesegnet ist, ließ sich hinsichtlich ein……. unübertrefflich……. Traumküche beraten. Dies……. klug……. Ratschlag folgten wir. Das Schicksal all……. groß……. Erfindungen ist ungewiss. Jedenfalls sollte meine Frau nicht unter mein……. dünn……. Geldbeutel leiden. Außer selbsttätig……. Kochvorgang reinigt und spült die Supermaschine alles, was schmutzig wird. Bei unvorsichtig……. Umgang mit ihr kann man selbst der Reinigung verfallen."

„Aber, aber", gibt der Hausherr von sich, „meine Universalmaschine macht alles, was man sich bei ein……. herkömmlich……. Haushaltsgerät nur ausdenken kann. Mit still……., gewaltlos……., gütig……. Singen geht sie ans Werk; sie putzt, wäscht, flickt, strickt, stellt ein und aus, kauft ein, verwaltet das Geld, erzieht in ein……. unvernünftig……. Zeitalter Kinder und hilft ihnen bei rätselhaft……. Unterricht, z. B. bei der blödsinnig……. Mengenlehre und beim mühselig……. Wörterlernen. Und hier, seht sie an! Sie begrüßt euch auch noch mit zauberhaft……., fröhlich……. Lächeln."

Quelle: Hans Lobentanzer: Jeder sein eigener Deutschlehrer. Oldenbourg Schulbuchverlag GmbH, München, 14. Aufl. 1999, S. 83f.

4.4.2 Steigerung (Komparation)

Zum Vergleich verschiedener Grade einer Eigenschaft können die meisten Eigenschaftswörter gesteigert werden. Dabei ergeben sich drei Vergleichsformen:

Info

- **die Grundstufe (Positiv): teuer, reich**
- **die Vergleichsstufe (Komparativ): teurer, reicher**
- **die Meiststufe (Superlativ): am teuersten, am reichsten**

Die Stammvokale werden im Komparativ und Superlativ oft umgelautet.

Beispiele

hoch – höher – am höchsten
kurz – kürzer – am kürzesten

Übung 34

Steigern Sie folgende Wörter!

heiter	....	....
geeignet	....	....
entlegen	....	....
glänzend	....	....
erfahren	....	....
strahlend	....	....
erbittert	....	....
befähigt	....	....

Steigerung zusammengesetzter Adjektive

Info

Grundsätzlich wird bei zusammengesetzten Adjektiven nur ein Teil gesteigert. Wenn beide Teile noch ihre ursprüngliche Bedeutung haben (Getrenntschreibung), wird der erste Teil gesteigert.

Beispiel

gut bezahlt – besser bezahlt

Info

Wenn die Zusammensetzung einen neuen Begriff bildet (Zusammenschreibung), wird der zweite Teil gesteigert.

Beispiel

altmodisch – altmodischer

Info

Nicht steigerbar sind

- sogenannte absolute Eigenschaftswörter, die keinen Vergleich ausdrücken können
- Eigenschaftswörter, die Farben bezeichnen
- Eigenschaftswörter, die bereits den höchsten Steigerungsgrad ausdrücken
- zusammengesetzte Eigenschaftswörter, deren 1. Glied schon einen Vergleich ausdrückt

Beispiele

tot, ledig, taub; rot, rosa, beige; minimal, maximal, optimal; todsicher, steinhart

4.4.3 Vergleich mit „wie" und „als"

Info

Werden verschiedene Gegenstände oder Personen miteinander verglichen, wird als Vergleichswort nach einem Positiv „wie", nach einem Komparativ „als" verwendet.

Beispiele

Karl ist ebenso **groß wie** Hans.
Mir geht es **besser als** ihm.

Info

Die Vergleichspartikel „als" steht standardsprachlich auch nach „anders" und „nichts".

Beispiele

nichts als Ärger mit diesem Haus
anders als dargestellt

Info

Bei den Wendungen „so bald … möglich", „so wenig … möglich" kann beides stehen.

Beispiele

Er kam so bald wie/als möglich.
Er gibt so wenig wie/als möglich aus.

Setzen Sie „als" oder „wie" und die nötigen Beistriche ein!

1. Es war alles nicht so schlimm .... ich zuerst befürchtet habe.
2. Der Urlaub verlief genau so .... ich mir das vorgestellt habe.
3. Die Ware wurde in einem anderen Zustand geliefert .... sich das unser Einkäufer gedacht hat.
4. Sie begrüßte uns nicht anders .... es eine Mutter getan hätte.
5. Es kamen exakt so viele Personen .... ich angenommen hatte.
6. So gut .... es eben in diesen Verhältnissen ging brachte ich ihnen Nähen und Stopfen bei.
7. Verhält sich der neue Schüler anders .... er es in der vorigen Schule getan hat?
8. Es gibt Leute die behaupten es sei nirgends so schön .... in Österreich.
9. Andere aber meinen im Sommer müsse man viel mehr unternehmen .... bloß in der Sonne zu liegen.
10. Das erste Programm ist populärer .... das zweite.
11. Der Arztbesuch dauerte weniger lang .... ich dachte.
12. An diese Adresse musste ich schreiben und zwar so bald .... möglich.
13. Diese Uhr ist älter .... uns der Händler weismachen will.
14. Lucas wird die Angelegenheit so regeln .... wir das mit ihm besprochen haben.
15. Es kommt oft anders .... man glaubt.
16. Er versuchte unser Leben angenehmer zu gestalten .... bisher.
17. Handy-Fotos an Freunde können schneller den Empfänger wechseln .... einem lieb ist.
18. Er hat andere Sorgen .... Urlaubspläne zu wälzen.
19. Er verdiente in diesem Jahr mehr Geld .... er jemals zu hoffen gewagt hatte.
20. Nichts ist für die Europäer in Shanghai wichtiger .... das Geschäft.
21. Die Niederländer mussten unter wesentlich schlechteren Bedingungen leben .... vorher die Deutschen.
22. Ein Tag war glanzvoller und herrlicher .... der andere.
23. Dein Aussehen ist auffälliger .... es für uns gut ist.

4.5 Fürwort (Pronomen)

4.5.1 Persönliches Fürwort (Personalpronomen)

Das Personalpronomen bezeichnet den/die Sprecher/in (1. Person), den/die Angesprochene/n (2. Person) und die Person/en oder Sache/n, über die man spricht (3. Person); nur in der 3. Person steht es für ein Nomen.

Deklination des Personalpronomens

Singular:					
Nom.	ich	du	er	sie	es
Gen.	meiner	deiner	seiner	ihrer	seiner
Dat.	mir	dir	ihm	ihr	ihm
Akk.	mich	dich	ihn	sie	es

Plural:			
Nom.	wir	ihr	sie
Gen.	unser	euer	ihrer
Dat.	uns	euch	ihnen
Akk.	uns	euch	sie

4.5.2 Besitzanzeigendes Fürwort (Possessivpronomen)

Das Possessivpronomen („mein", „dein", „sein" …) gibt ein Besitzverhältnis an, aber auch eine Zugehörigkeit oder Verbundenheit. Es kann Begleiter eines Nomens sein, dann wird es wie der unbestimmte Artikel dekliniert:

Singular:			
Nom.	mein	meine	mein
Gen.	meines	meiner	meines
Dat.	meinem	meiner	meinem
Akk.	meinen	meine	mein

Plural:	
Nom.	meine
Gen.	meiner
Dat.	meinen
Akk.	meine

Es kann aber auch stellvertretend für ein Nomen verwendet werden; dann hat abweichend davon die männliche Form im Nominativ Singular die Endung **„-(e)r"** und die sächliche im Nominativ und Akkusativ Singular die Endung **„-(e)s"**.

> **Beispiele**
>
> Mein Koffer ist schon auf dem Laufband; **seiner** auch.
> Mein Auto ist kaputt – **deines** auch?

4.5.3 Hinweisendes Fürwort (Demonstrativpronomen)

Die Demonstrativpronomen weisen auf etwas hin und lauten im Einzelnen: der, die, das; dieser, diese, dieses; jener, jene, jenes; derjenige, diejenige, dasjenige; derselbe, dieselbe, dasselbe (Achtung bei derselbe …: immer Zusammenschreibung!).

„Dieser", „jener", „derjenige" und „derselbe" kommen sowohl als Begleiter wie auch als Stellvertreter des Nomens vor und beugen wie der bestimmte Artikel.

Schwierigkeiten macht vor allem das Demonstrativpronomen **„der", „die", „das",** weil es gleichlautend mit dem Artikel und dem Relativpronomen ist. Als Begleiter beugt es wie der bestimmte Artikel, als **Ersatz** für das Nomen beugt es folgendermaßen:

Singular:			
Nom.	der	die	das
Gen.	dessen	deren/derer*	dessen
Dat.	dem	der	dem
Akk.	den	die	das

Plural:	
Nom.	die
Gen.	deren/derer*
Dat.	denen
Akk.	die

* „Deren" wird bei Rückweisung (meine Freundinnen und deren Männer), „derer" wird bei Vorausweisung verwendet. (Sie gedachten derer, die im Vorjahr gestorben waren.)

4.5.4 Bezügliches Fürwort (Relativpronomen)

Die Relativpronomen „der", „die", „das", „welcher", „welche", „welches" und das allgemeine „was" leiten einen Nebensatz (Relativsatz) ein und richten sich (mit Ausnahme von „was") in Geschlecht und Zahl nach dem Bezugswort im übergeordneten Satz.

Beispiel

Heute kaufe ich das Kleid, **das** ich in der Auslage gesehen habe.

Die Relativpronomen beugen folgendermaßen:

Singular:			
Nom.	der/welcher	die/welche	das/welches
Gen.	dessen	deren	dessen
Dat.	dem/welchem	der/welcher	dem/welchem
Akk.	den/welchen	die/welche	das/welches

Plural:	
Nom.	die/welche
Gen.	deren
Dat.	denen/welchen
Akk.	die/welche

Übung 36

Setzen Sie das richtige Relativpronomen im 2. oder 3. Fall ein!

1. Da steht ein blonder Knabe, ……. blaue Augen auf uns gerichtet waren.
2. Er steckte mir eine Unmenge Freikarten zu, mit ……. ich all meine Freundinnen versorgen konnte.
3. Eine Bekannte hat mir vom Tischler ihres Vaters berichtet, ……. Frau wahrsagen konnte.
4. Eine Lampe beleuchtete den Raum, in ……. Mitte ein großes Eisenbett stand.
5. Sie wurden von palästinensischen Politikern empfangen, ……. Führer noch nicht Arafat war.
6. Die Kamera funktionierte mit einem Sender, ……. Signal von einem Aufnahmegerät empfangen wurde.
7. Das war das Lager der Soldaten, ……. Mütter, Frauen und Kinder er im Hinterland interviewte.
8. Ich sah Pierre hereinkommen, ……. Liebe zu Frankreich nicht sehr ausgeprägt war.
9. Er war der Einzige, ……. man ein Geheimnis anvertrauen konnte.
10. Das waren Barbaren, ……. sich die Römer weit überlegen fühlten.

„das" – „was"

Info

Das Relativpronomen „das" wird gebraucht, wenn

- **das Bezugswort ein sächliches Nomen oder**
- **ein substantiviertes Adjektiv ist, das etwas Bestimmtes oder Einzelnes bezeichnet.**

Beispiele

Hier ist das Buch, das ich schon so lange suche.
Was ist das Große, das sich neben der Kirche befindet?

Info

Das Relativpronomen „was" wird gebraucht, wenn

- **das substantivierte Adjektiv etwas Allgemeines, Unbestimmtes, Abstraktes bezeichnet,**
- **das Bezugswort ein substantivierter Superlativ ist,**
- **davor „das", „dasselbe" und „das Einzige" steht,**
- **das Bezugswort ein Indefinitpronomen oder ein nominalisiertes Ordnungszahlwort ist,**
- **es gar kein einzelnes Bezugswort gibt, sondern sich das Pronomen auf den ganzen Satz bezieht.**

 Deutsch • Berufsreifeprüfung © Lemberger • Ikon

Beispiele

Ich denke an all das Schöne, was wir heute gesehen haben.
Das ist das Beste, was wir je gelesen haben.
Das, was du tust, ist nicht in Ordnung.
Das ist genau dasselbe, was ich auch eben dachte.
Sport ist das Einzige, was ihn interessiert.
So manches, was er gesagt hatte, tat ihm später leid.
Das Erste, was mir an dir aufgefallen ist, sind deine Augen.
Sie beachtete ihn überhaupt nicht, was ihn ärgerte.

Info

Nach „etwas" kann „das" oder „was" stehen.

Übung 37

Setzen Sie „das" oder „was" ein!

1. Das Fahrzeug, ……. den Verkehrsunfall verursacht hat, ist am wenigsten beschädigt.
2. Er brachte das Stück Papier, ……. er in einer Schublade versteckt hatte.
3. Das Schwein fraß alles, ……. man ihm gab.
4. Ich wartete auf etwas, ……. mich aus meiner Lethargie holte.
5. Sie hoffte, dass die Zukunft irgendetwas Neues bringen würde, ……. ihr aus ihrer Misere helfen könnte.
6. Wir verstecken das Süße, ……. wir gestern gekauft haben.
7. Es war nur das Geld, ……. die Einbrecher angelockt hatte.
8. In den Geschäften gibt es manches, ……. ich gerne kaufen würde.
9. Das, ……. du von mir verlangst, kann ich nicht machen.
10. Die Tür stand weit offen, ……. dem Hausbesitzer sofort auffiel.
11. Er beschäftigte sich mit allerlei, ……. ihm Freude machte.
12. Es gibt so gut wie nichts, ……. ihn erschüttern kann.
13. Polen war nicht das einzige Land, ……. sich im Krieg befand.
14. Maulwürfe sind das Schlimmste, ……. man im Garten haben kann.
15. Jan wirkte gehetzt und schaute dauernd auf die Uhr, ……. sofort mein Misstrauen erregte.
16. Es liegt noch vieles vor, ……. erledigt werden muss.
17. Manch ein Kollege feiert oft krank, ……. der schweren Arbeit zuzuschreiben ist.
18. Von ihr ging die unsichtbare Wolke eines Parfums aus, ……. Erinnerungen an Bombay wachrief.
19. Das war das schönste Geschenk, ……. sie jemals bekommen hatte.
20. Es wäre fair, uns zu sagen, ob darin etwas steht, ……. uns schaden könnte.

4.5.5 Unbestimmtes Fürwort (Indefinitpronomen)

Mit Indefinitpronomen werden **Personen** oder **Sachen** auf ganz allgemeine, unbestimmte Art bezeichnet: jemand, man, kein, manche, einige, viele, etliche, niemand, wenige, etwas …

4.5.6 Fragendes Fürwort (Interrogativpronomen)

Info

Das Fragepronomen „wer", „was" wird als Stellvertreter des Nomens verwendet und hat nur Singularformen.

Singular:	
Nom.	wer/was
Gen.	wessen
Dat.	wem
Akk.	wen/was

Info

Die Fragepronomen „welcher" und „was für ein" kommen als Begleiter oder Stellvertreter des Nomens vor und werden wie „dieser" bzw. „ein" dekliniert.

4.5.7 Rückbezügliches Fürwort (Reflexivpronomen)

Das Reflexivpronomen bezieht sich normalerweise auf das Subjekt des Satzes.

Info

Die Formen des Reflexivpronomens stimmen in der 1. und 2. Person Singular und Plural mit den Formen des Personalpronomens überein.

Dat.	Akk.
Ich schade **mir.**	Ich kämme **mich.**
Du schadest **dir.**	Du kämmst **dich.**
Wir schaden **uns.**	Wir kämmen **uns.**
Ihr schadet **euch.**	Ihr kämmt **euch.**

Info

Die 3. Person hat als eigene Form „sich", sowohl für Dativ als auch Akkusativ, Singular und Plural.

Er schadet **sich.**	Er kämmt **sich.**
Sie schaden **sich.**	Sie kämmen **sich.**

4.6 Zahlwort (Numerale)

Da die Zahlwörter im Satz eine ähnliche Funktion und meist die gleiche Position wie Adjektive haben, werden sie in vielen Grammatiken auch dazu gerechnet (Zahladjektive).

Man unterscheidet:

Kardinalzahlen	eins, zwei, drei …
Ordinalzahlen	erste, zweite, dritte …
Bruchzahlen	drittel, viertel …
Vervielfältigungszahlwörter	zweifach, dreifach, vierfach …
Wiederholungszahlwörter	einmal, zweimal, dreimal …
Verteilungszahlwörter	je zweimal, je dreimal …

Deklination der Kardinalzahlen

Info

> **Die Kardinalzahl „eins" kann in alle Fälle gesetzt werden.**
>
> **Die Kardinalzahlen „zwei" und „drei" werden im Genitiv gebeugt, wenn sie allein vor einem Nomen stehen.**

Beispiel

die Zeugnisse zweier oder dreier Schüler

Info

> **Im Dativ beugt „drei" entweder nicht oder mit „dreien": von uns drei/dreien**
>
> **Wenn eine Kardinalzahl von „zwei" bis „zwölf" ohne Beziehungswort vorkommt, also allein steht, wird folgendermaßen gebeugt:**
>
> **zu zweien/zweit**
> **zu dreien/dritt**
> **zu vieren/viert …**

4.7 Vorwort (Präposition)

Durch das Vorwort wird das Verhältnis zwischen dem Wort, dem das Vorwort im Satz folgt, und jenem Wort, vor dem es steht, gekennzeichnet.

Im Satz bestimmen Vorwörter immer den Fall des Wortes, zu dem sie gehören.

Info

> **Vorwörter mit dem 2. Fall sind: außerhalb*, unterhalb, oberhalb, innerhalb*, diesseits, jenseits, kraft, mittels*, zwecks, bezüglich, angesichts, statt, um …. willen, aufgrund (auf Grund), infolge, namens, seitens, abzüglich*, zuzüglich*, ausschließlich*, einschließlich*, wegen*, während* …**

* Im Allgemeinen werden diese Vorwörter mit dem Genitiv verwendet, wenn jedoch Wortformen nicht als Genitiv erkennbar sind oder in diesem Präpositionalobjekt ein weiterer Genitiv ist, kommt der Dativ zur Anwendung.

Beispiele

wegen Krankenständen
wegen meines Bruders neuem Haus

Exkurs

Es gibt einige Zeitwörter (vor allem rückbezügliche) oder Verbindungen mit „sein" und „werden", die ebenfalls den 2. Fall verlangen, was immer mehr in Vergessenheit gerät, aber nach wie vor Standardsprache ist:

Beispiele

des Mordes **anklagen**	**sich** eines Themas **annehmen**
sich einer Sache **bedienen**	keines Wortes **bedürfen**
des Betruges **beschuldigen**	**sich** eines Besseren **besinnen**
des Mordes **bezichtigen**	**sich** der Stimme **enthalten**
sich seiner Kleider **entledigen**	**sich** der Armen **erbarmen**
sich einer Sache **erfreuen**	**sich** seines Lebens **freuen**
der Opfer **gedenken**	**sich** seiner Taten **rühmen**
der Lüge **überführen**	eines Amtes **entheben**
des Mordes **verdächtigen**	jemanden seiner Rechte **berauben**
eines Übels **Herr werden**	eines Herrschers **habhaft werden**
eines Diktators **überdrüssig sein**	eines Übels **müde sein**

Info

Vorwörter mit dem 3. Fall sind: aus, außer, bei, gemäß, mit, nach, samt, seit, von, zu, zuwider, entgegen, entsprechend, nahe, gegenüber …

Vorwörter mit dem 4. Fall sind: durch, für, gegen, ohne, um, wider.

Vorwörter, die entweder den 3. oder den 4. Fall verlangen, sind: an, auf, hinter, in, neben, über, unter, vor, zwischen.

Bei der Entscheidung helfen hier die Fragen „wo?" oder „wohin?".
Auf die Frage **„wo?"** steht der **3. Fall,**
auf die Frage **„wohin?"** der **4. Fall**.

Beispiele

Das Mädchen steht vor dem Zaun. (Wo?)
Sie stellt sich vor den Zaun. (Wohin?)

Info

Vorwörter wahlweise mit dem 2. oder 3. Fall sind: längs, laut, trotz, dank, binnen.

Vorwörter mit dem 2., 3. oder 4. Fall (je nach Stellung):

entlang: vorangestellt Dativ oder Genitiv: entlang dem Zaun/des Zaunes
nachgestellt Akkusativ: den Zaun entlang

zufolge: vorangestellt Genitiv: zufolge des Befehls
nachgestellt Dativ: dem Befehl zufolge

Info

Wenn mehrere Vorwörter mit unterschiedlicher Rektion aufeinanderfolgen, wählt man den Fall der zuletzt stehenden Präposition.

Beispiele

Kommst du mit oder ohne Kinder?
Kommst du ohne oder mit Kindern?

4.8 Umstandswort (Adverb)

Adverbien sind Wörter, die die Umstände von Eigenschaften, eines Vorganges oder eines Geschehens ausdrücken. Sie dienen hauptsächlich dazu, andere Satzelemente näher zu bestimmen, vor allem das Verb (ad – verb = beim Verb). Sie sind nicht deklinierbar, einige wenige können jedoch gesteigert werden.

Arten der Adverbien

Art	Frage danach	Beispiele
Lokaladverbien bestimmen die Umstände von Ort, Ziel und Richtung.	wo? wohin? woher?	da, dort, hier, rechts, dorthin, hierher, oben, unten, innen, außen
Temporaladverbien bestimmen die Umstände von Zeit und Dauer.	wann? wie oft? wie lange? seit wann?	morgen, bald, oft, montags
Modaladverbien bestimmen die Umstände von Art, Weise, Grad und Maß.	wie? wie sehr?	vielleicht, nicht, sehr, fast, so, zusammen, wohl, leider, gern
Kausaladverbien bestimmen die Umstände von Grund, Folge, Ursache, Absicht, Bedingung.	warum? wozu? weshalb?	daher, deshalb, folglich, deswegen, demzufolge
Interrogativadverbien fragen nach den Umständen (Ort, Zeit, Ursache, Art, Zweck), unter denen das im Satz Ausgeführte erfolgt.		wann? wo? wie? warum? wozu? weshalb? woher?
Achtung: „Wer",„ was",„welcher", „welches",„welche" sind Interrogativpronomen.		
Pronominaladverbien Wörter, die als 1. Bestandteil „da",„hier" oder „wo" enthalten und als 2. eine Präposition		hierfür, wofür, hiermit, damit, wogegen, womit, woran*

* Achtung

Verbindungen von „was" mit Präpositionen werden hochdeutsch folgendermaßen gebildet:

Umgangssprache	Standardsprache
an was	woran
auf was	worauf
aus was	woraus
bei was	wobei
durch was	wodurch
für was	wofür
gegen was	wogegen

in was	worin
mit was	womit
nach was	wonach
über was	worüber
um was	worum
von was	wovon
vor was	wovor
zu was	wozu

Steigerung von Adverbien

Einige wenige Adverbien können gesteigert werden, wobei Komparativ und Superlativ meist von einem anderen Wortstamm gebildet werden.

sehr	mehr	am meisten
gern	lieber	am liebsten
oft	öfter	am öftesten
bald	eher	am ehesten
wohl	besser/wohler	am besten/wohlsten

4.9 Bindewort (Konjunktion)

Konjunktionen verbinden Sätze und Teile von Sätzen miteinander.

Man unterscheidet neben- und unterordnende Konjunktionen.

Info

Nebenordnende Bindewörter verknüpfen gleichartige, gleichrangige Satzteile oder Sätze miteinander.

Beispiele

und, auch, weder – noch, teils – teils, sowohl – als auch, oder, entweder – oder, sondern, denn, nämlich, aber, doch, jedoch …

Info

Unterordnende Bindewörter verbinden Gliedsätze mit Hauptsätzen oder Gliedsätze verschiedenen Grades miteinander.

Beispiele

weil, da, als, dass, während, solange, damit, indem, obwohl, obgleich, obschon, ob, nachdem, bis …

Übung **38**

> **Korrigieren Sie die häufig falsch verwendeten Bindewörter!**
>
> 1. Desto mehr Geld ich verdiene, desto weniger Zeit habe ich, es auszugeben.
> 2. Das ist insofern schade, weil dies mein letzter Urlaubstag ist.
> 3. Trotzdem es regnete, ging er ohne Schirm fort.
> 4. Das kommt daher, weil sich die Leute nicht mehr genügend Zeit nehmen.
> 5. Das passierte in einer Zeit, wo es noch kein Fernsehen gab.
> 6. Nachdem es heute regnet, können wir die Wanderung nicht machen.
> 7. Wie sie nach Hause kam, sah sie sofort, was passiert war.
> 8. Dieser Film wird sowohl von den Erwachsenen und den Kindern gern gesehen.

4.10 Ausrufe- und Empfindungswort (Interjektion)

Die Interjektionen drücken Empfindungen aus oder ahmen Laute nach. Sie kommen vor allem in der gesprochenen Sprache vor und sind sehr oft lautmalerisch.

Man unterscheidet:

Info

> • **Empfindungswörter:** au, oh, ach ...
> • **Aufforderungs- und Grußwörter:** tschüss, dalli, hallo, pst ...
> • **Lautnachahmungen:** hatschi, miau, muh, tick-tack, peng, krach ...
> • **Gesprächswörter:** aha, äh, hm, genau, ja, tja ...

Übung **39**

> **Abschlussübung zu allen veränderbaren Wortarten**
> **Setzen Sie die in den Klammern stehenden Wörter oder Wortgruppen im richtigen Fall ein!**

1. In .... (dieser unendliche Raum) sind wir nur eine Insel.
2. Er hielt unerschütterlich an .... (dieser Gedanke) fest.
3. Er hat bis zuletzt eine Häuserzeile verteidigt, bis sie .... (ein Flammenmeer) zum Opfer fiel.
4. Die Sitzplätze reichten längst nicht aus für die dreifache Anzahl von .... (Besucher).
5. Das Stempeln erfolgte nach .... (ein Buchstabencode).
6. Sie sprachen von der Aufführung der Kinderoper „Brundibar",.......... .... (eine Oper), gespielt von .... (Kinder) für .... (Kinder).
7. Wir müssen uns bezüglich .... (die Getränke) einigen.
8. Auf der Straße begegnet er ....

Übung 39

(ein ehemaliger Kamerad) aus der polnischen Armee.

9. Sie fuhren nach Prag zu Franz Marhofer, ………………………………….. (der Bruder) ihrer Mutter.

10. Sara lebt mit ihrer Familie in Weinberg in ……………………..……………… (zwei Zimmer).

11. Bei der Komposition war es für sie von …………………..……………… (besonderer Reiz), eine Oper zu schreiben, die singbar ist.

12. Sie blieb wegen ……………………………………..…….. (ihr krankes Kind) zuhause.

13. Schon damals hatte sie das Vorgefühl von etwas ………………..……….. (sehr Böses).

14. Der Minister wurde wegen ……………………………………..…….. (schlechtes Wirtschaften) ……………………………… (sein Amt) enthoben.

15. Ihre Kindheit verbrachte sie in Olkowitz, ………………………………… (ein kleines Dorf) in Südmähren.

16. Vorausgegangen war die Verhaftung des Vorsitzenden Jakob Brantner und …………………………..………………… (drei seiner Mitarbeiter).

17. Die „Ranger" waren unterteilt in weitere Gruppen mit jeweils ………………………………………………………………………… (eigene Flagge und eigener Schlachtruf).

18. Die anderen taten alles dafür, ………………………. (einer) zum Lachen zu bringen.

19. Eva nahm sich ……………………………… (ihr Vater) rührend an.

20. Während …………………………………..…….. (ein Besuch) bei ………………………… (ihr Vater) erkrankte sie schwer.

21. An der Spitze dieser Liste fällt …………………………… (einer) Schweden auf.

22. Habe ich mich anfangs ………………………………..……. (die Möglichkeit) beraubt gesehen, viel Geld zu verdienen, bin ich jetzt zufrieden, wie es ist.

23. Zwischen …………………………………..………… (die beiden Länder) herrscht Krieg.

24. Ohne ……………………………… (ihr Teddy) schläft sie nicht ein.

25. Anlässlich ……………..…………………….. (das Jubiläum) gab es eine große Feier.

26. Du kannst dir nicht vorstellen, wie angenehm es ist, ohne ………………… ………………………………… (dieser Schmutz) zu leben.

27. Er nahm sich …………………… (sie) an.

28. Ich lasse es ……………………… (du) wissen, wann wir ankommen werden.

29. Er schätzt sich glücklich, wenn Frau Lewy …………………… (er) mit ……………………… (ein Botengang) beauftragt.

30. In ……………………………… (jenes Jahr) kam der Frost sehr früh.

31. Er brachte mir einen Korb mit ………………………………… (etwas Essbares) von …………………..…………… (mein Vater).

32. So fanden wir uns an ………………………………………..……. (ein kalter Jännertag) auf ……..………………………… (unbekanntes Gebiet).

33. Auf dem Weg dorthin erlebten wir den einzigen Luftangriff während ………………………(der Krieg).

34. Viele können sich ein Leben ohne ………………………………… (dieser

Deutsch · Berufsreifeprüfung © Lemberger · Ikon

Fortschritt) nicht mehr vorstellen.

35. Wir konnten wegen .... (das Glatteis) nicht mit dem Auto fahren.

36. Die Stadt entsann sich .... (das Höhlensystem), das im Mittelalter in den Felsen getrieben worden war.

37. Für ein eingespieltes Team, bestehend aus Frau Cicha und .... (ihr Mann), ist es keine Affäre, mich nach Warschau zu bringen.

38. Die Straßenbahn in der Ferne ist zu .... (ein blasser roter Punkt) geschrumpft.

39. Er entschuldigte sich wegen .... (dieser Fehler).

40. Die Maschine landet ohne .... (ein Zwischenfall) in Schwechat.

41. Leute, die von .... (ihr Erspartes) leben müssen, trifft die Inflation hart.

42. Sie bekommen innerhalb .... (die nächsten paar Tage) Bescheid.

43. Sie gingen ohne .... (das Kind) weiter.

44. Ich habe Gelegenheit, mich über meinen Peiniger, ... (der Psychopath), zu beschweren.

45. Von nun an habe ich eine neue Vorstellung von .... (Freiheit und gutes Leben).

46. Passiert etwas, so wird man ihn von .... (jegliche Schuld) freisprechen.

47. Diesmal muss er das Unmögliche ohne .... (die Hilfe) seiner geschickten Freundin schaffen.

48. Er soll sich von .... (diese Frau) mit .... (schlechter Ruf) fernhalten.

49. Die beste Zeit verbringt sie mit .... (mühsames Auswendiglernen).

50. Man wusste nicht, unter .... (welcher Name) sich der Dieb eingeschlichen hatte.

51. Die Händler machten Bekanntschaft mit .... (die neuen Banken) und mit deren .... (kompliziertes Kreditwesen).

52. Das Schuldenmachen war. .... (jeder rechte Bauer) verdächtig.

53. Wegen .... (sein labiler Zustand) trägt Tomek den Knaben.

54. Wir bewegen uns auf .... (hauchdünnes Eis).

55. .... (Mein Vater), der viel gearbeitet hat, wird es bald gelingen, ein Haus zu kaufen.

56. Seine Mutter erzählt ihm von .... (die unglückseligen Ereignisse) der Nacht.

57. Dieser Film ist nicht nur bei .... (Kinder und Jugendliche) sehr beliebt.

58. Am Abend fällt das Essen kürzer aus als sonst und ohne .... (ich).

Übung 39

59. .... (Das Reiten) müde, stieg ich ab und band mein Pferd an .... (ein Baum).
60. Er benutzt diese Information, um sich ....…......... (sein Kollege) zu entledigen.
61. Eine Diskussion verläuft bei ....…...... (wir Schüler) immer hitzig.
62. Giftige Pilze essen wir auf .... (kein Fall).
63. Das Spiel bereitet ....…......... (alle Teilnehmer) Vergnügen.
64. Ein Sprecher hielt vor ....…......... (der leere Saal) eine langweilige Rede.
65. Ich bin froh, dass sich einer .... (dieses Thema) annimmt.
66. Ein guter Salat gehört zu ....….. (ein gesundes Essen).
67. Der spektakuläre Unfall verlief ohne ....…......... (ein schwer Verletzter).
68. Sie hielten einen Erfolg wegen ....…............. (die große Überlegenheit) der Briten nicht mehr für möglich.
69. Der Täter wurde kraft .... (das Gesetz) verurteilt.
70. Er ging ohne .... (ein Wort) hinaus.
71. Die Rechnung wurde mittels .... (ein Scheck) bezahlt.
72. Die Autobahn musste wegen ....…......... (der Unfall) gesperrt werden.
73. Die Kritik richtet sich nicht gegen .... (du).
74. Während .... (die Pause) gingen die beiden einkaufen.
75. Sie entschied sich wider .... (ihr Gewissen).
76. Sie handeln gemäß .... (die Vorschriften).
77. Die Säulen waren aus ....…...............….. (weißer, glänzender Marmor).
78. Sie handeln zum Zeitvertreib mit .... (Kleider und billiger Schmuck).
79. Innerhalb ....…......... (das Museum) findest du schöne Statuen.
80. Sie fiel mangels .... (Kenntnisse) bei der Prüfung durch.
81. Er hat das Buch seit dem Jahr 1934, ...…......... (der Aufstand in Wien und die blutige Rache der Dollfußfaschisten), mit sich herumgeschleppt.
82. Das Geschäft wurde ....…................. (ein deutscher Leiter) übertragen.
83. Er schiebt das Fahrrad hinter ......…............................... (der Schuppen).
84. Bei ....…..................... (normaler Verlauf) kommt er um 5 nach Hause.
85. Sie fürchten sich vor .... (schwere Krankheiten und die atomare Bedrohung).
86. Sie konnten ....…......... (der libysche Herrscher)

schwer habhaft werden.

87. Der Flugplatz musste wegen .... (dichter Nebel) gesperrt werden.

88. Entworfen und ausgeführt wurden die Mappen und Bücher von .... (Künstler und Handwerker).

89. Es gab auch heute vergessene Anlässe, zu .... (die) Geschenke gereicht wurden.

90. Meist wurden die Bücher zu feierlichen Anlässen wie .... (Geburtstage und Trauerfälle) überreicht.

91. Huldigungsbücher sind Zeugnisse aus der letzten Epoche der Donaumonarchie, die aufgrund .... (ihre aufwendige kunsthandwerkliche Ausführung und ihr meist streng formaler Inhalt) interessante Einblicke in die Strukturen ihrer Zeit geben.

92. Auffallend viele Huldigungsbücher stammen von jüdischen Gemeinden, die sich .... (der Kaiser) ganz besonders verbunden fühlten.

93. Die Konferenz fand in Berlin, ... (die Hauptstadt Deutschlands), statt.

94. Das manifestiert sich auch in .... (die Themen), die an ....(der Monarch) herangetragen wurden.

95. Das ist eine Ausstellung mit ....(kleine Schaustücke und vielfältige Inhalte).

96. Auf Kennedy, ... (der 35. Präsident) der Vereinigten Staaten, wurde im November 1963 ein Attentat verübt.

97. Mit.. ....(sein braungebranntes Gesicht und seine neue Krawatte) wirkte er sehr deutsch.

98. In diesem Trakt befanden sich auch die Bereiche von Helmut Langer und dessen Mitarbeitern, ... (die Halbbrüder Ernst und Erwin).

99. Mutter meinte, dass Irland ein Land sei, in .... (das) man auch heute noch Gebete brauche.

100. Er suchte einen italienischen Arzt auf, der sich .... (er) kaum verständlich machen konnte.

101. Manchmal glaubt man, dass jener Mensch, vor .... (der) man die meiste Angst hat, der Einzige ist, der .... (einer) helfen kann.

102. Gunther stand .... (aller Anschein) nach in den Startlöchern, um Herbert infolge .... (sein Unvermögen) zu beerben.

103. Wegen .... (die Nachbarn) war er sehr leise.

104. Er sah so aus, wie man sich einen Menschen vorstellt, der ohne .... (frische Luft) lebt.

Übung 39

105. Er hielt sich gerade im Vorraum auf, als die Soldaten ohne ....
.... (der Mann) zurückkamen.

106. Es kostete .... (er) große Mühe, sie zu wecken.

107. Es hätte .... (kein anderer Auslöser)
mehr bedurft.

108. Man sperrte mich in eine Zelle ohne ....
.... (jeder Einrichtungsgegenstand).

109. An erster Stelle steht die Gesundheit, gefolgt von ....
....
(Glück in Familie und Beruf und ausreichende finanzielle Absicherung).

110. Ich dachte an eine Geschichte, die mein Vater mir einmal von einem Verwand-
ten erzählt hatte, ... (ein
gewisser David).

111. Ich spähte durch die wegen ....
(das Winterwetter) beschlagenen Fenster des Abteils.

112. Sie gingen ohne .... (der Priester) in die Kirche.

113. Sie konnten wegen .... (die vielen
Menschen) nicht in die Kirche gelangen.

114. Ich sah .... (Männer) zu, die Seetang sammelten.

115. Der Bedarf an ....
....................(Kindergartenpädagogen und Lehrer) wird immer größer.

116. Ich hatte Glück mit meinem Zellengenossen, ...
(ein Botschafter).

117. Sein Gehabe entsprach .... (sein Traum) von
einer besseren Welt.

118. Schon unter .... (sein erster
Präsident) hatte dieser Verein Gesetze gebrochen.

119. Dieses System sollte .... (jeder) vor Augen führen, dass Widerstand
zwecklos war.

120. Gegen Abend marschierten wir los nach Berlin, wo wir unter ....
.... (freier Himmel) übernachteten.

121. Ihre Instinkte .... (ihr Kind) gegenüber waren un-
trüglich gewesen.

122. So wie er......... (er) jetzt ansah, war er wahrscheinlich zu ....
(alles) fähig.

123. Das System macht auch Opfer zu .... (Täter).

124. Am 20. Mai hatte ein tragischer Brand zwei Menschenleben gekostet, das von
Maria Lund und .... (ihr
Sohn Johannes, ein Säugling).

125. Bewusste Härte gegenüber .... (das Personal)
war Teil der Taktik.

126. .... (Ihr Besitz) beraubt, wurden sie in Züge
gepfercht.

127. Diese Orte waren bei ....
(feuchtes oder nasses Wetter) schwer zugänglich.

128. Es war wichtig, ... (dieses Unterfangen)
eine neue Dimension zu verleihen.

129. Er versuchte, ... (er) zu suggerieren, die Arbeit anständig zu erledigen.
130. Dafür bedurfte es ……………………………………..……… (eine Entscheidung).
131. Er drehte sich eine Zigarette zwischen …………………………………….. (gelbe Finger).
132. Die Stadt war nur noch eine große Ruine, ohne ……………………………… …………………………………… (ein Mensch).
133. Mit ……………………………………………. (wir halbe Kinder) konnte man das machen.
134. Er hatte sich entgegen ………………………..…………………………. (der ausdrückliche Befehl) zum Rückzug entschlossen.
135. Er konnte ohne …………………………………………..……………… (sein kroatischer Kollege) an der Konferenz nicht teilnehmen.
136. Nach ………..…………………..………………………………………… ……………………………………..……… (dieser Vorfall im Park und das Essen bei seiner Schwester) ergab sich ein überaus netter Abend.
137. Jugendliche in ……………………………………….. (Dritte-Welt-Länder) haben sicherlich mit anderen Problemen zu kämpfen.
138. Ich habe diese Schwestern mit Herbert, ……………………… (der Dorferemit), in Verbindung gebracht.

4.11 Satzlehre (Syntax)

„Ein Satz ist eine in sich geschlossene sprachliche Einheit, die sich aus kleineren Einheiten (Wörtern und Wortgruppen) zusammensetzt."[1]

[1] Langemann, Felgentreu (Hrsg.): Duden: Basiswissen Schule: Deutsch, 2. Aufl. (2006), S. 130.

4.11.1 Inhalt und Aufbau von Sätzen

Nach dem **Inhalt** unterscheidet man:

Aussagesätze:	Die Kandidaten traten zur Prüfung an.
Fragesätze:	Hat er bestanden?
Aufforderungssätze:	Leg doch das Handy beiseite!
Wunschsätze:	Wenn doch endlich wieder die Sonne scheinen würde!
Ausrufesätze:	Das ist aber wirklich schön!

Nach dem **Aufbau** unterscheidet man Haupt- und Nebensatz:

Info

Als Hauptsatz bezeichnet man einen Satz, der selbstständig ist und häufig allein stehen kann. Im Hauptsatz steht die Personalform des Verbs entweder an 1. oder 2. Stelle.

Beispiele

Fanny **fährt** nicht nach Griechenland.
Warum **fährt** Fanny nicht nach Griechenland?
Fährt sie vielleicht nächstes Jahr nach Griechenland?
Dass du kommst, **freut** mich.

Info

Ein Gliedsatz (Nebensatz) ist ein Satz, der meist ein Einleitewort (eine unterordnende Konjunktion) hat, allein keinen Sinn ergibt und dessen Personalform des Verbs normalerweise an letzter Stelle steht.

Beispiele

Das ist der Film, den ich vor einer Woche gesehen **habe**.
Weil es heute **regnet**, bleiben wir zuhause.
Wir fanden einen Bauern, der jenseits der Grenze ein Stück Land **hatte**.

4.11.2 Satzformen

Info

Der einfache Satz besteht zumindest aus Subjekt und Prädikat.

Beispiel

Er lernt.

Eine Ausnahme sind die sogenannten **Ellipsen** und **Aufforderungssätze**, die kein Subjekt haben.

Beispiel

Was (ist) denn?
„Komm!" (Hier ist jedoch ein logischer Satzgegenstand zu denken.)

Nach dem Subjekt fragt man mit „wer?" oder „was?", nach dem Prädikat mit „was wird ausgesagt?".

Beim erweiterten Satz kommen zu den unbedingt nötigen Satzgliedern Subjekt und Prädikat noch andere wie Ergänzungen, Umstände, Beifügungen.

Info

Beispiele

Morgen fahren wir nach Linz.
Wegen des schlechten Wetters mussten wir umkehren.

Zwei oder mehrere Hauptsätze, die durch Beistrich, Strichpunkt oder Konjunktionen verbunden sind, nennt man Hauptsatzreihe (Parataxe).

Info

Beispiele

Ich will heute nicht mehr ausgehen, denn ich habe noch viel zu arbeiten.
Die Kinder erschrecken(,) und dann laufen sie weg.
Die Sonne scheint, der Schnee schmilzt, die ersten Gräser sprießen.

Ein Satzgefüge (Hypotaxe) enthält mindestens einen Hauptsatz und einen oder mehrere Gliedsätze.

Info

Beispiele

Bevor ich die Worte zurückhalten konnte, bewegten sich meine Lippen.
Das war nicht nur schön, wie Esther mit mir sprach, es war ein Wunder.
Mir tat es fast leid, dass wir unser Gespräch, das so anregend war, nun beenden mussten.

4.11.3 Sonderformen von Sätzen

Zu den Satzsonderformen zählen:

Einschub (Parenthese)

Beispiel

Nächste Woche wird – **so sagen es zumindest die Meteorologen** – wieder schönes Wetter sein.

Nennformgruppe (Infinitivgruppe)

Beispiele einfache Nennformgruppe

Seine Lust(,) **zu lernen**(,) hielt sich in Grenzen.
Er wagte nicht(,) **anzurufen**.

Beispiele erweiterte Nennformgruppe

Ich nehme mir vor(,) **mit dem Rad zu fahren**.
Er trifft sich mit seiner Freundin, **um mit ihr ins Kino zu gehen**.

Mittelwortgruppe (Partizipialgruppe)

Beispiele

Mein Kind kam auf mich zu, **bitterlich weinend**.
Dieser Aufsatz, **geschrieben von einem Schüler der 8. Klasse**, ist sehr gut.

unvollständiger Satz (Ellipse)

Beispiele

Entschuldigung!	für	Ich bitte um Entschuldigung!
Was nun?	für	Was ist nun?
Guten Morgen!	für	Ich wünsche einen guten Morgen!

Übung 40

Bestimmen Sie in den folgenden Satzgefügen oder Satzreihen die Haupt- und Nebensätze sowie die Infinitiv- und Partizipialgruppen!

1. Sie wusste nicht, in welchem Maß sie Widerstand zu erwarten hatte.
2. Als sie das Palais erreichte, sah sie die Fahne am Gebäude.
3. Er hat gesagt, er könne es nicht anders machen, sonst würden sie ihn verhaften.
4. Er wurde eingeladen, eine Klavierdozentur zu übernehmen.
5. Bevor man dazu kam, diese Anschuldigungen zu erheben, reisten sie beide ab.
6. Herbert hatte nicht geglaubt, dass so etwas tatsächlich passieren könnte.
7. Kaum in Wien eingetroffen, machte sie sich sofort an die Arbeit.
8. Dass sie amerikanische Staatsbürgerin war, fiel nicht ins Gewicht.
9. Sie wusste, dass es gute Gründe dafür gab, so viel wie möglich zu sparen.
10. Nachdem er die Zustände im Haus gesehen hatte, war er sich sicher, nicht viel für seinen Freund tun zu können.
11. Sie kam am Abend nach Hause, einen großen Hund an der Leine hinter sich herziehend.
12. Ihr Arzt hatte ihr empfohlen, lange Spaziergänge zu machen, um ruhiger zu werden.

Deutsch · Berufsreifeprüfung © Lemberger · Ikon

4.11.4 Kongruenz im Numerus und in der Person

Unter Kongruenz versteht man die formale Übereinstimmung zusammengehöriger Teile im Satz bezüglich Kasus, Numerus, Genus und Person.

Hier geht es im Speziellen um die Übereinstimmung im Numerus und in der Person zwischen Subjekt und Prädikat.

Wenn ein Subjekt aus mehreren Teilen im Singular besteht, die durch anreihende Bindewörter („und", „sowie", „sowohl – als auch" …) miteinander verbunden sind, steht das Prädikat in der Regel im Plural.

Info

Beispiel

Seine Mutter und sein Vater **kamen** zum Elternsprechtag.

Sind die Subjekte jedoch durch ausschließende Bindewörter („oder", „weder – noch", „beziehungsweise" …) oder durch „jeder", „kein" verbunden, steht das Prädikat meist im Singular.

Info

Beispiele

Der Lehrer **oder** die Lehrerin hält den Vortrag.
Jedes Mädchen und **jeder** Knabe muss das können.

Wenn in dem mehrteiligen Subjekt eine 1. Person genannt wird („ich" oder „wir"), steht das Prädikat in der 1. Person Plural.

Info

Beispiel

Ich und du (,wir) sind spazieren gegangen.

Wenn in einem Subjekt eine 2. und 3. Person genannt werden, steht das Prädikat in der 2. Person Plural.

Info

Beispiel

Er und du seid spazieren gegangen.

Wenn ein Subjekt mit unterschiedlichen Personen durch ein ausschließendes Bindewort („oder", „beziehungsweise", „entweder – oder" …) verbunden ist, richtet sich das Prädikat nach dem am nächsten stehenden Subjektteil.

Info

Beispiel

Er oder ich werde spazieren gehen.

Info

Bei Maß- und unbestimmten Mengenangaben (Anzahl, Gruppe, Menge, Teil, Reihe, Schar, Liter, Kilo, Meter …) ist die Zahl der Mengenangabe entscheidend für die Zahl des Prädikates.

Beispiele

Zwei Drittel **haben** gewählt.
Ein Prozent der Wahlberechtigten **hat** sich der Stimme enthalten.
Fünf Liter Milch **kosten** rund 5 Euro.
Ein Kilogramm Äpfel **kostet** vier Euro.
Ein Teil der Arbeiter **streikt**.
Eine Gruppe von Kindern **macht** heute einen Ausflug.
50 Euro Taschengeld **reichen** nicht aus.
Ein Haufen Altpapier **lag** in einer Ecke des Zimmers.

Übung 41

Setzen Sie die in Klammern stehenden Verben in der richtigen Zahl ein!

1. Weder der eine noch der andere .... (haben) Recht.
2. 40 % des Rauschgifts .... (werden) beschlagnahmt.
3. Nicht ich, sondern du .... (müssen) diese Arbeit erledigen.
4. Für die Reparatur dieser Geräte .... (fehlen) mir noch eine Reihe von Ersatzteilen.
5. Ich kann dir nicht sagen, ob der technische Leiter oder der Prokurist die Eröffnungsrede .... (halten).
6. Seine Begeisterung und sein Mut .... (bleiben) für immer in unseren Herzen.
7. Sowohl die Sekretärin als auch der Architekt .... (bestätigen), dass sie die Pläne nie zu Gesicht bekommen haben.
8. Mir .... (bleiben) noch 10 € übrig.
9. Viele Grüße .... (senden) dir Caterina mit Familie.
10. Du und Lucas .... (haben) aus dieser Situation das Beste gemacht.
11. Dem Antrag auf Erstattung der Reisekosten .... (sein) die Hotelrechnung beizulegen.
12. Meine Freundin und ich .... (haben) uns schon seit Monaten nicht mehr gesehen.
13. Einer von uns beiden .... (werden) daran zugrunde gehen.
14. Je ein Exemplar dieses Buches .... (werden) ausgestellt.
15. Es .... (herrschen) 30 Grad im Schatten.
16. Eine Reihe von Schülern .... (sein) anwesend.
17. Jeden Tag .... (sein) eine Unmenge an Arbeiten zu erledigen.

Übung **42**

Abschlussübung Grammatik
Korrigieren Sie die Grammatikfehler!

1. Das ist insofern ungerecht, dass er die anderen Arbeiten nicht bewertet hat.
2. Eine Fliege sitzt auf deinen Knie.
3. Familien mit kleinen Kinder sollten in eigenen Kinderhotels Urlaub machen.
4. Ich erzähle dir von einer schönen, langen Autotour, bei derem Verlauf uns viel passiert ist.
5. Entgegen der Meinungen der Experten fielen die Aktienkurse weiter.
6. Und dann habe ich 200 Dosen Chappi gekauft, denn ich hänge an meinem Tier und tue alles für ihn.
7. Ich kann mir ein Leben ohne dem Internet gar nicht mehr vorstellen.
8. Dort waren viele Leute am Kriegerdenkmal und gedachten ihren Toten.
9. Während dem langen Fahren bekamen wir alle großen Hunger.
10. Er ist der bestaussehendste Mann, den ich kenne.
11. Noch schneller wie er kann man nicht reagieren.
12. Ich weiß nicht, ob du dir über diese Tatsache bewusst bist, dass man da unheimlich viel Geld verdienen kann.
13. Am optimalsten wäre es, wenn wir uns irgendwo treffen könnten.
14. Wegen den engen, unübersichtlichen Kurven fuhr mein Vater sehr vorsichtig.
15. Bei herrlichem, schönen Wetter fuhren wir dann weiter.
16. Dann gelangten wir mit unserem gutem Wagen in ein romantisches Dorf.
17. Gibt es noch einen Planet, auf dem Menschen wohnen?
18. Bayern ist von Bergen umgeben, die sie von der Außenwelt abtrennen.
19. Der Mensch ist oft des Menschens schlimmster Feind.
20. Die Bedeutung von Streik und Aussperrung sind nicht für alle gleich.
21. Als letzten Punkt wäre das Gesundheitswesen zu nennen.
22. Die Bewohner haben ein Recht auf ärztliche Hilfe, auch wenn man kein Geld hat.
23. Dieser Arzt behandelt mich nur als Privatpatient.
24. Ein großer Teil der Abgeordneten haben dem Gesetzesantrag zugestimmt.
25. Als berufstätige Hausfrau fehlt mir einfach die Zeit dazu.
26. Als die Polizisten gegen die Demonstranten vorgingen, trugen sie Schutzschilder.
27. Es besteht für ihn und seiner Familie die Gefahr der Verarmung.
28. Man erinnert sich plötzlich wieder gerne an die kleinen Geschäfte; sie hatten nämlich auch seine Vorteile.
29. Das Geld, was ich verdiene, ist mir zu wenig.
30. Wegen mir kannst du das nicht tun.
31. Schöne Plakate werben für diese Mitteln.
32. Auch die Freiheit hat seine Grenzen.
33. Es gibt zu viele Hausaufgaben, dessen Erledigung gleich Stunden beansprucht.
34. Der Beruf füllt einem nicht immer aus.
35. Deshalb braucht man wenig Personal, das für den Verbraucher von Vorteil ist.
36. Auch das Zeitgeschehen findet in der Tagesschau ihren Niederschlag.
37. Sie handeln ohne egoistischem Denken.
38. Diese gemütliche Art des Kaufens hat auch seine Vorteile.
39. Das ist auf jedem Fall besser.

Übung 42

40. Es gibt Gesetze, ohne denen ein Zusammenleben der Menschen nicht möglich ist.
41. Die Werbung bedient sich heute der modernsten Massenmedien, zum Beispiel Film und Fernsehen.
42. Ich lasse es dir wissen, wenn ich angekommen bin.
43. Es muss doch gelingen, dem Unfalltod besser Herr zu werden.
44. Sie ist gekündigt worden.
45. Ob im Fernsehen, Radio oder Zeitung – überall wird man von Werbung berieselt.
46. Du erkennst sie an ihrem orangenen Haarband.
47. Die Demokratie gibt uns die Freiheit, seinen Beruf frei zu wählen.
48. In diesem Kommentar macht die Wortwahl und die Ironie viel aus.
49. Sie dachten an die vielen Menschen, wo hier gestorben waren.
50. So könnten viele Unfälle vermieden werden und damit erreicht werden, dass das Autofahren sicherer wird.
51. Die Arbeitslosigkeit des Mannes zeigte seine Wirkung.
52. Es ist Aufgabe des Arztes, den Patienten über die Notwendigkeit der Behandlung zu überzeugen.
53. Viele bilden sich ein Urteil über Menschen aufgrund deren Kleidung.
54. Das ist ein historisches Gebäude, das es zu erhalten gilt und vor Zerstörung geschützt werden muss.
55. Wegen ihm brauchst du nicht zu kommen.
56. Die Bibel ist das meistgelesenste Buch der Welt.
57. Mit was hast du das Brot bestrichen?
58. Jeder sollte wissen, wie viel Arbeit gut für sich selbst ist.
59. Der Hut von dem Mann war neu.
60. Mein einzigstes Problem ist die Grammatik.
61. Ich habe Ihnen die Preisliste, Katalog und Fotos beigelegt.
62. Die Angst vor Arbeitslosigkeit ist unter den Jugendlichen stark gestiegen, erklärt der Meinungsforscher.
63. Ich fühle mich für diese Sache im Großen und Ganzen gewachsen.
64. Es gelingt dem Fernseher immer wieder, einem von der Arbeit abzubringen.
65. Der Großteil der Bevölkerung ist bereit, einen Teil des ihnen zur Verfügung stehenden Geldes zu sparen.

5 ARBEITEN MIT TEXTEN

5.1 Literarische Texte

Man unterscheidet grundsätzlich drei verschiedene Arten von literarischen Texten: lyrische, epische und dramatische.

Unter **Lyrik** (griech. lyrikós = Vortrag zur Lyra, einem Zupfinstrument) versteht man alle Arten von Gedichten (Ode, Hymne, Elegie, Lied, Song, Sonett …). Typische Merkmale, die jedoch nicht immer alle vorhanden sein müssen, sind Reim, Vers, Versmaß, Strophe.

Epik (griech. epein = erzählen) umfasst die erzählende Dichtung und ist meist in Prosa geschrieben (nicht an Verse gebunden). Es gibt Großformen der Epik, wie den Roman, und verschiedene Kleinformen wie Märchen, Sage, Legende, Kurzgeschichte, Anekdote, Fabel, Gleichnis, Parabel.

Unter **Drama** (griech. drama = Handlung) versteht man eine Dichtung, die zur Aufführung auf einer Bühne geschrieben wurde. Die Grundformen sind **Tragödie** (Trauerspiel), **Komödie** (Lustspiel) und **Tragikomödie** (Tragik und Komik sind eng miteinander verknüpft).

Die Übergänge zwischen den Gattungen sind jedoch fließend. So kann ein Drama lyrische Elemente enthalten, wie zum Beispiel die Lieder in den Dramen Brechts, andererseits kann ein epischer Text dramatische Elemente beinhalten, wie etwa bei einem Figurendialog. Auch in der Lyrik sind oft deutlich epische Elemente enthalten – man denke an die Ballade – und in der Epik lyrische; das Versmaß in vielen Fabeln und Parabeln ist ein Beispiel dafür.

Wegen ihrer Kürze als Inputtexte bei der Berufsreifeprüfung sehr beliebt sind einige kleinepische Formen, auf die hier näher eingegangen wird.

Die optimale Ergänzung zum Buch auf Ihrem Smartphone

digi.study/ bd-eSquirrel5

5.1.1 Kurzgeschichte

Als eigene literarische Form wurde die Kurzgeschichte im deutschen Sprachraum erst nach dem Ersten, vor allem dann nach dem Zweiten Weltkrieg heimisch. Sie geht insbesondere auf die amerikanische Short Story zurück – als besonders einflussreich gilt Ernest Hemingway.

Die Geschichte soll in einem Zug zu lesen sein, wobei die Aussage nicht immer auf den ersten Blick ersichtlich ist, sondern es wird von den Lesenden verlangt, zwischen den Zeilen zu lesen und vieles zu erschließen. Bis in die fünfziger Jahre des 20. Jahrhunderts setzten sich viele Kurzgeschichten kritisch mit der Kriegs- und Nachkriegszeit auseinander, es entstand die sogenannte Trümmerliteratur (vor allem Wolfgang Borchert thematisiert sehr häufig Probleme dieser Zeit). Besondere Merkmale der Kurzgeschichte, die natürlich nicht immer in allen Einzelheiten auf alle zutreffen, sind folgende:

- Dargestellt wird häufig eine konfliktreiche Situation, geprägt von Emotionen, wobei Handlungen und Personen alltäglich sind; es gibt nichts Heldenhaftes.
- Keine oder nur sehr kurze Einleitung, sofortiger Einstieg in die Handlung; unbekannte Personen werden oft nur durch Pronomina eingeführt.
- Plötzlich abbrechende Handlung; Höhepunkt und Schluss fallen oft zusammen.
- Die erzählte Zeit (Zeit, über die berichtet wird) beträgt meist nur wenige Minuten oder Stunden, das heißt, die erzählte Zeit nähert sich oft der Erzählzeit (Zeit, die benötigt wird, die Geschichte zu lesen) an.
- Die Sprache ist meist einfach, lakonisch und der des Alltags angepasst; teilweise Verwendung von Umgangssprache, Dialekt oder Jargon.
- Vermeiden von Wertungen, Deutungen, Lösungen; dies bleibt den Lesenden überlassen.

5.1.2 Parabel

Die Parabel ist eine lehrhafte, kurze Erzählung, die Fragen über die Moral und ethische Grundsätze thematisiert. Dies wird durch Übertragung in einen anderen Vorstellungsbereich begreifbar gemacht. Das im Vordergrund stehende Geschehen hat eine symbolische Bedeutung für den Leser und soll ihn zum Nachdenken anregen und zum Erkennen eines richtigen Handelns und Lebens führen.

Oft werden in der Parabel düstere oder eindringliche Szenen geschildert, um die Lehre besonders deutlich hervorzuheben.

Berühmte Parabeldichter der Literaturgeschichte sind Lessing („Ringparabel" in „Nathan der Weise"), Franz Kafka, Günter Kunert …

5.1.3 Fabel

Die Fabel ist eine kurze Erzählung mit belehrender Intention. Sie kann in Vers oder Prosa verfasst sein. Im Mittelpunkt stehen meist Tiere oder fabelhafte Mischwesen, die menschliche Eigenschaften besitzen. Sie handeln, denken und sprechen wie Menschen und stellen charakteristische Verhaltensweisen dar. Es gibt nur eine Haupthandlung und am Ende steht immer eine Moral als Pointe. Die Personifikation der Tiere diente in früheren Jahrhunderten dem Autor als Schutz vor Bestrafung.

Die Fabel existiert schon seit der Antike. Wichtige Vertreter dieses Genres sind im Altertum der Grieche Aesop und der Römer Phaedrus, im 17. Jahrhundert der Franzose Jean de La Fontaine und im deutschen Sprachraum im 18. Jahrhundert Lessing. Aber auch moderne Dichter des 20. Jahrhunderts schreiben gelegentlich Fabeln. Beispiele finden sich bei Kafka, Brecht und Schnurre.

Beispiel einer bekannten Fabel von Aesop

Die beiden Frösche

Zwei Frösche, deren Tümpel die heiße Sommersonne ausgetrocknet hatte, gingen auf die Wanderschaft. Gegen Abend kamen sie in die Kammer eines Bauernhofes und fanden dort eine große Schüssel Milch vor, die zum Abrahmen aufgestellt worden war. Sie hüpften gleich hinein und ließen es sich schmecken. Als sie ihren Durst gestillt hatten und wieder ins Freie wollten, konnten sie nicht: Die glatte Wand der Schüssel war nicht zu bezwingen, und sie rutschten immer wieder in die Milch zurück.

Viele Stunden mühten sie sich nun vergeblich ab, und ihre Schenkel wurden allmählich immer matter. Da quakte der eine Frosch: „Alles Strampeln ist umsonst, das Schicksal ist gegen uns, ich geb´s auf!" Er machte keine Bewegung mehr, glitt auf den Boden des Gefäßes und ertrank. Sein Gefährte aber kämpfte verzweifelt weiter bis tief in die Nacht hinein. Da fühlte er den ersten festen Butterbrocken unter seinen Füßen, er stieß sich mit letzter Kraft ab und war im Freien.

Quelle: http://www.udoklinger.de/Deutsch/Fabeln/Aesop.htm

5.1.4 Märchen

Märchen sind meist kleinere Prosatexte, die von wundersamen Begebenheiten berichten. Früher wurden sie vor allem durch Erzählen weitergegeben, bis sogenannte Märchensammler – die bekanntesten in Deutschland sind die Brüder Grimm – sie zusammentrugen und aufschrieben. Das Gute und das Böse, häufig dargestellt in Form von guten und schlechten Menschen, werden klar getrennt. Am Ende wird das Gute belohnt und das Böse bestraft.

5.2 Journalistische Texte

Journalistische Texte sind für Medien geschrieben, also Zeitungen, Zeitschriften, Hörfunk, Fernsehen und Internet.

Nachrichten und Meldungen werden von darauf spezialisierten Nachrichtenagenturen aufgenommen, zusammengestellt und an Redaktionen weitergeschickt. Die bekanntesten Nachrichtenagenturen sind folgende:

APA (Austria Presse Agentur), Wien

AP (Associated Press), New York

dpa (Deutsche Presse-Agentur), Hamburg

REUTER (Reuters ltd.), London

Der Journalist/die Journalistin muss zwischen Fakten und Meinung unterscheiden; demzufolge gibt es eine grundsätzliche Unterscheidung in **tatsachenbetonte** und **meinungsbetonte** Darstellungsformen.

> **Zu den tatsachenbetonten Texten zählen Nachricht, Bericht, Reportage, Interview, zu den meinungsbetonten Kommentar, Leitartikel und Glosse.**

Info

Nachricht

Die Ereignisse werden sachlich, prägnant dargestellt und nach Wichtigkeit geordnet. Das Wichtigste steht im „Lead", im fettgedruckten Einleitungssatz.

Bericht

Die Inhalte einer Nachricht werden im Bericht um interessante Einzelheiten, um Eindrücke und Meinungen von Beteiligten erweitert. Man könnte auch sagen, der Bericht ist die Langform einer Nachricht.

Reportage

Die Reportage ist tatsachenorientiert, aber persönlich gefärbt. Ziel einer Reportage ist es nicht nur, die Lesenden zu informieren, sondern sie auch zu unterhalten. Auch Hintergründe und persönliche Beobachtungen werden geschildert.

Interview

Dieses Gespräch zwischen einem Journalisten/einer Journalistin und einer oder mehreren Personen liefert Informationen aus erster Hand.

Kommentar

Der Kommentar ist eine subjektive Stellungnahme zu einem Geschehen oder einem Problem. Er dient der Erläuterung und Herstellung von Zusammenhängen, er bringt Hintergrundinformationen, ist informierend, interpretierend, wertend und manchmal auch appellativ.

Leitartikel

Er ist im Vergleich zum Kommentar umfangreicher und meist auf der ersten oder zweiten Seite der Zeitung zu finden. Er ist eine Stellungnahme eines Redakteurs/einer Redakteurin zu einem bestimmten Thema und will meinungsbildend wirken.

Glosse

Die Glosse ist ein kurzer, witzig-ironischer Kommentar, der in pointierter Weise ein aktuelles Thema aus subjektiver Sicht behandelt. Die Argumentation ist meist überspitzt, häufig werden Stilmittel wie Metaphern und Vergleiche verwendet.

5.3 Texte lesen

Da bei allen Textsorten Inputtexte verwendet werden (manchmal sind es auch Diagramme oder Cartoons), ist das Lesen ein erster und wichtiger Schritt zum Aufsatz. Die Fähigkeit, Texte zu verstehen, setzt verschiedene Arten des Lesens voraus, je nach unterschiedlichen Bedürfnissen und Zielen.

Eine erste Orientierung, um herauszufinden, welches Thema man überhaupt wählt, findet man im Überfliegen des Textes, dem sogenannten **diagonalen Lesen**. Man liest rasch **über** den Text, um wichtige Schlüsselwörter schnell zu erfassen.

Beim **punktuellen Lesen** will man ähnlich wie beim diagonalen Lesen dem Text nur wichtige Informationen entnehmen. Der Lektürevorgang wird dabei immer wieder unterbrochen. Dadurch kann natürlich der Gesamtinhalt nicht richtig erfasst werden.

Die für das eingehende Arbeiten mit Texten richtige Art ist das **sequentielle Lesen**; es bedeutet, den Text Sequenz für Sequenz (Absatz für Absatz) genau zu lesen. Dadurch kann man den Inhalt vollständig erfassen.

Wichtige Stellen können unterstrichen oder mit Textmarkern hervorgehoben werden. Schlagwörter oder kurze Zusammenfassungen, die man am Rand notiert, erleichtern das spätere Auffinden der Textstellen. Hilfreich sind auch Symbole wie etwa Fragezeichen für Unverstandenes, Rufzeichen für Wichtiges oder ein Pfeil für Verweise.

Manchmal ist es notwendig, einen Text ein zweites oder drittes Mal zu lesen.

5.4 Analyse der formalen Gestaltung von Sachtexten

Der Autor/Die Autorin fügt normalerweise seine/ihre Gedanken nicht beliebig aneinander, sondern stellt sie in einen bestimmten, oft logischen Zusammenhang. Es lassen sich also **Struktur** und gedanklicher **Aufbau** des Textes, der „rote Faden", erklären.

Um einen nicht-fiktionalen Text formal zu analysieren, hilft am besten die Beantwortung einiger Fragen:

- In welche Abschnitte lässt sich der Text gliedern?
  (z.B.: Lead, Rahmen, Hauptteil, Schluss…; man kann die einzelnen Abschnitte auch durch die Zeilenangaben kennzeichnen)
- Was ist das Thema der einzelnen Abschnitte?
- Wie wird der Sachverhalt strukturiert?
- Wie verläuft die Gedankenfolge?

- Gibt es Unterüberschriften?
- Welche Thesen stellt der Verfasser/die Verfasserin auf?
- Formuliert er/sie Fragen?

Bei Sachtexten ist auch oft die Analyse der **Argumentationsstruktur** gefragt:
- Ist sie komplett (mit These, Begründung, Beleg)? (Vgl. S. 164 f.)
- Gibt es Fehlschlüsse?
- Wird überzeugend argumentiert?
- Gibt es unbrauchbare Belege oder Begründungen?

5.5 Analyse der formalen Gestaltung von epischen Texten

5.5.1 Autor und Erzählerrolle

Epische Texte stellen keine private Äußerung des Autors/der Autorin dar. Zur Darstellung des Geschehens wird eine Erzählerfigur vorgeschoben, die die Gedanken des Autors/der Autorin ausdrücken kann, aber nicht muss. Der Autor/Die Autorin erfindet eine Handlung und Figuren und tritt in einem literarischen Text meist nicht in Erscheinung.

Der Erzähler ist eine Figur, die vom Autor/von der Autorin erfunden ist, und drückt eigene Gefühle und Haltungen aus, die nicht mit denen des Autors/der Autorin übereinstimmen müssen.

5.5.2 Figurenrede

Die Figurenrede meint die Art und Weise, wie sich die Figuren in einem Text äußern. Man unterscheidet die direkte, indirekte und erlebte Rede sowie den inneren Monolog und den Bewusstseinsstrom.

Direkte Rede

Es wird wörtlich wiedergegeben, was eine Person spricht. Die direkte Rede wird oft durch eine Redeankündigung, durch Doppelpunkt und Anführungszeichen angekündigt; diese Redezeichen können aber auch weggelassen werden.

> **Beispiel**
>
> Sie sagte: „Ich muss ihn sehen! Ich darf nicht zu spät sein!"

Indirekte Rede

Der Erzähler referiert die Äußerungen einer Figur unter Verwendung des Konjunktivs.

> **Beispiel**
>
> Sie sagte, sie müsse ihn treffen; sie dürfe nicht zu spät sein.

Erlebte Rede

Sie steht zwischen direkter und indirekter Rede und ist in der 3. Pers. Indikativ Präteritum.

> **Beispiel**
>
> Sie musste ihn sehen. Sie durfte nicht zu spät sein.

Innerer Monolog

Der innere Monolog ist ein stummer Monolog ohne Hörer.

> **Beispiel**
>
> Hoffentlich sehe ich ihn. Bloß nicht vermasseln und zu spät da sein.

Bewusstseinsstrom

Der Bewusstseinsstrom gibt Gedanken, Gefühle und Sinneseindrücke so genau wie möglich wieder; grammatikalische und syntaktische Fehler werden deshalb beibehalten.

> **Beispiel**
>
> Ihn. Sehen. Jetzt. Bahn weg. Ja, guck nicht so blöd, Affe. Will ihn!

Die Figurenrede hat einen unmittelbaren Einfluss auf das Erzähltempo in einem epischen Text. Die direkte Rede ist als zeitdeckend zu bezeichnen, wobei die indirekte Rede eher zeitraffend erscheint. Innerer Monolog und Bewusstseinsstrom sind häufig das Gegenteil: zeitdehnend.

5.5.3 Ich-Erzähler und Er-Erzähler

Die epische Darstellung wird durch einen Erzähler gekennzeichnet, der eine vom Autor/ von der Autorin geschaffene fiktive Figur ist. Autor/Autorin und Erzähler sind also nicht identisch, obwohl natürlich autobiografische Elemente einfließen können.

Wenn der Autor/die Autorin die **Ich-Perspektive** wählt, lässt er/sie die Lesenden unmittelbar an den Erlebnissen des Erzählers teilhaben, andere Figuren werden nur aus einer Außenperspektive gesehen. Der Erzähler gibt eine Geschichte, die er erlebt oder beobachtet hat, aus seiner eigenen, persönlichen Perspektive wieder.

Der **Er-Erzähler** ist nicht in die erzählte Welt integriert, er beschreibt von außerhalb die Erlebnisse anderer. So kann er auch in die anderen Figuren hineinsehen und über deren Gedanken berichten. Er kann die Lesenden anreden, Meinungen kundtun und interpretieren.

5.5.4 Erzählverhalten

Der Autor/Die Autorin entscheidet, aus welcher Sichtweise er/sie eine Handlung darstellen will. Nach Stanzel („Typische Formen des Romans", 1964) unterscheidet man dabei:

Auktoriales Erzählverhalten

Der Erzähler kennt den Ablauf der Ereignisse, überblickt sie, steht gleichsam allwissend außerhalb. Das gibt ihm auch die Möglichkeit, Zeiten und Orte beliebig zu wechseln.

Typisch sind Ansprachen an die Lesenden („…der Leser wird einen einfachen, wenn auch ansprechenden jungen Mann in ihm kennenlernen …" aus Thomas Manns „Zauberberg"), Hinweise auf kommende Ereignisse („… dies würde er erst später bemerken").

Personales Erzählverhalten

Der Erzähler schlüpft in eine oder auch abwechselnd in verschiedene Personen und erzählt aus deren Perspektive; er sieht und hört jeweils nichts anderes als die entsprechende Person, betrachtet das Geschehen also aus einem begrenzten Blickwinkel. Gleichzeitig werden uns auch die Gedanken der jeweiligen Figur vorgeführt.

Im Text tritt personales Erzählverhalten beispielsweise als innerer Monolog oder Bewusstseinsstrom auf (der Erzähler vermittelt den Lesenden Einblick in die oft unzusammenhängenden Gedanken, die einer Figur durch den Kopf gehen).

Neutrales Erzählverhalten

Der Erzähler tritt vollkommen zurück, bleibt neutral, die Erzählvorgänge werden sachlich berichtet, Gespräche werden ohne Bemerkungen – wie in einem Protokoll – wiedergegeben.

Sehr häufig werden in den Prosawerken jedoch diese drei Erzählverhalten vermischt, sodass man einen Text nicht eindeutig zuordnen kann.

5.5.5 Handlungsstränge

Manche Prosatexte sind **chronologisch** erzählt, bei anderen wird diese Chronologie durchbrochen durch Rückblenden, Vorausdeutungen oder Einschübe. Zur Komposition eines Textes gehört auch der Verzicht auf eine Einleitung und einen Schluss.

Vorausdeutungen können einen Ausblick auf den Handlungsverlauf geben oder den Blick der Lesenden auf eine bestimmte Handlung lenken. Außerdem können sie dazu dienen, die Spannung zu erhöhen.

Rückblenden können die Handlung erläutern und sind daher oft für das Verständnis des Textes hilfreich.

5.5.6 Erzählzeit und erzählte Zeit

Die **Erzählzeit** ist jene Zeit, die die Lesenden benötigen, um den Text zu lesen, das heißt, sie ist abhängig vom Umfang.

Die **erzählte Zeit** ist der Zeitraum, über den sich die gesamte Geschichte erstreckt. Der Autor/Die Autorin kann lange Zeiträume komplett auslassen oder aber auch einen kurzen Zeitabschnitt auf mehrere 100 Seiten ausdehnen.

Sind erzählte Zeit und Erzählzeit fast oder ganz gleich (wie etwa bei Dialogen), spricht man von einer **Zeitdeckung**.

Ist die erzählte Zeit länger als die Erzählzeit, nennt man das **zeitraffendes Erzählen** (man denke beispielsweise an Romane, in denen über mehrere Generationen berichtet wird).

Zeitdehnendes Erzählen liegt dann vor, wenn die Erzählzeit länger ist als die erzählte Zeit: Das kann vorkommen, wenn viele Gedanken wiedergegeben werden.

5.5.7 Personencharakteristik und Figurenkonstellation

Personen können auf zwei Arten charakterisiert werden:

direkt (explizit): Der Erzähler beschreibt sie, sie beschreiben sich selbst oder andere Figuren äußern sich über sie.

indirekt (implizit): Die Figuren werden durch ihre Handlungen und Äußerungen beschrieben.

Bei der Figurenkonstellation handelt es sich um die Beziehung der Figuren zueinander, ihre Position und Funktion, um Beziehungsentwicklungen (Generations- und Geschlechtszugehörigkeit, sozialer Status, Eltern-Kind-Beziehung, Liebesbeziehung, Geschäftsbeziehung).

5.5.8 Aufbau

Hier helfen folgende Fragen:

- Wie ist der Text gegliedert? Welche Handlungsabschnitte gibt es?
- Wie beginnt er? (Einstieg mitten im Geschehen; Erzählung vom Ende her, chronologisch)
- Wie endet er? (geschlossenes, überraschendes Ende)
- Gibt es einen Spannungsbogen?
- Gibt es einen Höhepunkt?
- Gibt es einen Wendepunkt?

5.6 Analyse der formalen Gestaltung von Dramen(ausschnitten)

5.6.1 Kommunikationssituation im Drama

Das Drama lebt von der verwendeten Sprache. Dabei unterscheidet man den Haupttext, den die Figuren sprechen, und den Nebentext, die Regieanweisungen.

Die Figuren äußern sich in Monologen oder Dialogen. Daneben gibt es auch Sprechformen, die vorwiegend an die Zuschauer gerichtet sind: Beiseitesprechen, Chorgesang …

Dialoge finden zwischen zwei oder mehreren Figuren statt. Sie können die Handlung vorantreiben, Beziehungen darstellen, die Figuren und ihr Handeln charakterisieren.

Im **Monolog** spricht eine Person zu sich selbst. Monologe haben verschiedene Funktionen: Eine Figur kann Gefühle, Gedanken, seelische Konflikte und Entschlüsse darlegen. Sie kann sich damit selbst charakterisieren. Andere Monologe haben funktionale Bedeutung. Sie können Handlungsphasen des Dramas verbinden oder Einschnitte in der Handlung markieren.

5.6.2 Figuren und Figurenkonstellation

Für den Handlungsverlauf sind nicht alle Figuren gleich wichtig. Manche tragen die Handlung, andere kommen nur in bestimmten Situationen am Rande vor. Nach dem Grad ihrer Wichtigkeit nennt man sie Haupt- oder Nebenfiguren.

Hauptfiguren können die Helden eines Dramas (Protagonisten) sein, aber auch ihre Gegenspieler (Antagonisten). Beide sind für den Fortgang der Handlung von entscheidender Wichtigkeit und müssen deshalb den Zuschauenden vertraut sein. Zu diesem Zweck werden sie vom Autor/von der Autorin mit charakteristischen Merkmalen ausgestattet (z.B. Namen); man spricht deshalb von Charakteren.

Nebenfiguren erfüllen nur eine bestimmte Funktion im Stück: Sie treiben in bestimmten Situationen die Handlung voran, hemmen sie oder lenken sie in eine andere Richtung.

5.7 Analyse der formalen Gestaltung von lyrischen Texten

5.7.1 Lyrisches Ich

Das lyrische Ich ist ein Begriff aus der Literaturwissenschaft und bezeichnet den fiktiven Sprecher oder die Stimme des Gedichts. Das lyrische Ich kann Gedanken, Gefühle, Erlebnisse, Stimmungen, Beobachtungen und Erkenntnisse ausdrücken. In den meisten Gedichten sind lyrisches Ich und Autor/Autorin nicht identisch, daher sollten die Aussagen eines Gedichtes nicht als persönliche Bekenntnisse des Autors/der Autorin verstanden werden. Häufig spricht das lyrische Ich den Leser/die Leserin oder eine unbekannte Person direkt mit „du" an, es kann aber auch als „wir" auftreten. Das lyrische Ich kommt nur in der Lyrik vor, im Drama und in der Epik spricht man stattdessen vom Erzähler.

5.7.2 Versmaß

Bei Gedichten findet man betonte und unbetonte Silben in einer feststehenden Reihenfolge. Diese regelmäßige Abfolge bezeichnet man als Metrum oder als Versmaß.

Das Versmaß ergibt sich aus der regelmäßigen Anordnung der Versfüße. Ein Versmaß besteht aus 2 oder 3 betonten und unbetonten Silben. Durch die verschiedenartige Anordnung der Versfüße entstehen verschiedene Versmaß.

Um das Versmaß eines Gedichtes zu ermitteln, liest man das Gedicht langsam durch. (Betonte Silben werden fett gedruckt, unbetonte nicht.)

Versfuß	Betonung	Beispiel
Jambus	unbetont, betont	wie **so**
Trochäus	betont, unbetont	**le** ben
Daktylus	betont, unbetont, unbetont	**Ach** ter bahn
Anapäst	unbetont, unbetont, betont	Zau be **rei**

Beispiele

Der **Mond** ist **auf**ge**gan**gen,
Die **gold**nen **Stern**lein **pran**gen (M. Claudius): 3-hebiger Jambus

Ehret die **Frau**en! Sie **flech**ten und **we**ben
Himmlische **Ro**sen ins **ir**dische **Le**ben. (Schiller): 4-hebiger Daktylus

Frühling **lässt** sein **blau**es **Band**
Wieder **flat**tern **durch** die **Lüf**te. (Mörike): 4-hebiger Trochäus

Du **bist** wie **ei**ne **Blu**me,
So **hold** und **schön** und **rein**. (Heine): 3-hebiger Jambus

Heute **hier**, morgen **dort**,
Bin kaum **da**, muss ich **fort**. (Wader): 2-hebiger Anapäst

5.7.3 Versformen

Die abstrakte Form der Folge der (sich wiederholenden) Verselemente wird Versform genannt.

Blankvers: 5-hebiger Jambus ohne Endreim

Beispiel

Her**aus** in **eu**re **Schat**ten, **re**ge **Wi**pfel
Des **al**ten, **heil'**gen, **dicht**be**laub**ten **Hains** (Goethe, Iph. V. 1f.)

Alexandriner: 6-hebiger Jambus mit Zäsur nach der dritten Hebung.

Beispiel

Der **schnel**le **Tag** ist **hin**, die **Nacht** schwingt **ih**re **Fahn** (Gryphius)

Hexameter: 6-hebiger Daktylus mit beweglicher Zäsur und einer unregelmäßigen Anzahl von Senkungen

Beispiel

Freundliche **Schrift** des Ge**set**zes, des **men**schener**hal**tenden **Got**tes (Schiller)

Knittelvers: 4-hebiger Vers mit unregelmäßigen Senkungen und paarweisem Endreim (v.a. aus der deutschen Volksdichtung)

Beispiel

Eine **Ge**gend **heißt** Schla**raf**fen**land**
Den **fau**len **Leu**ten **wohl**be**kannt**.

Freie Rhythmen: Als freie Rhythmen bezeichnet man reimlose, metrisch ungebundene Verse mit beliebiger Silbenanzahl und unterschiedlich vielen Hebungen und Senkungen, die dennoch einen bestimmten Rhythmus aufweisen.

Beispiel

Nicht in den Ozean
Der Welten alle
Will ich mich stürzen!
Nicht schweben, wo die ersten Erschaffnen,
Wo die Jubelchöre der Söhne des Lichts
Anbeten, tief anbeten,
Und in Entzückung vergehn!
Nur um den Tropfen am Eimer,
Um die Erde nur, will ich schweben,
Und anbeten! (Klopstock)

5.7.4 Endreime

Bei den Endreimen unterscheidet man folgende Reimfolgen:

Paarreim: Zwei aufeinanderfolgende Verse reimen miteinander. Reimschema: aabb

Beispiel

Es gibt zwei Sorten Ratten:
Die hungrigen und satten.
Die satten bleiben vergnügt zu Haus,
Die hungrigen aber wandern aus. (Heine)

Kreuzreim: Jede zweite Verszeile reimt miteinander. Reimschema: abab

Beispiel

Sein Blick ist vom Vorübergehn der Stäbe
so müd geworden, daß er nichts mehr hält.
Ihm ist, als ob es tausend Stäbe gäbe
und hinter tausend Stäben keine Welt. (Rilke)

Umarmender (umgreifender, umschließender) Reim: Die erste und vierte sowie zweite und dritte Verszeile reimen miteinander. Reimschema: abba

Beispiel

Ein reiner Reim ist sehr begehrt,
doch den Gedanken rein zu haben,
die edelste von allen Gaben,
das ist mir alle Reime wert. (Goethe)

Verschränkter Reim: Die Reime greifen ineinander. Reimschema: abcabc

Beispiel

Der Tag ist karg an liebesüßen Wonnen,
Es schmerzt mich seines Lichtes eitles Prangen
Und mich verzehren seiner Sonne Gluthen.
Drum birg dich Aug' dem Glanze irrd'scher Sonnen!
Hüll' dich in Nacht, sie stillet dein Verlangen
Und heilt den Schmerz, wie Lethes kühle Fluten. (K. von Günderrode)

Schweifreim: Reimschema: aabccb

Beispiel

Der Mond ist aufgegangen,
die goldnen Sternlein prangen
am Himmel hell und klar;
der Wald steht schwarz und schweiget,
und aus den Wiesen steiget
der weiße Nebel wunderbar. (Claudius)

Haufenreim: Reimschema: aaa

Beispiel

Und Schein und Feuer, Fackel rot und Brand,
Die drohen im Weiten mit gezückter Hand
Und scheinen hoch von toter Wolkenwand. (Heym)

5.7.5 Strophen

Eine Strophe nennt man den Absatz eines Gedichts. Demnach besteht ein Gedicht aus Strophen, die sich aus Versen zusammensetzen. Finden sich innerhalb der einzelnen Strophen allerdings keine ähnlichen Merkmale (Metrum, Reimschema) ist es besser, von den Abschnitten eines Gedichts zu sprechen.

Besondere Strophenformen sind Terzine und Stanze.

Terzinen sind Dreizeiler und (meist) im Reimschema aba bcb cdc ded … gekoppelt.

Die Stanze ist eine Strophenform, die aus acht jambischen Verszeilen besteht. Das Reimschema ist abababcc.

5.7.6 Gedichtformen

Das **Sonett** ist eine aus der italienischen Renaissance stammende Gedichtform, die in die deutsche Literatur übernommen wurde und dort eine lange Tradition hat. Es ist ein 14-zeiliges Gedicht, das in der Regel aus 2 Quartetten (Strophe mit 4 Versen) und 2 Terzetten (Strophe mit 3 Versen) besteht.

Der Begriff **„Ode"** stand in der antiken Dichtung für Gesang generell. Sie zeichnet sich weniger durch formale Merkmale als durch ihr Thema aus, welches erhaben ist. In der deutschen Dichtung ist die Ode vor allem durch die freien Rhythmen Klopstocks bekannt geworden.

Die **Elegie** ist ein Klagegedicht, das traurige, schwermütige Themen zum Inhalt hat.

Die **Hymne** ist ein Lobgesang und ähnelt der Ode. Es gibt keinen Reim, keinen festen Strophenbau, es herrschen freie Rhythmen vor.

5.8 Analyse der Sprache bei allen Texten

Wenn man einen Text in Bezug auf die sprachliche Gestaltung analysieren soll, wie dies bei Textanalyse und Textinterpretation der Fall ist, dann achtet man auf sprachliche Besonderheiten.

5.8.1 Sprachebenen

Die drei wesentlichen Sprachebenen sind Mundart, Umgangssprache und Standardsprache.

Die **Mundart** oder der Dialekt ist die regionale Variante einer Sprache und heute nur noch in entlegenen ländlichen Gegenden lebendig.

Die **Umgangssprache** ist eine Mischung aus Mundart und Standardsprache. Je nach sozialer Schicht, Alter oder Region ist der Dialekt in ihr unterschiedlich ausgeprägt. Im Gegensatz zur Hochsprache kommen hier zahlreiche Verstöße gegen die Grammatik vor (z. B. „wegen dem …", „ohne dem …").

Mit den Normen der Schriftsprache im Wesentlichen übereinstimmend ist die **Standardsprache**, die hauptsächlich in den Medien verwendet wird.

Darüber hinaus gibt es noch die Sprachebene bestimmter Gruppen, wie die gehobene Sprache (häufig in der Dichtung), die Fachsprache, die Jugendsprache …

5.8.2 Schreibhaltung

Die Schreibhaltung eines Autors/einer Autorin kann objektiv – distanziert, subjektiv – emotional, sachlich – unsachlich oder lakonisch (wortkarg und trocken) sein.

Darüber hinaus gibt es noch Sonderformen, wie Autoren/Autorinnen ihre Schreibabsicht umsetzen:

Ironie: bezeichnet einen verdeckten, unterschwelligen Spott, bei dem etwas komplett Gegenteiliges zu dem, was eigentlich gemeint ist, geschrieben wird.
Z.B.: „Das ist ja eine schöne Bescherung." oder „Das hat uns gerade noch gefehlt."

Sarkasmus: beißender, bitterer Spott oder Hohn, der bewusst eine Person, eine Gruppe, Werte … lächerlich macht. Z.B.: „Gab es das Kleid nicht in deiner Größe?"

Polemik: scharfer, oft persönlicher Angriff ohne sachliche Argumente in einer Diskussion bzw. in einem Streitgespräch.

5.8.3 Satzbau

Hier helfen diese Fragen:

- Werden im Text auffällig kurze oder lange Sätze verwendet?
- Welche Formen der Satzverbindung sind zu erkennen?

  Parataxe: Verbindung von Hauptsätzen. Diese können mit Beistrichen, Strichpunkten, Gedankenstrichen, beiordnenden Bindewörtern verbunden sein. Aber auch bei aneinandergereihten Hauptsätzen, zwischen denen ein Punkt steht, spricht man von Parataxe.

  Hypotaxe: Verbindung von Haupt- und Nebensätzen. Es können dabei lange, verschachtelte Sätze entstehen.

  Dominiert eine den ganzen Text über oder nur an einer bestimmten Stelle? Man spricht dann entweder von einem parataktischen oder hypotaktischen Stil.

- Kommen auffällig viele Infinitivgruppen, Partizipialgruppen, Parenthesen oder Ellipsen vor?
- Kommen bestimmte Satzarten (Relativsatz, dass-Satz …) besonders häufig vor?

Auch hier kann ein eventueller Zusammenhang zwischen Satzbau und Aussageabsicht bestehen.

5.8.4 Wortwahl

Wenn man die Wortwahl untersucht, können folgende Fragen helfen:

* Werden bestimmte Wortarten häufig verwendet?
* Gibt es Fremdwörter oder fachsprachliche Ausdrücke?
* Gibt es Begriffe, die mehrmals wiederholt werden und für den Text eine besondere Bedeutung haben („Leitwörter" bzw. „Schlüsselbegriffe")?
* Aus welcher Zeit stammen die verwendeten Wörter? Sind sie veraltet (**Archaismen**) oder neu gebildet (**Neologismen**)?
* Lassen sich bestimmte Wörter einem speziellen Bereich zuordnen? (Technik, Kunst, Sport, Religion …)

Bei all diesen Fragen soll auch untersucht werden, ob eine bestimmte Absicht dahintersteckt und welche Wirkung erzielt wird.

5.8.5 Rhetorische Figuren

Rhetorische Figuren werden verwendet, um dem Gesagten mehr Nachdruck zu verleihen, um Abstraktes anschaulich zu gestalten, die Wirkung zu steigern oder die Realität zu verschleiern.

Die wichtigsten sind folgende:

Rhetorische Figur	Definition	Beispiel
Alliteration	Stabreim Mehrere Wörter beginnen mit dem gleichen Buchstaben.	Kind und Kegel Glück und Glas
Anapher	Sätze beginnen mit dem gleichen Wort.	Gesund muss der Mann, gesund muss die Frau, gesund müssen die Kinder sein.
Antithese	Gegensätzliche Begriffe oder Aussagen werden einander gegenübergestellt.	lieber arm und gesund als reich und krank
Ellipse	Auslassen von Satzteilen	Ende gut, alles gut!
Euphemismus	positive Umschreibung negativer Sachverhalte	Arbeitskräfte freisetzen, Kollateralschaden
Hyperbel	Übertreibung	Schneckentempo
Klimax	steigernde Aufzählung vom schwächeren zum stärkeren Begriff	Wie hab ich ihn nicht gebeten, gefleht, beschworen … (Lessing)
Litotes	Verneinung des Gegenteils	nicht schlecht
Metapher	bildhafter Vergleich; ein Wort wird aus dem gewohnten Bedeutungszusammenhang herausgelöst und in andere Zusammenhänge so eingefügt, dass es eine neue Bedeutung gewinnt.	die Hölle des Krieges, eine Mauer des Schweigens
Neologismus	Wortneuschöpfung	Technologiepark

Oxymoron	Verbindung einander widersprechender Begriffe	bittersüß
Personifikation	Vermenschlichung	Der Sommer stand und lehnte und sah den Schwalben zu. (Gottfried Benn in „Astern")
Pleonasmus	Zusammenstellung von Wörtern mit ähnlicher Bedeutung	weißer Schimmel
Rhetorische Frage	Scheinfrage, auf die keine Antwort erwartet wird	Wer ist schon perfekt?
Vergleich	Zwischen zwei Bereichen, die eine Gemeinsamkeit aufweisen, wird eine Beziehung hergestellt.	so schwarz wie die Nacht

Erkennen Sie die rhetorischen Mittel!

1. Wir verstanden kein einziges Wort, und wir verstanden uns doch.
2. bei Wind und Wetter
3. Wüstenschiff
4. Der Wind spielt mit ihren Haaren.
5. Glasvitrine
6. Er war nicht ehrlich zu dir.
7. Des einen Sieg ist des anderen Niederlage.
8. Wie herrlich leuchtet mir die Natur!
   Wie glänzt die Sonne!
   Wie lacht die Flur! (Goethe)
9. Für diese Arbeit brauchen wir ja Wochen, Monate, Jahre!
10. entschlafen
11. Das Auto wollte nicht auf mich hören.
12. schwarze Milch der Frühe (Celan)
13. das Auge des Gesetzes
14. beredtes Schweigen
15. Das Rad des Schicksals dreht sich.
16. Ich kam, sah und siegte. (Caesar)
17. Ich fordere Freiheit. Ich fordere Gleichheit.
18. Was dieser heute baut, reißt jener morgen ein. (Gryphius)
19. Wer? Ich!
20. Seniorenresidenz
21. Sie arbeiten zwölf, vierzehn, ja sechzehn Stunden täglich.
22. nicht wenig verdienen
23. ein Meer von Menschen
24. Hassliebe
25. Die Sonne lacht.
26. Was ist schon normal?
27. Redefluss

6 TEXTE SCHREIBEN

Nicht jeder ist ein Goethe und nicht jedem fließen die Worte nur so aus der Feder. Aber grundsätzlich gilt, dass jeder/jede lernen kann zu schreiben, indem er/sie neben den orthografischen und grammatischen Kriterien auch einige andere Regeln beachtet.

6.1 Stil

Sprachstil ist die vom Verfasser/von der Verfasserin gewählte sprachliche Ausdrucksweise. So unterschiedlich die Definitionen für guten Stil auch sein mögen, einige Kriterien haben fast alle gemeinsam:

Die optimale Ergänzung zum Buch auf Ihrem Smartphone

digi.study/bd-eSquirrel6

Info

Guter Stil soll vor allem verständlich sein. Schreiben Sie also klare, nicht zu verschachtelte Sätze!

Vermeiden Sie Wortwiederholungen!

Beispiel

Der Verkäufer will mit allen Mitteln die Käufer zum Kauf animieren.

Info

Vermeiden Sie eine Anhäufung von zwei Präpositionen oder Konjunktionen!

Beispiele

Sie zeichnet **auf mit** roter Farbe bemaltem Papier.
Ich weiß, **dass, wenn** ich zu spät nach Hause komme, es Schwierigkeiten gibt.

Info

Vermeiden Sie Anglizismen!

Beispiele

In den Seiten 13 – 19 wird die Rechtschreibung erklärt.
Er lebte **für** drei Jahre im Ausland.
In 1945 endete der Zweite Weltkrieg.

Info

Vermeiden Sie den Nominalstil!

Beispiel

Ihre Erlaubnis gibt uns die Möglichkeit der Teilnahme an dem Projekt.

Info

Wechseln Sie im Satzbau ab; es muss nicht immer das Subjekt an 1. Stelle stehen!

Verknüpfen Sie Ihre Gedanken, leiten Sie über!

Beispiele

Andererseits muss man beachten …
Darüber hinaus kann man feststellen …
Ganz im Gegensatz dazu gibt es …
Nicht nur …, sondern auch …

> **Vermeiden Sie eine Häufung von Füllwörtern!**

Beispiel

Das macht **doch überhaupt gar** keinen Spaß.

> **Vergessen Sie bei zweiteiligen Konjunktionen nicht auf den 2. Teil!**

Auf ein „weder" muss ein „noch" folgen, auf ein „entweder" ein „oder", auf ein „sowohl" ein „als auch", auf ein „erstens" sollte ein „zweitens" folgen und auf ein „einerseits" ein „andererseits".

6.2 Wortschatz

Die letzte Dudenausgabe enthält rund 130.000 Stichwörter. Davon werden etwa 3.000 – 5.000 aktiv verwendet; beim passiven Verstehen ist die Zahl natürlich höher.

Je mehr Wörter ein Mensch kennt, desto besser kann er sich sprachlich ausdrücken; erweitern lässt sich der Wortschatz in erster Linie durch Lesen.

Übung **44**

> **Wortschatzübungen**
> **Vervollständigen Sie die Verben!**
>
> 1. Der Anwalt ver............... heute die Interessen seines Klienten.
> 2. Diesem Ereignis muss man große Bedeutung bei................
> 3. Er er............. es als notwendig, den Eltern seines Schülers Bescheid zu sagen.
> 4. Sie hoffte, bei ihrem Vorstellungsgespräch einen guten Eindruck zu er..............
> 5. Wenn du das machst, be................ du dich aufs Glatteis.
> 6. Man hält es nicht aus, ständigem Druck aus................ zu sein.
> 7. Darum gebeten worden zu sein, em................ er als Zumutung.
> 8. Da das Kind nicht wagte, der Mutter die Wahrheit zu erzählen, t................ es ihr eine dreiste Lüge auf.
> 9. Sosehr er sie auch zu überreden versuchte, sie konnte sich für seinen Plan nicht erw................
> 10. Gestern p................ das Publikum den Schauspieler aus.
> 11. Das Feuer im Kamin sch................ noch stundenlang.
> 12. Letzte Woche h................ Großvater sein Porträt an die Wand.
> 13. Es ist dumm, sich eine solche Chance ent................ zu lassen.
> 14. Nach dem Brand h................ der Rauch noch tagelang über der Stadt.
> 15. Beim letzten Bootsausflug qu................ Wasser durch ein Leck im Boden.
> 16. Man sagt, dass gebrannte Kinder das Feuer sch................
> 17. Den großen Balkon meiner neuen Wohnung möchte ich nicht mehr m.............
> 18. Da die Städte immer größer wurden, mussten die alten Stadtmauern gesch................ werden.
> 19. Ich h................ immer den Verdacht, dass er die Brieftasche gestohlen hat.
> 20. Erst nach seinem Tod konnte das Geheimnis gel................ werden.

Übung 44

21. Man hat ihm die große Ehre erw............., ihn zur Premiere einzuladen.
22. Er musste sein letztes Hab und Gut verä.............
23. Als sie den Löwen erblickte, ers............. sie.
24. Er hat sich Gott sei Dank noch eines Besseren bes.............
25. Ich muss wissen, ob du mir freundlich oder unfreundlich ges............. bist.
26. Ich bin wirklich nicht ges............., mir das von dir sagen zu lassen.
27. Da er nichts gelernt hatte, musste er sich als Hilfsarbeiter verd.............
28. Sie sind es gew............., dass sie sich an eine neue Umgebung gew......... müssen.
29. Ich komme leider nicht um............., dir die Wahrheit mitzuteilen.

Übung 45

Setzen Sie in folgende Wortgruppen das richtige Vorwort mit Artikel (bestimmt oder unbestimmt) ein!

1. .... Hafen auslaufen
2. nicht gewöhnt sein .... extreme Hitze
3. entsetzt sein .... bösen Worte
4. abhängig sein .... Eltern
5. .... Firma ausscheiden
6. die Ergebnisse anderer Wissenschaftler .... Forschungen miteinbeziehen
7. .... Kolonne ausscheren
8. erfreut sein .... gute Abschneiden
9. .... Aussprache noch arbeiten müssen
10. sich .... kleine Tochter ängstigen
11. sich .... neuen Job bemühen
12. .... Riff auflaufen
13. .... Geheimnisse der deutschen Rechtschreibung eindringen
14. sich nicht eignen .... Hausbau
15. .... besseres Wetter hoffen
16. sich .... Familie sehnen
17. .... Veranstaltung teilnehmen
18. .... tödlichen Krankheit sterben
19. .... bösartigen Ehemann leiden
20. nicht .... anderen zugehen können
21. .... Ausflug überreden
22. .... eigentlichen Thema ablenken
23. .... Tagesordnung absetzen
24. .... undichten Leitung ausströmen
25. sich nicht .... Meinung abbringen lassen
26. .... Methode wieder abkommen
27. .... Ersparten seiner Frau leben
28. .... Aussage des Zeugen zweifeln
29. sich .... Anschuldigungen wehren
30. .... Verbrechen beteiligt sein
31. .... Tatsache basieren

Übung **45** 🖉

32. .... einzigen Grund nicht kommen können
33. .... Bank einheiraten
34. .... Hauptgebäude einen Flügel anbauen
35. .... Tatsache beruhen, dass …
36. .... Putz hauen
37. .... letzte Hab und Gut bringen
38. ein Dach .... Kopf haben
39. .... Strom schwimmen
40. .... Pranger gestellt werden
41. den Nagel .... Kopf treffen
42. sich .... Freundin hineinversetzen können
43. das Buch handelt .... Reise
44. hier geht es .... Reise
45. interessiert sein .... Geschichte
46. .... Hektik leiden
47. die Suche .... neuen Job
48. geschult werden .... neuen Rechtschreibung

Übung **46** 🖉

Ergänzen Sie die fehlenden Wörter!

1. Er handelt nach eigenem G..............
2. Gestern hat er ihm eine Standpauke gehalten; man könnte auch sagen, er hat ihm die L.............. gelesen.
3. Sie ist so bescheiden, immer stellt sie ihr Licht unter den S..............
4. Er hat diese Sache zur Sprache, also aufs T.............., gebracht.
5. Als ich ihm das erzählte, war er b.............. erstaunt.
6. Ein Sprichwort lautet: „Ehrlich w.............. am längsten."
7. Damit der Streit nicht ausartet, solltest du deine Zunge im Z.............. halten.
8. Er ließ die Ereignisse des vergangenen Tages R.............. passieren.

Übung **47** 🖉

Korrigieren Sie die falschen Ausdrücke!

1. Dieser Aufsatz fordert großes Geschick im Schreiben.
2. Man hat die Schwierigkeiten zu Anfangs nicht absehen können.
3. Die drei großen Parteien bekämpften sich unerbitterlich.
4. Er hätte zumindestens das Geschirr spülen können.
5. Durch den Regen sagten wir die Wanderung ab.
6. Wir befanden uns in einer hilflosen Lage.
7. Dieser junge Mann soll angeblich eine Bank ausgeraubt haben.
8. Er trinkt seit kurzem nur noch antialkoholische Getränke.
9. Das Internet hat viele Gründe, die dagegen sprechen.
10. Heutzutage fehlt es an mangelnden Deutschkenntnissen.
11. Jeder Mann ist kein Fußballfan.
12. Ich kann alles so machen, wie ich es für richtig finde.

Übung 47

13. Obwohl sie schon weit über 80 ist, erfreut sie sich über ausgezeichnete Gesundheit.
14. Schau bitte nach, ob das Fenster auf ist.
15. Der zeitweise Anstieg der Arbeitslosenzahlen kümmerte niemanden.
16. Meines Wissens nach findet heute ein Konzert statt.
17. In dieser Messe wird auch an die Opfer der beiden Weltkriege gedacht.
18. In Italien sind jetzt viel wärmere Temperaturen als bei uns.
19. Nach dem Unfall musste sie für drei Wochen im Krankenhaus bleiben.

6.3 Schreibhandlungen

Im Sinne der kompetenzorientierten Reifeprüfung ist es auch wichtig, die Aufsätze in der entsprechenden Schreibhaltung zu verfassen, die im Rahmen der Textsortenbeschreibung angegeben wird. Die meisten Textsorten vereinen in sich verschiedene Schreibhandlungen.

Zusammenfassendes Schreiben erfordert die verkürzte Wiedergabe von Texten. Hierbei werden die wichtigen Aussagen aus dem Inputtext herausgefiltert und es soll ein neuer, verkürzter Text entstehen, dem man nicht ansieht, dass ihm ein längerer Text zugrunde liegt. Es ist also wichtig, auf entsprechende Satzverbindungen zu achten.

Informierendes Schreiben stellt die klare Wiedergabe von Inhalten in den Vordergrund, die Sprache soll daher einfach, gut verständlich und sachlich sein. Ausschweifungen und Ausschmückungen sind nicht angebracht.

Kommentierendes Schreiben bedeutet, die Meinung zu einer im Inputtext geäußerten Aussage kundzutun. Kommentieren macht Zusammenhänge klar und wirft Fragen auf, gibt Hinweise auf Dinge, die zu ändern oder zu bearbeiten sind.

Analysierendes Schreiben bedeutet die systematische Untersuchung eines vorliegenden Textes hinsichtlich einzelner Komponenten wie Inhalt, Aufbau, Sprache, Wirkung.

Interpretierendes Schreiben will auslegen, erklären und deuten. Man versucht zu ergründen, was ein Text erreichen will, welche Wirkung er erzielen soll. Die Hinweise für mögliche Deutungen sucht man im Text und schreibt sie dann als Belege nieder.

Appellierendes Schreiben will durch einen Aufruf oder eine Mahnung Menschen zu einem bestimmten Verhalten animieren. Sprachlich geschieht dies durch häufigeres Verwenden der Modalverben „sollen", „müssen", (verneintes) „dürfen" und durch Ausrufesätze, die man mit einem Rufzeichen versieht.

Argumentierendes Schreiben will andere von seiner Meinung mit Argumenten überzeugen. Beim Argumentieren muss man seine eigene Einschätzung hinsichtlich bestimmter Sachverhalte klar und überzeugend darlegen. Wer also eine Behauptung aufstellt, muss diese auch begründen können.

Aufbau einer Argumentation

Eine Argumentationskette besteht aus einer Behauptung (These), einer Begründung (verpflichtend) und aus einem Beleg oder einem Beispiel (überzeugt besonders, ist aber nicht unbedingt verpflichtend).

Als Begründungen eignen sich vor allem allgemein anerkannte Erfahrungen, wissenschaftliche Erkenntnisse, konkrete Fakten. Keinesfalls geeignet sind persönliche Einzelerfahrungen, die man nicht verallgemeinern kann, und Aussagen von Personen, die nicht als Fachleute gelten.

Beispiel

These: Rauchen sollte grundsätzlich verboten werden,

Begründung: weil es gesundheitsschädlich ist.

Beleg 1: Medizinische Forschungen haben eindeutig bewiesen, dass das Rauchen für einen großen Prozentsatz an Lungenkrebserkrankungen verantwortlich ist.

Beleg 2: Darüber hinaus sind nicht nur Rauchende selbst gefährdet, sondern auch Passivrauchende; auch hier spricht die Wissenschaft von einer circa 25%igen Erhöhung des Krebsrisikos.

6.4 Richtiges Zitieren

Bei manchen Aufsatzarten (vor allem bei den analysierenden und interpretierenden) kann es notwendig sein, wörtlich aus den Inputtexten zu zitieren.

Dabei werden, wie der Name sagt, Textstellen aus einer Quelle wortwörtlich übernommen. Diese Textstellen müssen immer mit Anführungszeichen gekennzeichnet werden.

Beispiel[1]

Elisabeth Langgässer beschreibt den Tag folgendermaßen: „Es war ein heißer Spätfrühlingstag, die Schneegrenze hatte sich schon hinauf zu den Gletscherwänden gezogen" (Z. 3 – 4).

Auslassungen

Sehr häufig ist es bei wörtlichen Zitaten erforderlich, die übernommenen Texte zu kürzen. Dann müssen die Auslassungen mit eckigen Klammern und drei Auslassungspunkten gekennzeichnet werden: […]

Beispiel[1]

„Dieser Vorschlag […] fand Beifall" (Z. 41 – 42).

Änderung der Schreibweise

Kommt in einem Zitat ein nach heutigen Richtlinien falsch geschriebenes Wort vor, markiert man das mit dem Wort „sic" (lateinisch „so").

Beispiel[1]

„Die Arbeiter kamen […] zu dem Eingang der Ortschaft, die hoch in den Bergen an der letzten Paßkehre [sic] lag" (Z. 1 – 3).

Grammatisch bedingte Einfügungen

Wenn ein wörtliches Zitat in einen eigenen Text eingebaut werden soll, können die grammatischen Veränderungen angepasst werden. Aber auch das muss durch eckige Klammern kenntlich gemacht werden.

Beispiel[1]

Sie spricht vom „Löwenzahn [‚der] strotzte und sein Haupt über den milchigen Stengeln [sic] [blähte]" (Z. 5 – 6).

Bei Gedichten ist es üblich, bei Zitaten die Versnummer anzugeben, z. B. „V. 2". Wenn ein Prosatext mit Zeilenangaben vorgelegt wird, sollte man diese beim Zitieren ebenfalls benutzen.

[1] Alle Beispiele sind dem Text „Saisonbeginn" entnommen (s. S. 191 f.).

7 TEXTSORTEN

Bei der schriftlichen Klausur stehen drei Themen zur Wahl, von denen eines zu wählen ist. Jedes Thema besteht aus zwei voneinander unabhängigen Aufgabenstellungen (Textsorten), denen jeweils (mindestens) ein eigener Inputtext zugrunde liegt. Das können sein: fiktionale Texte, nicht-fiktionale Texte, Bilder, Cartoons, Diagramme …

Jede Aufgabe ist durch eine gemeinsame thematische Klammer gekennzeichnet; das bedeutet, dass beide Schreibaufträge sich auf einen übergeordneten Begriff beziehen, wie zum Beispiel „Neue Medien", „Generationenkonflikt", „Globalisierung", „Armut" …

Das Thema des ersten Themenpaketes lautet generell „Literatur – Kunst – Kultur". Darin ist die erste Aufgabe eine Textinterpretation, die zweite eine kurze Textsorte (Kommentar, Leserbrief oder Zusammenfassung), die sich mit einem literarischen, künstlerischen oder kulturellen Thema auseinandersetzt. Eine spezifische Werkkenntnis wird dabei nicht vorausgesetzt.

Beispiel für drei Themenpakete vom Maturatermin 9. Jänner 2019:

Die optimale Ergänzung zum Buch auf Ihrem Smartphone

digi.study/ bd-eSquirrel7

Themenpakete	Aufgaben
1. Literatur – Kunst – Kultur	**Peter Altenberg:** *Verdienen* **Herbert J. Wimmer:** *bankomat* Textinterpretation (540 - 660 Wörter) 2 Textbeilagen (Kurzprosatexte) **Wozu Literatur?** Kommentar (270 - 330 Wörter) 1 Textbeilage (Bericht)
2. Das Fremde und das Eigene	**Heimat** Meinungsrede (540 - 660 Wörter) 1 Textbeilage (Zeitschriftenartikel) **Asyl** Zusammenfassung (270 - 330 Wörter) 1 Textbeilage (Zeitschriftenartikel)
3. Umgang mit Lebensmitteln	**Fleisch essen?** Erörterung (540 - 660 Wörter) 2 Textbeilagen (Buchbeiträge) **Lebensmittel aus dem Müll** Leserbrief (270 - 330 Wörter) 1 Textbeilage (Interview)

Für die Formulierung der Aufgabenstellung werden sogenannte **Operatoren** verwendet. Das sind Verben, die zu einer bestimmten sprachlichen Tätigkeit auffordern. Grundsätzlich werden diese Operatoren nach verschiedenen Anforderungsbereichen unterschieden. Dabei stellen Operatoren aus dem Bereich der Reproduktion (Wiedergabe) niedrigere Anforderungen an die Maturanten als solche aus dem Bereich der Reorganisation und des Transfers (Neuordnung und Übertragung auf neue Zusammenhänge) oder der Problemlösung und Reflexion. In der Regel sind diese Teilaufgaben auch nach steigender Komplexität (mit Ausnahme der Zusammenfassung) angeordnet.

Die wichtigsten Operatoren sind folgende:

Anforderungsbereich 1: Reproduktion

(be)nennen/ bestimmen	Hier sollen Sie aus einem Text entnommene Informationen nach deren Bedeutung bzw. Relevanz auflisten, ohne sie zu kommentieren.
beschreiben	Textaussagen oder Sachverhalte müssen in eigenen Worten strukturiert und fachsprachlich richtig dargestellt werden.
wiedergeben	Inhalte oder Zusammenhänge sollen in eigenen Worten sachlich und fachsprachlich richtig formuliert werden.
zusammenfassen	Sie sollen Inhalte, Aussagen bzw. Zusammenhänge komprimiert in sinnvoller Reihenfolge wiedergeben.

Anforderungsbereich 2: Reorganisation und Transfer

erschließen	Hier müssen Sie aus einem Text etwas nicht deutlich und ausdrücklich Formuliertes ermitteln und darlegen.
analysieren	Es soll gezeigt werden, wie Sprache, Textstruktur, Inhalt und Intention eines Textes in einer Beziehung zueinander stehen.
einordnen	Hier geht es darum, einen Inhalt, eine Problemstellung oder einen Sachverhalt auf einen anderen Kontext zu beziehen.
vergleichen	Es sollen mindestens zwei Texte oder Sachverhalte kriterienorientiert gegenübergestellt werden, um Gemeinsamkeiten oder Gegensätze zu ermitteln.
erklären/erläutern	Hier besteht die Aufgabe darin, Textaussagen oder Sachverhalte verständlich darzustellen und durch Beispiele zu veranschaulichen.
in Beziehung setzen	Textaussagen, Sachverhalte oder Problemstellungen müssen mit vorgegebenen Aspekten in Verbindung gebracht werden.
charakterisieren	Eine Person bzw. Figur soll durch ihre äußeren und inneren Merkmale näher gekennzeichnet werden.

Anforderungsbereich 3: Reflexion und Problemlösung

deuten/ interpretieren	Hier wird verlangt, einen Text hinsichtlich dessen Strukturen, Funktionen und Intentionen zu beschreiben.
beurteilen	Sie sollen zu einem Text, einer Textaussage, einem Sachverhalt oder einer Problematik zu einem selbständigen, begründeten Urteil kommen.
bewerten	Vgl. „beurteilen"; zusätzlich müssen Sie eigene Wertmaßstäbe darlegen.
(kritisch) Stellung nehmen, kommentieren	Ihre Aufgabe ist es, nach sorgfältiger Abwägung eine Problemstellung, eine Problemlösung oder einen Sachverhalt einzuschätzen.
begründen	Ein Analyseergebnis, ein Urteil oder eine Wertung muss sachlich abgesichert werden (durch Argumente, Belege, Beispiele).
erörtern/ diskutieren/ sich auseinandersetzen mit	Es ist Ihre Aufgabe, eine These oder Problemstellung durch Argumente auf ihre Stichhaltigkeit hin zu prüfen und darauf aufbauend eine eigene Stellungnahme zu verfassen.

(über)prüfen	Sie müssen eine Textaussage, eine Argumentation, einen Sachverhalt auf der Basis eigener Kenntnisse auf deren/dessen Angemessenheit hin untersuchen und Ihre Ergebnisse darlegen.
entwerfen	Hier sollen Sie in Verbindung mit einer Textvorlage und auf der Grundlage einer konkreten Arbeitsanweisung einen eigenen Text planen.
gestalten	Es wird von Ihnen erwartet, in Verbindung mit einer Vorlage einen eigenen Text nach bestimmten Kriterien zu erarbeiten.
appellieren	Hier müssen Sie sich mit einer Bitte an eine Einzelperson, ein Gremium oder eine Institution wenden.

Es ist wichtig, die Texte entsprechend diesen Aufgabenstellungen zu schreiben.

Darüber hinaus wird bei vielen Aufgabenstellungen ein <u>situativer</u>, praxisbezogener <u>Kontext</u> (Schreibanlass, definierte Adressaten, Adressatinnen und Situationen) angegeben (unter „Situation").

Auch die **Beurteilung der Schreibaufträge** erfolgt nach vorgegebenen Kriterien, nämlich nach vier Bewertungsdimensionen:

a. Aufgabenerfüllung aus inhaltlicher Sicht (Schreibhandlungen der Textsorte, Kernaussage der Textbeilage, Arbeitsaufträge)

b. Aufgabenerfüllung aus textstruktureller Sicht (Gliederung und Absätze, Bezugnahme auf die Textbeilage)

c. Aufgabenerfüllung in Bezug auf Stil und Ausdruck (situationsadäquate Sprachverwendung)

d. Aufgabenerfüllung hinsichtlich normativer Sprachrichtigkeit (Rechtschreibung, Grammatik, Zeichensetzung)

Zusätzlich zu den Bewertungsdimensionen gibt es drei Kompetenzbereiche, die sich auf die beiden Texte beziehen:

Kompetenzbereich 1: Inhalt und Textstruktur des ersten Textes

Kompetenzbereich 2: Inhalt und Textstruktur des zweiten Textes

Kompetenzbereich 3: Stil, Ausdruck und normative Sprachrichtigkeit beider Texte

Jeder dieser Kompetenzbereiche muss positiv bewertet werden, um eine insgesamt positive Beurteilung zu erreichen. Ist beispielsweise der Kompetenzbereich 1 negativ, kann dies unter keinen Umständen mehr ausgeglichen werden. Nur innerhalb des Kompetenzbereiches 3 ist ein Ausgleich zwischen beiden Texten möglich.

Die neue schriftliche Reife- und Diplomprüfung aus Deutsch verlangt von den Kandidaten und Kandidatinnen, dass sie in der Lage sind, folgende sieben Textsorten zu verfassen:

Leserbrief
Zusammenfassung
Kommentar
Meinungsrede
Textanalyse (von nicht-fiktionalen Texten)
Textinterpretation (von literarischen Texten)
Erörterung

7.1 Leserbrief

Ein Leserbrief ist eine schriftliche Meinungsäußerung zu bestimmten aktuellen Themen und Diskussionen, Vorgängen und Ereignissen. Meist bezieht sich der Leserbrief auf einen Beitrag einer Zeitung oder Zeitschrift. Der Schreibgrund kann der Ausdruck von Zustimmung, Ergänzung, Richtigstellung oder Widerspruch sein. Er richtet sich an den Verfasser/die Verfasserin eines Artikels oder an die Redaktion des Mediums oder an die Leserschaft.

7.1.1 Aufbau

Anrede

Mögliche Anreden sind:

- Sehr geehrte Damen und Herren!/,
- Sehr geehrte Damen und Herren der Redaktion!/,
- Sehr geehrte Redaktion!/,
- Sehr geehrter Herr XY!/,
- Sehr geehrte Frau XY!/,
- Liebe Leserinnen und Leser!/,

Achtung

> Wenn Sie die Anrede mit einem Rufzeichen beenden, schreiben Sie groß weiter, aber klein, wenn Sie diese mit einem Beistrich beenden.

Einleitung

- Angabe des Artikels, auf den man sich bezieht:
  Titel
  Textsorte
  Autorin/Autor
  Medium
  Erscheinungsdatum
- In der Einleitung knüpft man an den Sachverhalt bzw. das Thema an, das im Inputtext angesprochen wird. Oft ist dieser Themenbezug bereits mit einer Bewertung verbunden, die erste Rückschlüsse auf die Meinung des Verfassers/der Verfasserin zulässt.

Hauptteil

Im Hauptteil bearbeitet man die Aufgaben, die gestellt werden, indem man durch Argumentation den eigenen Standpunkt deutlich macht.

Schluss

- Appell
- Bewertung
- Ausblick
- möglicher Lösungsvorschlag …

Grußformel mit Unterschrift (Vor- und Zuname), eventuell, wenn es von Belang ist, Berufsangabe.

Sprachliche Kriterien

- den/die Adressaten/Adressatin/Adressatinnen direkt ansprechen
- bei Anreden gendern
- die höfliche Anrede an Personen, mit denen man per „Sie" ist, immer groß
- leicht verständliche Satzstruktur
- überwiegend Präsens (bei Vorzeitigkeit Perfekt)
- keine diskriminierenden oder beleidigenden Formulierungen
- darf und soll klar Position beziehen: Redeabsicht reicht von rein sachlich argumentierend über subjektiv kritisch bis hin zu polemisch oder provozierend.

Umfang

270-330 Wörter

Situativer Kontext

erforderlich

7.1.2 Beispiel

Aufgabe

Situation: Sie haben in letzter Zeit viel über das sogenannte „positive Denken" gelesen und nehmen jetzt die Kolumne „Fröhliches Alter" zum Anlass, Ihre Meinung dazu in Form eines Leserbriefes zu schreiben.

Lesen Sie die Kolumne „Fröhliches Alter" von Elfriede Hammerl aus der „Presse" vom 11. August 2011.

Verfassen Sie nun einen Leserbrief und bearbeiten Sie die folgenden Arbeitsaufträge:

- Fassen Sie die Position der Autorin kurz zusammen.
- Nehmen Sie kritisch dazu Stellung.
- Setzen Sie sich mit dem Thema Pflege auseinander.

Schreiben Sie zwischen 270 und 330 Wörter. Markieren Sie Absätze mittels Leerzeilen.

Textbeilage

Elfriede Hammerl

Fröhliches Alter

Von der Ungerechtigkeit der Welt. Und was dagegen unternommen werden kann.

[…] Zwei Zeitungsartikel vom selben Tag: Der eine widmet sich der Fürstin Marianne zu Sayn-Wittgenstein-Sayn, die, so lesen wir, 92-jährig in Salzburg von einer Festspielveranstaltung zur anderen hüpft, ohne Ermüdungserscheinungen und elegant gekleidet, toll frisiert, mit roten Lippen. Gefragt, was das Geheimnis ihrer Jugendlichkeit sei, antwortet sie, das sei ihre Freude am Leben, die sie trotz Schicksalsschlägen nie verloren habe.

Der andere, eine Seite davor, hat den Titel: 80-Jährige steckte drei Tage mit Kopf im Klo fest. Eine alte Frau aus Vöcklabruck, so erfahren wir, sei nach einem Schwächeanfall gestürzt und mit dem Kopf in einem schmalen Spalt zwischen Kloschüssel und Wand stecken geblieben. Nach drei Tagen hätte eine Nachbarin ihre Hilfeschreie gehört und Rettung sowie Feuerwehr alarmiert. Die Welt ist ungerecht, und selten kriegt man das so konzentriert auf der Vorder- und der Rückseite eines einzigen Zeitungsblatts vor Augen geführt.

Eh klar, wer unser Role Model für den eigenen Lebensabend ist. Nicht die arme Frau mit dem Kopf im Klo. Kann man sich nicht aussuchen, wissen wir. Aber weil wir dieses Wissen schlecht ertragen, ertappen wir uns bei der Überlegung, dass Freude am Leben vielleicht ja doch hinlänglich vor Stürzen und Hilflosigkeit und Krankheit schützt. Hat sich möglicherweise zu wenig am Leben erfreut, die 80-Jährige aus Vöcklabruck. Nicht positiv gedacht. Die Frisur vernachlässigt.

Nein, das ist nicht gehässig gemeint. Frau Sayn-Wittgensteins gute Verfassung ist ein Geschenk, für das sie sich nicht rechtfertigen muss. Allerdings ist ihre Jugendlichkeit auch kein Verdienst. Freude am Leben hin oder her, wenn der Stoffwechsel oder die Muskeln oder das Hirn w. o. geben, richtet auch entschlossene Lebenslust nichts gegen einen Absturz aus. Das Geschenk eines guten Zustands im hohen Alter kommt von der Natur, aber nicht nur. Und es kommt möglicherweise von einem vernünftigen Umgang mit dem eigenen Körper, aber nicht immer, nicht zwangsläufig und keineswegs ausschließlich.

Die Chancen auf ein langes Leben in guter Verfassung sind größer, wenn man wohlhabend und angesehen ist, wenn man aufgehoben ist in einem tragfähigen sozialen Netz, wenn man sich Hilfe und Entlastung zukaufen kann. Natürlich gibt's auch tattrige Reiche und muntere Lebenskünstler ohne Geld, aber grundsätzlich schaffen bessere Rahmenbedingungen jüngere, gesündere, fittere Alte. Arme sind kränker. Arme sterben früher. Das ist bekannt und statistisch belegt. Trotzdem wird die bessere körperliche Verfassung der Privilegierten in der Regel nicht ihren angenehmeren Lebensumständen zugeschrieben, sondern ihrer bewunderungswürdigen Disziplin/Lebensfreude/Umtriebigkeit/geistigen Beweglichkeit. Ihre gute Verfassung gilt als Lohn für ihre Agilität, statt dass man ihre Agilität als Folge ihrer guten Verfassung sieht.

Das hat was mit dem zeitgeistigen Wunsch nach allumfassender Machbarkeit zu tun. Erfolg ist machbar. Gesundheit ist machbar. Glück ist machbar. Daran wollen wir glauben. Und dass wir spätestens im Alter zu den Gesunden und Schönen gehören werden, jawohl. An sich keine blöde Schutzhaltung. Wozu sich vor drohenden Eventualitäten fürchten, die eh nicht wirklich absehbar sind?

Als politisches Konzept allerdings fragwürdig. Dass manche alte Menschen Pflegefälle werden, ist, flotte 92-Jährige hin oder her, unvermeidbar. Dass sie nur betreut werden, wenn die öffentliche Hand dafür auf ihr Erspartes und auf das Einkommen ihrer Kinder zugreifen kann (gerade hat die Steiermark den Pflege-Regress wieder eingeführt), heißt Privatisierung des Invaliditätsrisikos im Alter. Das kann man in Ordnung finden, wenn man davon ausgeht, dass jeder für sein Glück oder Unglück ganz allein verantwortlich ist. Allerdings widerspricht es dem Solidargedanken, der – zumindest in weiten Teilen Europas – dazu geführt hat, dass staatliche Krankenversicherungen die Menschen vor wirtschaftlicher Not als Krankheitsfolge einigermaßen bewahren.

Was für Krankheiten gilt, gilt jedoch nicht für Bresthaftigkeit als Alterungsfolge. Warum nicht? Nein, niemand wird bei uns gänzlich im Stich gelassen. Aber warum werden diejenigen quasi bestraft, die sich ein bisschen was erspart statt alles ausgegeben haben? Und wieso müssen Kinder büßen, wenn ihre Altvorderen im Rollstuhl sitzen, statt von Event zu Event zu hüpfen? Wär höchste Zeit, dass das Thema Pflegeversicherung ernsthaft angegangen wird. […]

Quelle: profil, 11.08.2011

Mögliche Ausführung

Sehr geehrte Redaktion,

mit großem Interesse habe ich die Kolumne „Fröhliches Alter" vom 11.08.2011, verfasst von Elfriede Hammerl, gelesen. Darin nimmt die Autorin das überstrapazierte „positive Denken" aufs Korn. Dieser Kritik möchte ich mich anschließen.

Durch eine gelungene Gegenüberstellung zweier Zeitungsausschnitte – der eine widmet sich der agilen 92-jährigen Fürstin Marianne zu Sayn-Wittgenstein-Sayn, der andere einer im Klo verunglückten alten Frau – kritisiert die Autorin auf pointierte Weise die Einstellung vieler Menschen, die glauben, durch „positives Denken" sei alles machbar. Wer positiv genug sei, könne sich Erfolg ebenso erwarten wie Glück und Gesundheit. Nach Hammerls Meinung kommt eine gute körperliche Verfassung im Alter hauptsächlich von der Natur und davon, in welchem finanziellen Umfeld man altert.

Auch ich bin der Meinung, dass für Gesundheit – besonders mit zunehmendem Alter – in gleicher Weise persönliches Zutun wie Glück, Schicksal, göttliche Fügung (wie immer man es nennen möchte) verantwortlich sind. Denn wäre das nicht so, ließe das wohl nur den Schluss zu, dass beispielsweise kranke Menschen sich einfach zu wenig anstrengen, zu negativ denken würden, gleichsam selbst schuld an ihrem Elend seien. Niemand sollte sich in Krankheit oder im Alter schuldig fühlen müssen dafür, dass er vielleicht nicht mehr so agil und fit ist wie früher, nicht mehr so viel leisten kann.

Da eben nicht alles machbar ist, auch nicht bei noch so angestrengtem positivem Denken, sollte man sich dessen bewusst sein, dass die Zahl der Pflegefälle in naher Zukunft stetig zunehmen wird und dass daher etwas unternommen werden muss, um den Pflegebetrieb finanziell aufrechterhalten zu können. Auch in diesem Fall teile ich die Ansicht Elfriede Hammerls, dass man alte Menschen nicht bestrafen darf, die sich „ein bisschen was erspart statt alles ausgegeben haben"; und ebenso wenig sollte man sich das Geld aus dem Einkommen der Kinder holen dürfen.

Es wäre also an der Zeit, das Thema Pflege und Pflegeversicherung ernsthaft zu diskutieren und sich nicht auf das „positive Denken" zu verlassen; das müsste doch, im Gegensatz zu Erfolg, Glück und Gesundheit, durchaus „machbar" sein.

Mit besten Grüßen

7.2 Zusammenfassung

Zusammenfassung nennt man die Wiedergabe des Wesentlichen eines oder mehrerer nicht-fiktionalen/r Texte/s mit eigenen Worten.

Es geht bei dieser Textsorte darum, den Leser kurz und knapp über den Inhalt eines journalistischen Textes (Bericht, Reportage, Kommentar, Interview …) zu informieren.

7.2.1 Aufbau

Einleitung

Die Einleitung bringt folgende Informationen:

- Titel des Textes
- Textsorte
- Quelle bzw. Medium
- Datum
- Autor bzw. Autorin (falls bekannt)
- Thema des Textes in ein, zwei Sätzen

Hauptteil

Im Hauptteil bearbeitet man die Aufgaben, die gestellt werden, wobei auf folgende Kriterien zu achten ist:

- logische, nachvollziehbare und inhaltsgetreue Textgestaltung
- Nur das Wichtigste wird wiedergegeben, Nebensächlichkeiten und Details bleiben unerwähnt.
- kein Kommentar zur Textvorlage
- keine Interpretation der Textaussagen
- keine inhaltlichen Zusatzinformationen

Ein Schluss ist bei dieser Textsorte nicht nötig.

Sprachliche Kriterien

- Präsens (bei Vorzeitigkeit Perfekt)
- leicht verständliche Sätze
- sachliche Sprache ohne Ausschmückungen
- keine direkte Rede. Einzelne direkte Zitate (besondere Formulierungen oder Definitionen) sind im Ausnahmefall möglich, wenn sie für den zusammengefassten Inhalt von besonderer Bedeutung sind.
- Wiedergabe von Meinungen und Thesen im Konjunktiv
- Wiedergabe von Fakten im Indikativ
- keine Ich-Form
- eigenständige sprachliche Formulierungen, allerdings, wo notwendig, sprachliche Nähe (z. B. Übernahme von Fachausdrücken in Anführungszeichen)

Umfang

270-330 Wörter

Achtung

Achtung: Bei dieser Textsorte ist es besonders wichtig, die maximale Wortanzahl **nicht** zu überschreiten.

Situativer Kontext

erforderlich

7.2.2 Beispiel

Aufgabe

<u>Situation:</u> In Ihrer BRP-Vorbereitungsgruppe wird gerade über den Gesundheitswahn diskutiert. Ihnen ist der Artikel „Der Gesundheitswahn ist die neue Religion" aufgefallen und Sie fassen ihn für Ihre Kolleginnen und Kollegen zusammen.

Lesen Sie das Interview „Der Gesundheitswahn ist die neue Religion" aus der Online-Ausgabe der „Welt" vom 18. Dezember 2011.

Verfassen Sie nun eine Zusammenfassung und bearbeiten Sie die folgenden Arbeitsaufträge:

- Beschreiben Sie, was Lütz unter Gesundheitsreligion versteht.
- Geben Sie seine Definition von Gesundheit wieder.
- Fassen Sie Lütz´ Überlegungen zu psychischen Krankheiten und der Rolle, welche die Gesundheitsindustrie dabei spielt, zusammen.

Schreiben Sie zwischen 270 und 330 Wörter. Markieren Sie Absätze mittels Leerzeilen.

Textbeilage

Der Gesundheitswahn ist die neue Religion

Viele Menschen verpassen ihr Leben, weil sie nur noch damit beschäftigt sind, gesund zu bleiben. Das zumindest behauptet ein Kölner Psychologe und Theologe.

Das Streben nach Gesundheit sei eine Ersatzreligion, mit der Menschen ihr religiöses Vakuum zu füllen suchen. Es gebe Menschen, die nur noch vorbeugend leben und nicht begreifen, dass Gesundheit nur eine Rahmenbedingung für das Leben ist, aber eben nicht das Leben selbst. Im Interview vertritt Manfred Lütz seine provokanten Thesen zur „Gesundheitsreligion" und deren Auswirkungen im Alltag.

Welt Online: Fördert Weihnachten die Gesundheit?

Manfred Lütz: Weihnachten ist ein christliches Fest, auch wenn das viele Menschen nicht mehr wissen. Es ist das Fest der Menschwerdung Gottes. Da geht es um unsere Erlösung und nicht um Gesundheit. Doch für viele ist heute Gesundheit das höchste Gut, und es gibt weichgespülte Christen, die meinen, man könne Gott näher kommen, indem man jedem Trend hinterherrennt. Die herrschende Gesundheitsreligion feiert ihre Hochämter bei Städtemarathons, die Fitnessstudios sind ihre Wallfahrtskapellen und Diätbewegungen ihre Bußübungen. [...]

Welt Online: Sie haben von der Gesundheitsreligion gesprochen. Was genau verstehen Sie darunter?

Lütz: Die Menschen sind heutzutage sehr empfänglich für Ersatzreligionen, weil es ein religiöses Vakuum gibt. Die innere Leere versuchen sie dann mit Kunstprodukten zu füllen – zum Beispiel mit Buddhismus aus der Dose oder eben der Gesundheitsreligion. Wenn es keinen lieben Gott gibt und mit dem Tod alles aus ist, dann wird es hektisch im Leben. Mit allen Mitteln versucht man den Tod zu bekämpfen, denn der Tod ist der Todfeind der Gesundheitsreligion. Man versucht quasi das ewige Leben im Diesseits zu produzieren, was natürlich ein völlig aussichtsloses Projekt ist. Es ist höchst anstrengend, sehr kostspielig, sehr asketisch, und am Ende stirbt man leider doch. Freilich, auch wer gesund stirbt, ist definitiv tot. Wenn ein Wissenschaftler am 1. April in der Zeitung schreiben würde, dass man statistisch drei Monate länger lebt, wenn man täglich eine halbe Stunde um eine Eiche rennt, dann werden Sie bald keine Eiche mehr finden, um die nicht irgendein Idiot im Kreis läuft. Ich habe ein Buch geschrieben mit dem Titel „Irre! Wir behandeln die Falschen. Unser Problem sind die Normalen". Das bestätigt sich tagtäglich.

Welt Online: Und wenn man sein ganzes Leben im Fitness-Studio verbringt …

Lütz: … dann versäumt man viele lebenswerte Dinge. Man kann das mit einem Auto vergleichen, das ständig in der Reparaturwerkstatt steht. Dann kann man zwar nach 15 Jahren sagen, mein Auto ist immer noch wie neu, doch man ist eben auch nicht viel herumgekommen. Es gibt Menschen, die leben nur noch vorbeugend. Sie begreifen nicht, dass Gesundheit nur eine Rahmenbedingung für das Leben ist, aber nicht das Leben selbst. Um den Tod zu vermeiden, nehmen sie sich das Leben. Und sterben dann doch.

Welt Online: Wann ist ein Mensch gesund?

Lütz: Die WHO hat einmal definiert, Gesundheit sei völliges körperliches, seelisches und soziales Wohlbefinden. Nach dieser inzwischen revidierten Definition ist tatsächlich niemand gesund. Ich halte es da lieber mit Nietzsche. Der hat einmal gesagt: Gesundheit ist dasjenige Maß an Krankheit, das es mir noch erlaubt, meinen wesentlichen Beschäftigungen nachzugehen. Heute herrscht jedoch ein geradezu utopischer Gesundheitsbegriff, der von dauerndem Wohlbefinden ausgeht. Die viel diskutierte Burn-out-Welle hängt damit zusammen, dass viele denken, man muss stets ausgeglichen und bestens gelaunt sein, immer gut schlafen und hochbelastbar sein. Und weil niemand offen über diese Dinge redet, denkt jeder für sich, er sei der Einzige, bei dem das nicht richtig funktioniere. Doch jeder Mensch hat irgendwelche Macken und Defizite, aber krank ist man deshalb noch lange nicht. Im Zweifel ist der Mensch gesund – auch wenn er vielleicht merkwürdig ist, wie Sie und ich. Das permanente Beobachten jedes Wehwehchens fördert nicht gerade die Lust am Leben. Wer sich immer nur um die Rahmenbedingungen des Lebens kümmert, der verpasst das Leben.

Welt Online: Es wird seit Jahren berichtet, dass die Zahl der psychisch Kranken zunimmt. Stimmt das?

Lütz: Die schweren psychischen Krankheiten wie Schizophrenie und schwere Depressionen haben nicht zugenommen. Bei den Suchtkrankheiten und Persönlichkeitsstörungen gibt es vielleicht etwas mehr Fälle als früher. Neuerdings aber gelten Leute als krank, die gar nicht krank sind. Man sollte eben nicht aus jeder Befindlichkeitsstörung eine Krankheit machen. Doch es gibt wirtschaftliche Interessen, neue Krankheiten auf den Markt zu bringen. Die Sakralisierung des Gesundheitsbegriffs einerseits und die utopische Unerreichbarkeit andererseits bilden eine höchst lukrative Gemengelage. Ein Ziel, das zwar das höchste ist, aber niemals erreicht werden kann, ist der neue Goldesel, sozusagen eine Gelddruckmaschine für die boomende Gesundheitsindustrie. Die Kostensteigerung im Gesundheitswesen hat meiner Meinung nach also letztlich religiöse Gründe. Die absurde pseudoreligiöse Aufladung des Gesundheitsbegriffs führt aber die Gesundheitspolitik in die Sackgasse, denn Politik ist die Kunst des Abwägens. Ein höchstes Gut können Sie aber gar nicht abwägen, dafür müssen Sie immer alles tun oder es wenigstens behaupten. Wer da als Politiker ernsthaft für irgendwelche Einschränkungen eintreten würde, wäre nicht mehr wählbar.

Welt Online: Und an dieser Situation würden Sie gerne etwas ändern?

Lütz: Ja, ich habe das Buch „Lebenslust" geschrieben, um eine Debatte anzustoßen. Gerade bei Ärzten treffe ich auf viel Nachdenklichkeit. Wer als Arzt noch alle Tassen im Schrank hat, der wird sich nicht zum Guru der Gesundheitsreligion machen lassen, denn er weiß, dass bei den quasireligiösen Heilswünschen der Menschen an die Hohenpriester der Gesundheitsreligion gilt: Bei Nichterfüllung wird der Arzt verklagt.

Welt Online: Haben Sie weitere Beispiele für die Auswirkungen dieses Denkens?

Lütz: Im Moment werden immer neue Süchte erfunden. Neulich habe ich gelesen, dass neun Prozent der Deutschen kaufsüchtig seien. Das führt doch zur völligen Auflösung des Suchtbegriffs. Der Psychiater Klaus Dörner aus Gütersloh hat einmal vorgeblich seriöse Zahlen über psychische Störungen in Deutschland ausgewertet und ausgerechnet, dass danach 210 Prozent der Deutschen psychotherapiebedürftig krank sein müssten. Dann müsste man neben jeden Deutschen einen Therapeuten stellen, und nach einem Jahr können Sie dann die Rollen wechseln, wenn das dann noch geht.

Welt Online: Viele wünschen sich gegenseitig für das neue Jahr vor allem Gesundheit.

Lütz: Ich nicht!

Welt Online: Das habe ich erwartet, doch was wünschen Sie?

Lütz: Ich wünsche den Menschen ein gesegnetes Weihnachtsfest und ein gutes neues Jahr. Wenn man aller Welt ein „gesundes Neues Jahr" wünscht, dann ist das für chronisch Kranke eine Frechheit. Das Gleiche gilt für den Ausruf: „Hauptsache gesund!" Eine Leserin meines Buches „Lebenslust", die von Geburt an herzkrank ist, hat sich bei mir bedankt. Wenn der gedankenlose Spruch „Hauptsache gesund" stimmen würde, dann hätte sie in ihrem Leben ja nie die Hauptsache erleben können. Doch sie freue sich ihres Lebens. Weihnachten ist eine sehr gute Gelegenheit dafür, sich zu überlegen, was wirklich wichtig ist im Leben. Mancher Krebspatient lebt intensiver und sinnvoller als jemand, der mit normalen Laborwerten durch sein Leben hechtet und am Ende gar nicht weiß, was er eigentlich gemacht hat.

Das Gespräch führte Norbert Lossau

Quelle: https://www.welt.de/gesundheit/psychologie/article13770583/Der-Gesundheitswahn-ist-die-neue-Religion.html

Mögliche Ausführung

In der Online-Ausgabe der „Welt" ist am 18. Dezember 2011 das Interview „Der Gesundheitswahn ist die neue Religion" erschienen, in dem Norbert Lossau den Psychologen und Theologen Manfred Lütz zum Gesundheitswahn und Fitnesskult unserer Gesellschaft befragt.

Für Lütz ist das Streben nach Gesundheit zu einer Ersatzreligion geworden. Die Menschen würden kaum noch an einen Gott glauben und müssten daher diese entstandene Leere füllen: unter anderem mit der Gesundheitsreligion. Da mit dem Glauben auch die Vorstellung von einem ewigen Leben im Jenseits wegfalle, versuche man, den Tod mit allen Mitteln hinauszuschieben. An die Stelle früherer Hochämter, Wallfahrtskapellen oder Bußübungen seien in der neuen „Religion" Marathons, Fitnessstudios und Diätbewegungen getreten.

Gemäß der – eigentlich längst revidierten – Difinition der WHO, dass Gesundheit das völlige körperliche, seelische und soziale Wohlbefinden sei, herrsche auch heute noch ein weit überzogener Gesundheitsbegriff, der dauerndes Wohlbefinden impliziert. Dagegen spricht sich Lütz aus. Jeder Mensch habe, zumindest ab und an, irgendwelche Defizite, sei unausgeglichen, wenig belastbar, ohne deshalb wirklich krank zu sein. Für Lütz ist der Mensch im Zweifel gesund. Dieses dauernde Selbstbeobachten und Durchsuchen auf Störungen sei nämlich der Lebenslust abträglich. Wer sich ständig nur darum kümmere, Krankheiten vorzubeugen und ein gesundes Leben zu führen, verpasse dieses.

Auf die Frage, ob die Zahl der psychisch Kranken zunehme, wie häufig berichtet wird, erklärt Lütz, dass schwere Erkrankungen wie Schizophrenie oder Depressionen nicht zugenommen hätten. Bei Suchtkrankheiten und Persönlichkeitsstörungen könne man zwar einen Anstieg verzeichnen, allerdings schränkt Lütz hier sofort ein: Nicht jede Störung des Wohlbefindens sei eine Krankheit. Seiner Meinung nach werden immer neue Süchte erfunden, was den Suchtbegriff letztlich ad absurdum führe. Laut Lütz besteht ein wirtschaftliches Interesse, neue Krankheiten auf den Markt zu bringen. Diese Mischung aus religiös überhöhter Gesundheit und gleichzeitiger Unerreichbarkeit dieser bilde die Grundlage für ein florierendes Geschäft: die Gesundheitsindustrie. Sein Anliegen sei es, an dieser Situation etwas zu ändern und auch die Ärzte zum Nachdenken zu bringen.

7.3 Kommentar

Unter einem Kommentar versteht man eine subjektive Stellungnahme zu aktuellen Ereignissen aus Politik, Wirtschaft, Kultur oder Gesellschaft, die allgemein bekannt sind und über die in den Medien berichtet wurde. Er macht Zusammenhänge klar, führt Argumente und Gegenargumente an und wirft Fragen auf.

In der Zeitung werden Kommentare fast immer an festen, gleichbleibenden Stellen gedruckt und sind, um sie von den informierenden Texten unterscheiden zu können, durch bestimmte Hinweise (Überschrift „Meinung" oder „Kommentar", bestimmte Gestaltungsmerkmale) gekennzeichnet.

Als Inputtexte werden vorzugsweise journalistische Texte wie Bericht, Reportage, Interview verwendet.

7.3.1 Aufbau

Verfassen eines prägnanten Titels

Name des Verfassers/der Verfasserin (des Kandidaten/der Kandidatin)

Einleitung

Die Einleitung stellt das Problem dar.

Hauptteil

Im Hauptteil bearbeitet man die Aufgabenstellungen. Wichtig sind:

- Bezug zum Input-Text
- deutliches Eingehen auf das Problem
- Hintergründe nennen, Tatsachen bewerten, Gegenargumente einräumen und mit eigenen Argumenten widerlegen
- klares Herausarbeiten der eigenen Meinung

Schluss

noch einmal deutliche Darlegung der eigenen Meinung

Sprachliche Kriterien

- weitgehend Präsens (bei Vorzeitigkeit Perfekt)
- sachlich (keine Ich- oder Wir-Form, stattdessen „man", „es" oder Passiv verwenden)
- meinungsbetont
- Zitate, Redewendungen, Sprichwörter (häufig abgewandelt)
- Einsatz von rhetorischen Figuren
- kann auch pointiert und ironisch sein (je nach Aufgabenstellung)

Umfang

270-330, 405-495 oder 540-660 Wörter

Situativer Kontext

erforderlich

7.3.2 Beispiel

Aufgabe

<u>Situation:</u> Sie werden gebeten, für eine Zeitung einen Kommentar zu einem eventuellen Burkaverbot zu schreiben.

Lesen Sie den Text „Burkaverbot in Österreich: Einführung unwahrscheinlich", herausgegeben in der Online-Ausgabe der „Salzburger Nachrichten" am 3.7.2014.

Verfassen Sie nun einen Kommentar und bearbeiten Sie die folgenden Arbeitsaufträge:

- Geben Sie kurz den Inhalt des Textes wieder.
- Begründen Sie Ihre Meinung zu diesem Thema.
- Verfassen Sie einen Appell, das Problem in Ihrem Sinn zu lösen.

Schreiben Sie zwischen 270 und 330 Wörter. Markieren Sie Absätze mittels Leerzeilen.

Textbeilage

Burkaverbot in Österreich: Einführung unwahrscheinlich

Frankreich darf die Burka verbieten, entschied das Menschenrechts-Gericht. Das Urteil lässt auch anderen Ländern Spielraum: Die FPÖ will ein Verbot für Österreich. Der Zuspruch hält sich in Grenzen.

Nachdem der Europäische Gerichtshof für Menschenrechte (EGMR) das französische Gesetz gegen eine Vollverschleierung in der Öffentlichkeit für zulässig erklärt hat, fordert nun die FPÖ ein Burkaverbot in Österreich. Auf Basis des EGMR-Urteils wird in der kommenden Woche ein entsprechender Antrag im Nationalrat eingebracht.

Begründet wird dies von Frauensprecherin Carmen Gartelgruber damit, dass in „weiten, konservativen Kreisen der islamischen Zuwanderungsgesellschaft" die Meinung vorherrsche, Frauen seien Menschen zweiter Klasse. Eines der vielen Instrumente der Unterdrückung von Frauen sei dabei die Burka. Es bestehe auch kein religiöser Zwang im Islam, eine vollständige Verschleierung vorzunehmen, weshalb ein Verbot keinen Bruch mit der Religionsfreiheit in Österreich darstelle, meinen die Freiheitlichen.

Heinisch-Hosek: Kein Handlungsbedarf

Frauenministerin Gabriele Heinisch-Hosek (SPÖ) sieht derzeit keinen Handlungsbedarf, die Burka in Österreich zu verbieten. Es sei hierzulande kein Anlassfall bekannt, daher stelle sich die Debatte um ein Verbot nicht, hieß es am Mittwoch aus ihrem Büro zur APA. Grundsätzlich sei die Burka jedoch ein „Symbol für Unterdrückung". Das Kleidungsstück schränke Frauen im gesellschaftlichen Leben stark ein und schließe sie vom Arbeitsleben aus. Anstelle der Verbotsdebatte brauche es viel mehr eine Diskussion darüber, wie man Frauen mit Migrationshintergrund zu einem selbstbestimmten Leben verhelfen kann. Hier brauche es Beratung und Unterstützung, erklärte Heinisch-Hoseks Sprecherin.

Quelle: http://www.salzburg.com/nachrichten/oesterreich/politik/sn/artikel/burkaverbot-in-oesterreich-einfuehrung-unwahrscheinlich-112394/

Mögliche Ausführung

Ja zum Burka-Bann

Von …

Immer heftiger wird diskutiert, ob das Tragen von Burkas auch in Österreich verboten werden soll, zumal es prominente Beispiele für Verfechter dieser Forderung gibt: In Frankreich, Belgien und in einem Teil der Schweiz ist die Vollverschleierung in der Öffentlichkeit bereits verboten.

Wie der Bericht „Burkaverbot in Österreich: Einführung unwahrscheinlich" in den „Salzburger Nachrichten" klarstellt, sieht es bei uns nicht nach einem Verbot aus. Zwar fordere dies die FPÖ, nachdem auch der Europäische Gerichtshof für Menschenrechte das französische Gesetz eines Verbotes der Burka in der Öffentlichkeit für zulässig erklärt hat, Frauenministerin Gabriele Heinisch-Hosek von der SPÖ sehe jedoch derzeit keinen Handlungsbedarf und keinen Anlassfall.

Auf welchen Anlassfall wartet die Ministerin? Auf einen mit einer Burka getarnten Bankräuber oder Attentäter? Vielleicht wäre es besser, nicht auf diese Anlassfälle zu „warten", sondern sie schon im Vorhinein zu verhindern.

Unsere Gesellschaft beruht auf der Gleichberechtigung von Mann und Frau. Und die Burka stellt einen Angriff auf das Selbstbestimmungsrecht der Frau dar, auf ihr verankertes Recht auf Teilnahme am gesellschaftlichen Leben. Die Vollverschleierung ist das genaue Gegenteil. Welche Burka-Trägerin könnte problemlos einen Beruf ihrer Wahl ergreifen oder beispielsweise Auto fahren?

Auch die Argumentation, die Burka sei ein religiöses Kleidungsstück, kann nicht überzeugen. Nirgendwo im Koran steht, dass gläubige Musliminnen Burka oder Niqab (Sehschlitz statt Gitter) tragen müssen.

Viele Verbots-Gegner erwidern, dass ein Untersagen des Burkatragens nur dazu führe, dass Frauen daheimbleiben müssen. Das ist ein Argument, das gleichzeitig ein Eingeständnis der Niederlage im Kampf für die Gleichberechtigung der Frau ist, getarnt als Toleranz. Aber gegenüber Intoleranz sollte es keine Duldsamkeit geben.

Die Gleichberechtigung aller Menschen und die Menschenrechte bzw. die Menschenwürde sollten Vorrang haben. Es sind dies Werte, die sich der Westen hart errungen hat, die er nicht aufgrund von falsch verstandener Toleranz preisgeben sollte. Wenn wir Musliminnen in Österreich wirklich respektieren und integrieren wollen, muss deren Schutz vor dem Burka-Terror der erste Schritt sein.

7.4 Meinungsrede

Eine Redevorlage ist die schriftliche Fassung eines mündlichen Vortrags vor Publikum zu dem Zweck, eine Verhaltensänderung bei Adressaten/Adressatinnen zu bewirken. Man will sein Publikum von der eigenen Position zu einem aktuellen Thema oder einem Problem überzeugen.

7.4.1 Aufbau

Anrede

Einleitung

- Wer eine gelungene Rede schreiben möchte, braucht einen guten Anfang, denn das Publikum entscheidet sofort, ob es dem Redner/der Rednerin zuhören möchte oder nicht. Heutzutage ist es nicht mehr üblich, die Zuhörer und Zuhörerinnen sofort zu begrüßen, sondern erst nach dem Einstieg. Diesen kann man, um ihn möglichst interessant zu gestalten, mit einer rhetorischen Frage beginnen, einem Zitat, einer Provokation, einem aktuellen Anlass, einer überraschenden Mitteilung …
- danach Begrüßung des Publikums und
- Hinführung zum Thema, indem man erklärt, worum es geht

Hauptteil

Die in Form von Operatoren gestellten Aufgaben müssen erfüllt werden. Wichtig ist:

- Bezugnahme auf den Beilagentext
- argumentative Darstellung der eigenen Meinung
- immer wieder Herstellen eines Publikumsbezugs (dabei Gendern nicht vergessen!)

Schluss

- Zusammenfassung der Hauptpunkte
- Aufforderung zum Handeln
- Ausblick in die Zukunft

Sprachliche Kriterien

- prägnante Formulierungen finden
- rhetorische Figuren einbauen (z. B. rhetorische Frage, Metapher, Ellipse, Alliteration, Wiederholung)
- zielgruppenadäquat formulieren

Umfang

405-495 oder 540-660 Wörter

Situativer Kontext

erforderlich

7.4.2 Beispiel

Aufgabe

<u>Situation:</u> Als bekannte/-r Verfechter/-in der Gleichberechtigung werden Sie gebeten, im Rahmen einer Diskussionsrunde zum Thema „Frauen in den Chefetagen" die Eröffnungsrede in Ihrer Firma zu halten.

Lesen Sie den Zeitungsartikel „Gläserne Betondecke" von Tina Goebel aus dem „profil" vom 3. Oktober 2011.

Verfassen Sie nun eine Meinungsrede und bearbeiten Sie die folgenden Arbeitsaufträge:

- Geben Sie die wichtigsten Aspekte des Beilagentextes wieder.
- Erläutern Sie Lösungsmöglichkeiten, die gläserne Decke zu durchbrechen.
- Beenden Sie Ihre Rede mit einem Appell.

Schreiben Sie zwischen 405 und 495 Wörter. Markieren Sie Absätze mittels Leerzeilen.

Textbeilage

Gläserne Betondecke

Frauen sollten bald die Chefetagen dominieren. Wirklich?

Frauen sind an den Unis längst in der Überzahl, sie studieren auch schneller und bekommen bessere Noten. Damit sollten sie bald automatisch die Chefetagen beherrschen. Theoretisch.

Von Tina Goebel

Frauenministerin Gabriele Heinisch-Hosek findet es in Ordnung, eine Quotenfrau zu sein. Nur so konnte sie selbst in ihrer Partei, der SPÖ, Karriere machen. „Quoten sind kein elegantes, aber das wirkungsvollste Instrument", ist Heinisch-Hosek überzeugt. „Es gibt keine Alternative dazu. Ich selbst bin Quotenfrau und stolz darauf. Außerdem: Wenn 96 von 100 Vorstandsmitgliedern Männer sind, kann mir niemand erzählen, dass dies nur an ihrer Qualifikation liegt."

Über den Sinn von Frauenquoten in den Führungsetagen in Politik, Wissenschaft und Konzernen wird seit Jahrzehnten debattiert, sie sind die offensichtlichste und für viele oft bedrohlich anmutende Speerspitze im Kampf gegen die Benachteiligung von Frauen im Berufsleben. Und auch wenn Frauenquoten in Österreich im öffentlichen Dienst 1993 gesetzlich wirksam wurden, so scheint ihr Erfolg doch auszubleiben. Denn nach wie vor bekommen Frauen die schlechteren und mieser bezahlten Jobs und schaffen es trotz bester Qualifikation nur schwer über das mittlere Management hinaus.

Diese Tatsachen muten angesichts sämtlicher Daten aus dem Bildungsbereich, in dem Frauen auf sämtlichen Ebenen führen, kurios an. Während in den sechziger Jahren nur ein Drittel der Maturanten weiblich war, erwarben in den vergangenen Jahren deutlich mehr Frauen als Männer die Reifeprüfung, im Abschlussjahrgang 2009 waren es 58 Prozent. Noch eklatanter fällt die Entwicklung im Hochschulbereich auf. Zu Beginn der siebziger Jahre studierten nur 5,6 Prozent der Frauen im Alter zwischen 18 und 21 Jahren, während die Gruppe der Männer mehr als doppelt so groß war. Anfang der Neunziger überholten die Studentinnen in Anzahl bereits ihre männlichen Kollegen und hängten sie bis heute deutlich ab: 2009 studierten in der gleichen Altersgruppe 44,7 Prozent der Frauen, während der Männeranteil nur 36 Prozent betrug. Und die

Prognosen deuten darauf hin, dass sich dieser Trend fortsetzen wird.

Doch das, so glauben Experten, bedeutet keineswegs, dass Frauen eines Tages geradezu zwangsläufig die Chefetagen entern werden.

Frauen studieren zwar auch schneller und bekommen bessere Noten. Dass dies jedoch gar nicht hilfreich, sondern eher problematisch ist und einen Grund für die späteren Probleme und Hürden im Beruf darstellt, bewies eine Studie des Salzburger Erziehungswissenschafters Ferdinand Eder. Er verglich die Noten von Buben und Mädchen mittels eines genormten Tests und stellte fest, dass Letztere deutlich besser benotet werden, als sie es verdient hätten. Der Direktor des Bildungsforschungsinstituts (Bifie), Josef Lucyshyn, hat eine Erklärung für dieses Ergebnis: „Mädchen werden nicht für ihre tatsächliche Leistung benotet, sondern für ihr Verhalten. Sie sind eben meist braver, stiller und angepasster als Buben." Ausgerechnet diese Eigenschaften können im Berufsleben ein Hindernis darstellen.

Dass Frauen schneller studieren als Männer, muss auch nicht unbedingt positiv sein. Der Soziologe Martin Unger vom Institut für Höhere Studien weiß aufgrund der Daten, dass die durchschnittlich längere Studiendauer der Männer an der „zeitintensiveren Erwerbstätigkeit vieler Männer neben dem Studium" liegt. Laut Unger schaffen Männer es bereits während des Studiums, bessere Jobs zu ergattern als ihre Kommilitoninnen.

Laut Wirtschaftscoach Christine Bauer-Jelinek, Autorin des Buchs „Die helle und die dunkle Seite der Macht", setzen Frauen überdies sogar zu sehr auf Wissen: „Sie glauben, dass Qualifikation alleine ausreicht und andere ihre Qualitäten von selbst erkennen." Doch in Wirklichkeit müssten Frauen besser über die Instrumentarien der Männer-Machtnetzwerke Bescheid wissen. „Ich habe nicht selten Klientinnen erlebt, die bestens vorbereitet in eine Sitzung kamen und von herumalbernden Männern vollends aus dem Konzept gebracht wurden. Dabei handelt es sich oft um reine Statuskämpfe, es ist wichtig, dass Frauen so etwas verstehen", so Bauer-Jelinek. Wissen sei eben nur eine Karte im komplexen Spiel des Erfolgs.

Außerdem würden Frauen zu viel in die falsche Fort- und Weiterbildung setzen, findet Bauer-Jelinek: „Sie machen zu viel vom selben. Ich würde Geisteswissenschafterinnen raten, sich beispielsweise noch in Betriebswirtschaft zu bilden anstatt etwa in Kommunikation."

Dass sich Frauen aber auch heute noch oft zwischen Karriere und Kindern entscheiden müssen, streitet selbst Frauenministerin Heinisch-Hosek nicht ab: „Ich habe einmal von einem Personalisten gehört: Babykarenz ist ein Karriereknick, Teilzeit der Karrierekiller. Gerade deshalb ist es so wichtig, Frauen durch mehr Kinderbetreuungsangebote zu ermöglichen, verstärkt Vollzeit zu arbeiten." Doch von Betreuungsquoten wie in Skandinavien ist Österreich trotz all der Maßnahmen wie etwa Gratiskindergartenjahr für Fünfjährige weit entfernt. In der Steiermark wurde dieses Angebot sogar nach kurzer Zeit wieder abgeschafft. Als Begründung wurden die hohen Kosten genannt, dabei hat leider niemand errechnet, um wie viel der Staat mehr Steuern einnehmen würde, wenn mehr Mütter Vollzeit arbeiten gehen könnten.

Quelle: profil, 3.10.2011

Mögliche Ausführung

Sehr geehrte Damen und Herren,
liebe Kolleginnen und Kollegen,

wie viele Bankdirektorinnen kennen Sie? Wie viele weibliche Vorstandsmitglieder großer Unternehmen? Wie viele Primarärztinnen? Anlässlich der heute stattfindenden Diskussion zum Thema „Frauen in den Chefetagen" darf ich Sie herzlich begrüßen und bitten, kurz über diese Fragen nachzudenken. Wie eine aktuelle Studie – wieder einmal aufs Neue – belegt, sind wir von Gleichberechtigung am Arbeitsmarkt und der Loslösung festgefahrener Rollenbilder noch weit entfernt.

Die aktuelle Situation, meine Damen und Herren, stellt sich leider immer noch häufig so dar, dass Frauen trotz der gesetzlich wirksamen Frauenquote im öffentlichen Dienst, trotz eines größeren Anteils an Studierenden, trotz besserer Noten und schnelleren Studiums kaum über das mittlere Management hinauskommen. Laut einer Studie des Salzburger Erziehungswissenschaftlers Ferdinand Eder setzen Frauen sogar zu sehr auf Bildung und verstehen zu wenig von Machtkämpfen und Netzwerken. Auch Weiterbildungen in immer denselben Bereichen seien einer Karriere nicht förderlich. Und zu guter Letzt seien es immer noch mangelnde Kinderbetreuungsplätze, die Frauen dazu bringen, sich für Familie anstelle von Karriere zu entscheiden.

Frauen bleiben also oft im Mittelmanagement hängen. Können wir uns damit zufriedengeben, meine Damen und Herren? Wohl kaum. Es sollte ein gesellschaftliches Umdenken stattfinden und fixe Rollenbilder müssen aufbrechen. Die Herren der Chefetage müssen die Einkehr von qualifizierten Frauen akzeptieren – wenn nicht anders möglich, dann eben mithilfe einer Quotenregelung. Und Kinder dürfen kein Hindernis mehr sein. Es muss Frauen durch mehr Kinderbetreuungsplätze und flexiblere Öffnungszeiten dieser Einrichtungen möglich gemacht werden, sich für Kinder UND Karriere zu entscheiden. Ausreden gelten auch hier nicht, denn für geeignete Modelle reicht ein Blick in die skandinavischen Länder.

Schließlich liegt es aber auch an den Frauen selbst, an der Situation etwas zu ändern. Sie müssen sich bewusst werden, dass ihr Verhalten (sie sind eher bereit auf eine Karriere zugunsten der Familie zu verzichten) einen beruflichen Aufstieg erschwert. Wer die gläserne Decke durchbrechen will, muss sich erst einmal fragen, ob die eigenen Vorstellungen über das Berufsleben genug ambitioniert sind, und gegebenenfalls die Ziele nach oben anpassen. Bescheidenheit und Zurückhaltung sind nicht unbedingt karriereförderlich. Meine Damen, Sie müssen sich dessen bewusst werden, dass es in Ordnung ist, der Männerwelt die Stirn zu bieten, in ihre Netzwerke einzudringen und notfalls auch die Ellbogen dafür einzusetzen. Denn die Gleichstellung der Geschlechter am Arbeitsplatz ist in Zeiten, in denen wir vor den Herausforderungen einer alternden Bevölkerung und einer sinkenden Geburtenrate stehen, wichtiger denn je.

Nun, meine Damen und Herren, es ist Zeit zu handeln, Zeit, sich von bestehenden Hierarchien und Strukturen zu verabschieden, Zeit, das alte Rollenbild von Mann und Frau endgültig ad acta zu legen. Als vorrangigste und wichtigste Maßnahme müssen die nötigen Rahmenbedingungen in puncto Kinderbetreuung geschaffen werden, sodass Familie und Beruf für Frauen künftig besser vereinbar sind und Frauen wie Männern am Arbeitsplatz bedingungslos dieselben Rechte und Chancen eingeräumt werden.

7.5 Textanalyse

Eine Textanalyse ist die sachliche Beschreibung eines nicht-fiktionalen Beilagentextes. Dieser wird in Bezug auf sprachliche, formale, aber auch inhaltliche Aspekte untersucht.

7.5.1 Aufbau

Einleitung

- Titel
- Name des Autors/der Autorin
- Textsorte
- Erscheinungsjahr
- Das Thema des Textes wird knapp dargestellt.

Hauptteil

Wie bei jeder Textsorte müssen grundsätzlich auch hier die Aufgabenstellungen bearbeitet werden. Meist wird verlangt:

- kurze Zusammenfassung des Beilagentextes
- Analyse der Form (s. S. 148 f.)
- Analyse der sprachlich-stilistischen Gestaltung (s. S. 156 f.)
- Analyse inhaltlicher Elemente des Textes

Schluss

Gesamtbewertung des Textes (Intention der Verfasserin/des Verfassers, Wirkung auf die Leserschaft)

Sprachliche Kriterien

- Präsens
- sachlich-distanzierte Schreibhaltung
- keine Ich-Form
- eigenständige sprachliche Formulierungen
- richtiges Zitieren

Umfang

405-495 oder 540-660 Wörter

Situativer Kontext

nicht erforderlich

7.5.2 Beispiel

Aufgabe

Lesen Sie den Kommentar „Plan Bäh" von Tamo Pavlovic, erschienen am 22. Juni 2012 in der Online-Ausgabe der „Abendzeitung München".

Verfassen Sie nun eine Textanalyse und bearbeiten Sie die folgenden Arbeitsaufträge:

- Geben Sie die zentralen Inhalte des Textes wieder.
- Analysieren Sie den formalen Aufbau und die Argumentationsstrukturen.
- Analysieren Sie die sprachliche Gestaltung des Kommentars.

Schreiben Sie zwischen 540 und 660 Wörter. Markieren Sie Absätze mittels Leerzeilen.

Textbeilage

Plan Bäh
Von Tamo Pavlovic

Wer reist, träumt. Von einem anderen, besseren Leben. Träumen ist legitim, es ist gut. Es freut die Wirtschaft, den Reiseveranstalter, die Parfümerie auf dem Flughafen, den Jägerschnitzelklopfer auf Malle. Je mehr wir träumen, desto mehr reisen wir – und umgekehrt. Und je mühseliger der Alltag, desto größer ist das Bedürfnis nach einer
5 Auszeit. In der Auszeit wird man endlich wieder sein wahres Ich finden, hoffen wir. Und dann, mit dem Blick aus der Ferne, erscheint einem zu Hause alles so absurd, so sinnlos. Dann gibt es diesen unseligen Urlaubsmoment meist kurz vor der Abreise, wenn man alles hinschmeißen und von vorn beginnen will. Nur nicht zurückkehren. Ab sofort den Traum leben. Heimat, Job, Familie ade. Wie schön muss es wohl sein,
10 fortan Olivenbauer in Ligurien zu sein? Hippie auf Goa? Surfer auf Hawaii? Baumfäller in Kanada? Oder vielleicht Schnitzelklopfer auf Malle? Man darf doch mal träumen. Träumen vom Aussteigen. Vom Plan B.

Der Aussteiger gilt in unseren Breitengraden als bewundernswerter Nonkonformist, als Held, weil er nicht sein will wie die anderen, die immer wieder zurückkehren in den
15 alten Trott. Dieses ausgesprochen positive und romantische Bild vom Alltagsflüchtling verdanken wir mitunter den größten Künstlern, vor allem den Literaten und Malern, welche seit je die Sonderlinge und Müßiggänger den Angepassten vorziehen. Ob es sich dabei um einen heimischen Extremwanderer wie in Joseph von Eichendorffs Novelle „Aus dem Leben eines Taugenichts" handelte oder um jene farbsatte Verherr-
20 lichung der exotischen Menschen und Landschaften in der Südsee von Paul Gauguin – stets war die Sehnsucht nach dem Fremden auch Kritik am Mainstream. Doch längst ist der Aussteiger in der ernsten Kunst zum wandelnden Klischee geworden. Kein seriöser Dichter oder Maler glaubt heute noch an ein Paradies im Diesseits. Was blieb, ist Kitsch. Sich in netten Urlaubslandschaften zu verirren und den Nachhauseweg zu
25 verfehlen, ist mittlerweile ein beliebtes Motiv der Massenmedien.

Viele Auswanderer kehren desillusioniert zurück

Im Fernsehen heißt das Dauerbrenner-Format „Goodbye Deutschland. Die Auswande-rer", in dem Menschen meistens beim Scheitern im Ausland gezeigt, nein: vorgeführt werden. Viele von ihnen kehren dann desillusioniert zurück, auch dafür gibt es eine
30 entsprechende Dokusoap und sogar eine aktuelle Statistik vom Bundesinstitut für Bevölkerungsforschung: Vier von fünf deutschen Auswanderern, die seit 1996 ihre

35

Heimat verlassen haben, sind inzwischen zurückgekommen. Man kann davon ausgehen, dass darunter viele waren, die eine neue berufliche Existenz eben auch in klassischen Urlaubsländern wie Spanien und Frankreich gründen wollten und statt eines Traums einen Albtraum erlitten haben. Julia Roberts schickt ihre Heldin Liz Gilbert in dem Kinofilm „Eat, Pray, Love" auf eine unterhaltsame wie vorhersehbare Ich-Suche. Eine Karrierefrau lässt ihr fast perfektes Leben hinter sich, bricht auf zu einer Reise rund um die Welt, entdeckt in Italien (wo sonst?) ihre verkümmerten Geschmacksnerven wieder, lernt in Indien das Meditieren. In Bali schließlich erfährt die Dame zu guter

40

Letzt, was wahre Liebe bedeutet. Ein Film wie gemacht für unsere sinnhungrige Zeit. Man konnte es aber auch niemandem verdenken, wenn er nach dem Film ans Auswandern dachte – in ein Land ohne Kinos. Es ist deshalb an der Zeit, den Aussteiger vom Heldenpodest zu stürzen.

45

Im Grunde ist er ein Narziss, der sich mit seinem altlinken Selbstverwirklichungsterror lächerlich macht. Statt seine Probleme zu lösen, flüchtet er. Er scheut die Verantwortung, verpackt aber seine Aktion in eine heroische Systemkritik. Er verlässt die Familie, Freunde, die ratlos hinterherwinken. Verzichten will er auf diese Beziehungen freilich nicht: Der moderne Aussteiger bloggt, twittert, hat eine Website, lässt sich für Vox oder RTL abfilmen, schickt ganze Reisetagebücher an Zeitungen, dokumentiert

50

jeden Schritt im vermeintlichen Zivilisationsabseits. „Der Held braucht Zeugen", sagt der Münchner Evolutionsbiologe Josef H. Reichholf. „Robinson konnte auf seiner Insel keine Heldentaten vollbringen. Der Held braucht Anhänger, denen seine Tat nützt." Wenn heutzutage ein verirrter Weltumsegler nach Jahren auf hoher See aus dem Meer gefischt wird, hat er keine Fans verdient. Größten Respekt verdienen daher die

55

stillen Helden des Alltags: All jene, die am letzten Urlaubstag brav die Koffer packen und tapfer zurückkehren. Die keine Angst haben vor dem Wahnsinn des Normalen. Sie träumen. Doch Träumer sind sie nicht.

Quelle:http://www.abendzeitung-muenchen.de/inhalt.auswanderer-plan-baeh.687f7425-3d47-4fa4-875d-7cd611cadc2e.html

Mögliche Ausführung

Der Kommentar „Plan Bäh" von Tamo Pavlovic ist in der Online-Ausgabe der „Abendzeitung München" am 22. Juni 2012 veröffentlicht worden und handelt von der verklärten Vorstellung des typischen Auswanderers.

Pavlovic nimmt in seinem Kommentar die Aussteiger genauer unter die Lupe. Er berichtet von verständlichen Fluchtträumen aus oft mühseligem Alltag. Doch sei dieses Bild zu einem Klischee geworden, das mit der Realität nichts zu tun habe. Die meisten Auswanderer würden scheitern. Überdies sieht er in ihnen eher Menschen, die vor Verantwortung und Problemen fliehen. Die stillen Helden seien diejenigen, die im Alltag verharren.

Formal ist der Kommentar in vier etwa gleich große Absätze gegliedert; in den ersten beiden beschreibt der Autor zunächst die Idealisierung und Schönfärbung der Alltagsflucht: Das Träumen vom Reisen führe oft dazu, gar nicht erst zurückkehren zu wollen. Als mögliche Begründungen für diese These erfährt der Leser Folgendes: Zum einen werde der Aussteiger von der Gesellschaft bewundert und zum anderen finde die Sehnsucht nach dem Fremden natürlich auch in Literatur und Kunst ihren Niederschlag; als Beispiele werden der Romantiker von Eichendorff und der Künstler Gauguin angeführt.

In weiterer Folge wertet der Autor das romantische Bild des Auswanderers als Realitäts-blindheit ab. Er räumt zwar ein, dass sich das Alles-hinter-sich-Lassen gut verkauft – ein Beispiel hierfür ist „Goodbye Deutschland" –, gleichzeitig weist Pavlovic aber darauf hin, dass viele Auswanderer desillusioniert zurückkehren. Dies belegt er etwa durch das Vorhandensein einer entsprechenden Fernsehsendung sowie durch eine Statistik des Bundesinstituts für Bevölkerungsforschung, der zufolge seit 1996 vier von fünf Auswan-derern wieder nach Deutschland zurückgekehrt sind.

Nach diesen Ausführungen gelangt Pavlovic zu seiner letzten, wohl wichtigsten Aussa-ge: Der moderne Aussteiger feiere sich selbst als Systemkritiker, ohne dies tatsächlich zu sein. Er verlasse seine gewohnte Umgebung stattdessen vorwiegend, um vor Pro-blemen zu fliehen und vermeintliche Heldentaten zu begehen. Dies belegt er mit einem Zitat des Evolutionsbiologen Reichholf: „Der Held braucht Zeugen". Als Beispiele für diese Behauptung führt er an, dass der moderne Aussteiger blogge, twittere, sich filmen lasse und Reisetagebücher an Redaktionen schicke.

So einfach der Pavlovic´sche Satzbau ist – über weite Strecken verwendet er Parataxen und Ellipsen –, so gewandt und facettenreich ist die Sprache. Der Bogen, den der Autor inhaltlich vom Träumen zur Verurteilung selbstsüchtiger Aussteiger spannt, spiegelt sich auch in seiner Sprache wider: Während er im ersten Absatz durch rhetorische Fragen wie „Hippie auf Goa?", „Surfer auf Hawaii?" (Z.10) den Leser selbst zum Träumen bringt, will er seine Auswanderer im vorletzten Absatz schon metaphorisch „vom Heldenpodest […] stürzen" (Z. 43). Wie sehr er die unzeitgemäßen Romantiker ablehnt, zeigt er im letzten Absatz durch die Begriffe „Narziss" (Z. 44) und die sehr kreativen abwertenden Neuschöpfungen, mit denen er die Aussteiger in Verbindung bringt: „altlinke[r] Selbst-verwirklichungsterror" (Z. 44-45) und „heroische Systemkritik" (Z. 46). Schon in der Über-schrift kündigt er mit dem Wortspiel „Bäh" statt „B" seine Meinung an. Mit der Antithese „Sie träumen. Doch Träumer sind sie nicht" (Z. 57) huldigt er seinen stillen „Helden", die den Alltag meistern, sehr wohl Träume haben, aber realistisch bleiben, also keine „Träu-mer" sind.

Pavlovic zeigt mit seinem Kommentar, dass das Davonlaufen vor der Realität nicht der Weisheit letzter Schluss sein kann und der „Held des Alltags" mehr gewürdigt werden sollte. Es handelt sich um einen kritischen und sprachlich äußerst facettenreichen Text, der wohl in so manchem von uns das Gefühl des Ertappt-Werdens weckt und uns zu mehr Realitätssinn animieren soll.

7.6 Textinterpretation

Der Begriff „Interpretation" stammt aus dem Lateinischen und bedeutet „Erklärung, Auslegung".

Die Textinterpretation ist also die Deutung eines literarischen Textes, indem sie versucht, nach einer Analyse Verständnis der Bedeutung bzw. des Sinngehalts eines Textes zu gewinnen und die Wirkungsabsichten zu erkennen und zu beurteilen.

7.6.1 Aufbau

Einleitung

- Titel
- Name des Autors/der Autorin
- Textsorte
- Erscheinungsdatum
- Das Thema des Textes wird knapp dargestellt.

Hauptteil

Der Hauptteil muss gemäß den Operatoren bearbeitet werden. Meist wird verlangt:

- ganz kurze Inhaltsangabe (bei Ich-Erzählungen spricht man vom Erzähler, beim Ich in der Lyrik vom lyrischen Ich)
- Formanalyse
- Sprachanalyse
- Interpretation (meist kann man in der Angabe finden, auf welchen besonderen Aspekt man dabei eingehen soll)

Schluss

knappe Zusammenfassung der Interpretationsergebnisse

Sprachliche Kriterien

- Präsens
- sachlich-distanzierte Schreibhaltung
- keine Ich-Form
- richtiges Zitieren

Umfang

540-660 Wörter

Situativer Kontext

nicht erforderlich

7.6.2 Beispiel einer Textinterpretation eines epischen Textes

Aufgabe

Lesen Sie die Kurzgeschichte „Saisonbeginn" von Elisabeth Langgässer.

Verfassen Sie nun eine Textinterpretation und bearbeiten Sie die folgenden Arbeitsaufträge:

- Fassen Sie die vorliegende Kurzgeschichte mit eigenen Worten zusammen.
- Analysieren Sie den Text in formaler und sprachlicher Hinsicht.
- Deuten Sie den Text im Hinblick auf das Motiv „Diskriminierung".

Schreiben Sie zwischen 540 und 660 Wörter. Markieren Sie Absätze mittels Leerzeilen.

Textbeilage (in alter Rechtschreibung)

„Saisonbeginn" von Elisabeth Langgässer (1947)

Die Arbeiter kamen mit ihrem Schild und einem hölzernen Pfosten, auf den es genagelt werden sollte, zu dem Eingang der Ortschaft, die hoch in den Bergen an der letzten Paßkehre lag. Es war ein heißer Spätfrühlingstag, die Schneegrenze hatte sich schon hinauf zu den Gletscherwänden gezogen. Überall standen die Wiesen wieder
5 in Saft und Kraft; die Wucherblume verschwendete sich, der Löwenzahn strotzte und blähte sein Haupt über den milchigen Stengeln; Trollblumen, welche wie eingefettet mit gelber Sahne waren, platzten vor Glück, und in strahlenden Tümpeln kleinblütiger Enziane spiegelte sich ein Himmel von unwahrscheinlichem Blau. Auch die Häuser und Gasthöfe waren wie neu: ihre Fensterläden frisch angestrichen, die Schindeldä-
10 cher gut ausgebessert, die Scherenzäune ergänzt. Ein Atemzug noch: dann würden die Fremden, die Sommergäste, kommen – die Lehrerinnen, die mutigen Sachsen, die Kinderreichen, die Alpinisten, aber vor allem die Autobesitzer in ihren großen Wagen … Röhr und Mercedes, Fiat und Opel, blitzend von Chrom und Glas. Das Geld würde anrollen. Alles war darauf vorbereitet. Ein Schild kam zum andern, die Haarnadelkurve
15 zu dem Totenkopf, Kilometerschilder und Schilder für Fußgänger: Zwei Minuten zum Café Alpenrose.

An der Stelle, wo die Männer den Pfosten in die Erde einrammen wollten, stand ein Holzkreuz, über dem Kopf des Christus war auch ein Schild angebracht. Seine Inschrift war bis heute die gleiche, wie sie Pilatus entworfen hatte: J.N.R.J. – die Enttäuschung
20 darüber, daß es im Grund hätte heißen sollen: er behauptet nur, dieser König zu sein, hatte im Lauf der Jahrhunderte an Heftigkeit eingebüßt. Die beiden Männer, welche den Pfosten, das Schild und die große Schaufel, um den Pfosten in die Erde zu graben, auf ihren Schultern trugen, setzten alles unter dem Wegekreuz ab; der dritte stellte den Werkzeugkasten, Hammer, Zange und Nägel daneben und spuckte ermunternd
25 aus.

Nun beratschlagten die drei Männer, an welcher Stelle die Inschrift des Schildes am besten zur Geltung käme; sie sollte für alle, welche das Dorf auf dem breiten Paßweg betraten, besser: befuhren, als Blickfang dienen und nicht zu verfehlen sein: Man kam also überein, das Schild kurz vor dem Wegekreuz anzubringen, gewissermaßen als
30 Gruß, den die Ortschaft jedem Fremden entgegenschickte. Leider stellte sich aber heraus, daß der Pfosten dann in den Pflasterbelag einer Tankstelle hätte eingesetzt werden müssen – eine Sache, die sich von selbst verbot, da die Wagen, besonders die größeren, dann am Wenden behindert waren. Die Männer schleppten also den Pfosten noch ein Stück weiter hinaus bis zu der Gemeindewiese und wollten schon mit

35 der Arbeit beginnen, als ihnen auffiel, daß diese Stelle bereits zu weit von dem Orts-
schild entfernt war, das den Namen angab und die Gemeinde, zu welcher der Flecken
gehörte. Wenn also das Dorf den Vorzug dieses Schildes und seiner Inschrift für sich
beanspruchen wollte, mußte das Schild wieder näherrücken – am besten gerade dem
Kreuz gegenüber, so daß Wagen und Fußgänger zwischen beiden hätten passieren
40 müssen.

Dieser Vorschlag, von dem Mann mit den Nägeln und dem Hammer gemacht, fand
Beifall. Die beiden anderen luden von neuem den Pfosten auf ihre Schultern und
schleppten ihn vor das Kreuz. Nun sollte also das Schild mit der Inschrift zu dem Wegekreuz senkrecht stehen; doch zeigte es sich, daß die uralte Buche, welche gerade
45 hier ihre Äste mit riesiger Spanne nach beiden Seiten wie eine Mantelmadonna ihren
Umhang entfaltete, die Inschrift im Sommer verdeckt und ihr Schattenspiel deren
Bedeutung verwischt, aber mindestens abgeschwächt hätte.

Es blieb daher nur noch die andere Seite neben dem Herrenkreuz, und da die erste,
die in das Pflaster der Tankstelle überging, gewissermaßen den Platz des Schächers
50 zur Linken bezeichnet hätte, wurde jetzt der Platz zur Rechten gewählt und endgültig
beibehalten. Zwei Männer hoben die Erde aus, der dritte nagelte rasch das Schild mit
wuchtigen Schlägen auf; dann stellten sie den Pfosten gemeinsam in die Grube und
rammten ihn rings von allen Seiten mit größeren Feldsteinen ein.

Ihre Tätigkeit blieb nicht unbeachtet. Schulkinder machten sich gegenseitig die Ehre
55 streitig, dabei zu helfen, den Hammer, die Nägel hinzureichen und passende Steine zu
suchen; auch einige Frauen blieben stehen, um die Inschrift genau zu studieren. Zwei
Nonnen, welche die Blumenvase zu Füßen des Kreuzes aufs neue füllten, blickten einander unsicher an, bevor sie weitergingen. Bei den Männern, die von der Holzarbeit
oder vom Acker kamen, war die Wirkung verschieden: Einige lachten, andere schüt-
60 telten nur den Kopf, ohne etwas zu sagen; die Mehrzahl blieb davon unberührt und
gab weder Beifall noch Ablehnung kund, sondern war gleichgültig, wie sich die Sache
auch immer entwickeln würde. Im ganzen genommen konnten die Männer mit der
Wirkung zufrieden sein. Der Pfosten, kerzengerade, trug das Schild mit der weithin
sichtbaren Inschrift, die Nachmittagssonne glitt wie ein Finger über die zollgroßen
65 Buchstaben und fuhr jeden einzelnen langsam nach wie den Richtspruch auf einer
Tafel …

Auch der sterbende Christus, dessen blasses, blutüberronnenes Haupt im Tod nach
der rechten Seite geneigt war, schien sich mit letzter Kraft zu bemühen, die Inschrift
aufzunehmen: Man merkte, sie ging ihn gleichfalls an, welcher bisher von den Leuten
70 als einer der ihren betrachtet und wohlgelitten war. Unerbittlich und dauerhaft wie
sein Leiden würde sie ihm nun für lange Zeit schwarz auf weiß gegenüberstehen.

Als die Männer den Kreuzigungsort verließen und ihr Handwerkszeug wieder zusam-
menpackten, blickten alle drei noch einmal befriedigt zu dem Schild mit der Inschrift
auf. Sie lautete: „In diesem Kurort sind Juden unerwünscht."

Quelle: Elisabeth Langgässer: Ausgewählte Erzählungen. © 1979 Claassen Verlag in der Ullstein Buchverlage GmbH, Berlin, S.190-193

INFOBOX

Elisabeth Langgässer: geb. 23. Februar 1899 in Alzey, gest. 25. Juli 1950; Jugend in Alzey, Mainz und Worms; bis 1928 Lehrerin, dann ein Jahr lang Dozentin für Pädagogik an der Sozialen Frauenschule in Berlin. Ab 1924 erste Veröffentlichungen. 1936 als Halbjüdin mit Schreibverbot belegt, ab 1942 Zwangsarbeit in einer Munitionsfabrik. Ihre älteste Tochter wurde in das Konzentrationslager Auschwitz deportiert; Langgässer verfasste zahlreiche Erzählungen, Hörspiele, Romane und Gedichte und erhielt 1950, in ihrem Todesjahr, den Georg-Büchner-Preis.

Mögliche Ausführung

1947 ist die Kurzgeschichte „Saisonbeginn" von Elisabeth Langgässer erschienen. Darin erzählt die Autorin von einer Begebenheit in einem Kurort unmittelbar vor dem Beginn der neuen Saison. Die Geschichte prangert die Judenfeindlichkeit des Nationalsozialismus und die heuchlerische Doppelmoral der Dorfbewohner an, die sich als gute Christenmenschen geben, aber gleichzeitig Juden diskriminieren.

Drei Arbeiter mit Schild, Pfosten und Schaufel machen sich an einem Spätfrühlingstag am Eingang einer Ortschaft hoch in den Bergen daran, eine geeignete Stelle für das Anbringen eines Schildes zu suchen. Nach einigem Abwägen entscheiden sie sich schließlich für den Platz neben einem Holzkreuz mit Christus, wobei ihnen ein paar Kinder zur Hand gehen. Vorbeikommende Ortsansässige sind entweder gleichgültig oder verunsichert. Am Schluss wird die Aufschrift des Schildes enthüllt, die besagt, dass Juden in diesem Kurort unerwünscht seien.

In dieser Er-Erzählung steigt die Autorin direkt – wie in der Kurzgeschichte üblich – in das Geschehen ein. Danach schweift sie aber – den ganzen ersten Absatz lang – ab und verliert sich in einer langen, überschwänglichen Beschreibung der Natur, einer Beschreibung des Strotzenden, Üppigen, Saftigen. Danach kehrt sie wieder zu den Arbeitern zurück und schildert detailliert deren Überlegungen und Tätigkeiten, ohne die handelnden Personen näher zu beleuchten. Damit erzeugt sie in auktorialem Erzählverhalten Spannung; lange bereitet sie die Pointe vor, die erst im Schlusssatz offenbart wird und die umso bitterer ist, als vorher ein Bergidyll beschrieben wird.

Anders als in vielen Kurzgeschichten ist Langgässers Sprache nicht der Alltagssprache entnommen und auch keineswegs lakonisch, sondern sie verwendet lange, häufig verschachtelte Sätze der gehobenen Sprache. Auch hier muss man zwischen erstem Absatz und dem Rest der Geschichte unterscheiden. Während sie zu Beginn in Vergleichen und Metaphern geradezu schwelgt – sie schreibt von der Wucherblume, die „[sich] verschwendete", vom Löwenzahn, der „strotzte und sein Haupt über den milchigen Stengeln [sic] [blähte]", von Trollblumen, „welche wie eingefettet mit gelber Sahne waren, [welche] platzten vor Glück" (Z. 5-7) –, ist ihr Stil im Rest der Geschichte sachlich und präzise. Leitwörter, die sich durch die ganze Erzählung ziehen, sind „Schild", „Kreuz" und „Inschrift". Auch sonst stellt sie immer wieder die Verbindung zu ihrer katholischen Erziehung her, wie etwa in dem Vergleich mit der Mantelmadonna, in der Erwähnung der Kreuzesinschrift und des Schächers oder etwa auch dadurch, dass sie zwei Nonnen an dem Schild vorbeigehen lässt.

Das Hauptmotiv dieser Geschichte – wenn man die Biografie Langgässers bedenkt, ist dies nur allzu leicht nachvollziehbar – ist die Judenfeindlichkeit. Die meisten werden als gleichgültig gegenüber deren Schicksal beschrieben, bestenfalls gibt es eine leichte Verunsicherung: „Einige lachten, andere schüttelten nur den Kopf" (Z. 59-60), aber die geht nicht so weit, etwas gegen das Schild zu sagen. Die Doppelmoral der Bewohner des Dorfes, die sich nach außen hin als gute Christen präsentieren möchten, jedoch gleichzeitig mit einer unvergleichlichen Ignoranz Juden diskriminieren, soll angeprangert werden. Die Menschen, die nicht näher charakterisiert werden, scheinen sich dessen nicht bewusst zu sein, dass auch Jesus Jude war. Ausgerechnet ihm, den sie als Gott verehren, stellen sie dieses Schild vor „sein blasses, blutüberronnenes Haupt" (Z. 67). Diese eigenartige Beziehung zwischen „Kreuz" und „Schild" zieht sich wie These und Antithese durch die ganze Geschichte. Auch das Verschweigen der Inschrift bis zum Schluss erzeugt nicht nur Spannung, sondern – was viel wichtiger ist – deckt die Widersprüchlichkeit des Geschehens auf. Hinter Schönheit, Gottesfürchtigkeit und Normalität lauert die Duldung eines unmenschlichen Verbrechens, der Diskriminierung und schlussendlich Vernichtung der Juden.

Elisabeth Langgässer versuchte also sehr bald nach dem Zweiten Weltkrieg die Geschehnisse im Nationalsozialismus mit dieser Kurzgeschichte zu verarbeiten, Intoleranz, Ignoranz und Gleichgültigkeit anzuprangern – diese menschlichen Schwächen, die so Grausames bewirken können und auch in unserer scheinbar so humanen Gesellschaft existieren und sich in der Diskriminierung von Minderheiten äußern.

7.6.3 Beispiel einer Textinterpretation von lyrischen Texten

Aufgabe

Lesen Sie die Gedichte „Erster Verlust" von Johann Wolfgang von Goethe (Textbeilage 1) und „Lösung" von Karin Kiwus (Textbeilage 2).

Verfassen Sie nun die Textinterpretation und bearbeiten Sie dabei die folgenden Arbeitsaufträge:

- Beschreiben Sie, worum es in beiden Gedichten geht.
- Vergleichen Sie die formale und sprachliche Gestaltung dieser.
- Deuten Sie beide Gedichte hinsichtlich ihrer unterschiedlichen Aussage.

Schreiben Sie zwischen 540 und 660 Wörter. Markieren Sie Absätze mittels Leerzeilen.

Textbeilage 1

Johann Wolfgang von Goethe: Erster Verlust (Erstdruck 1789)

Ach, wer bringt die schönen Tage,
Jene Tage der ersten Liebe,
Ach, wer bringt nur eine Stunde
Jener holden Zeit zurück!

5   Einsam nähr ich meine Wunde,
Und mit stets erneuter Klage
Traur ich ums verlorne Glück.

Ach, wer bringt die schönen Tage,
Jene holde Zeit zurück!

Quelle: Johann Wolfgang von Goethe: Sämtliche Gedichte, Insel Verlag, Frankfurt am Main und Leipzig, 2. Aufl. 2014, S.37

INFOBOX

Johann Wolfgang von Goethe (* 28. August 1749 in Frankfurt am Main als Johann Wolfgang Goethe; † 22. März 1832 in Weimar, geadelt 1782) gilt als einer der bedeutendsten Repräsentanten deutschsprachiger Dichtung.

Textbeilage 2

Karin Kiwus: Lösung (1979)

Im Traum
nicht einmal mehr
suche ich
mein verlorenes Paradies
5 bei dir

ich erfinde es
besser allein
für mich

10 In Wirklichkeit
will ich
einfach nur leben
mit dir so gut
es geht.

Quelle: Karin Kiwus: Das Gesicht der Welt. Gedichte 1976-2006, Schöffling & Co., Frankfurt am Main 2014, S. 158

INFOBOX

Karin Kiwus (* 9. November 1942 in Berlin) ist eine deutsche Lyrikerin.

Mögliche Ausführung

Die beiden Gedichte „Erster Verlust" von Johann Wolfgang von Goethe (Erstdruck 1789) und „Lösung" von Karin Kiwus (erschienen 1979) handeln von dem gleichen Problem, nämlich dem Verlust einer Liebe, zeigen jedoch eine sehr unterschiedliche Einstellung zum Umgang mit diesem Verlust.

In Goethes Gedicht klagt das lyrische Ich über das Ende einer schönen Zeit mit der Geliebten und äußert den Wunsch, dass diese schönen Tage zurückkehren. Dem lyrischen Ich in Karin Kiwus´ Gedicht ist jedoch bewusst, dass seine Beziehung zum Partner nicht ideal ist. Es hat sich aber mit der Situation abgefunden und versucht das Beste daraus zu machen.

Ihre unterschiedliche Einstellung verdeutlichen die Autoren auch durch die formale und sprachliche Gestaltung ihrer Texte. „Erster Verlust" besteht aus drei Sätzen, wobei jeder Satz eine Strophe bildet; diese sind unterschiedlich lang: vier, drei und zwei Verse. So unstrukturiert wie der Aufbau ist auch das Reimschema des in Trochäen geschriebenen Gedichts: abcd-cad-ad; die Waise des b-Verses (das Wort „Liebe") wird besonders hervorgehoben. Goethes Gedicht beginnt mit der sehnsüchtigen Aufforderung, die Vergangenheit wieder gegenwärtig zu machen. Das lyrische Ich beklagt seine seelischen Verletzungen, mehr noch, es „nähr[t seine] Wunde" (V. 5), es trauert „mit stets erneuter Klage" (V. 6). Auch die Anapher „Ach, wer bringt" (V. 1, 3, 8) zeigt, dass das lyrische Ich sich nicht von der Vergangenheit lösen kann. Diese Klage wird am Beginn und am Ende nur leicht variiert wiedergegeben, rahmt also Goethes Gedicht ein und zeigt damit, dass das lyrische Ich in seiner Melancholie gefangen bleibt, vielleicht auch gefangen bleiben will.

Im Gegensatz zu Goethes Gedicht lassen Kiwus´ Verse beinahe alles vermissen, was normalerweise von Gedichten erwartet wird: Reime und Versmaß fehlen. Nur aus den Zeilenumbrüchen ersieht man, dass es sich um ein Gedicht handelt. Es besteht insgesamt aus 13 Versen, die in Gruppen zu fünf, drei und nochmals fünf Zeilen gegliedert sind, wobei die einzelnen Strophen thematisch und aufgrund der fehlenden Satzzeichen ineinander übergehen. Die inhaltliche Gliederung des Gedichts äußerst sich in seiner Struktur; im Zentrum steht die Wortgruppe „besser allein" (V. 7), die die Mittelachse bildet und die Kernaussage darstellt. In sprachlicher Hinsicht ist auffallend, dass nur vier Nomen verwendet werden: „Lösung" im Titel, „Traum" (V. 1), „Paradies" (V. 4) und „Wirklichkeit" (V. 9). Dabei stehen „Traum" und „Paradies" in der 1. Strophe in einem engen Verhältnis und bilden einen deutlichen Gegensatz zur „Wirklichkeit" in der dritten Strophe.

Schon die Titel beider Werke legen nahe, wie unterschiedlich sie zu deuten sind. Während „Erster Verlust" ganz klar darauf hinweist, dass sich das lyrische Ich in Goethes Gedicht noch immer mit der Vergangenheit und der verklärten Geliebten befasst, gibt Karin Kiwus durch die Überschrift „Lösung" zu verstehen, dass das lyrische Ich glaubt, bereits einen Ausweg aus seiner Lage gefunden zu haben. Diese völlig unterschiedliche Haltung zur Bewältigung bzw. Nicht-Bewältigung des Problems setzt sich auch in den Strophen fort. Goethes lyrisches Ich verharrt in der Erinnerung an die „schönen Tage" (V. 1 und 8), will „Jene holde Zeit" (V. 9) zurück und trauert um sie. Es schafft nicht den Blick in die Gegenwart, geschweige denn in die Zukunft. Bei Karin Kiwus hingegen findet sich das lyrische Ich mit der Situation ab, will das Beste daraus machen – „so gut es geht" (V. 13-14) – und besinnt sich auf sich selbst. Das Streben nach einer absoluten, in jeder Hinsicht erfüllenden Liebe wird als utopisch erkannt.

Zwischen der Entstehung dieser beiden Gedichte liegen ca. 200 Jahre. Dies erklärt sicherlich ihre unterschiedliche äußere Form. Ihre Aussage hingegen hat nichts mit ihrer Entstehungszeit zu tun. Es gab sie schon zu Goethes Zeiten und es gibt sie heute noch: zwei unterschiedliche Möglichkeiten, mit Verlusten umzugehen; auf der einen Seite sind Trauer und Verharren in der Vergangenheit, auf der anderen Seite das Abfinden mit den Gegebenheiten und der Versuch, das Beste aus einer Situation zu machen. Diese Grundeinstellungen sind jedoch nicht nur mit dem Phänomen „Liebe" verbunden, sondern lassen sich in verschiedenen Bereichen des menschlichen Lebens finden.

7.7 Erörterung

Unter einer Erörterung versteht man die schriftliche Auseinandersetzung mit aktuellen Problemen, Fragestellungen und Themen aufgrund einer Textvorlage. Wichtig ist es hier, ein kontroverses Thema sachlich distanziert von allen möglichen Standpunkten aus zu betrachten.

7.7.1 Aufbau

Einleitung

Die Einleitung legt die Problemstellung anhand der Textbeilage/n dar.

Hauptteil

Im Hauptteil werden die gestellten Aufgaben bearbeitet, wobei Folgendes wichtig ist:

- Bezugnahme auf den Inputtext
- Beleuchtung eines Problems von allen Seiten
- sachliche Argumentation
- Anhand der Aufgabenstellung erkennt man, ob man Pro- und Kontra-Argumente bringen muss oder nur Belege für eine Tatsache.

Schluss

Der Schluss sollte die Ausführungen abrunden. Wie in der Einleitung darf in diesem Abschnitt nicht mehr argumentiert werden. Auch sollte kein neuer Aspekt ins Spiel gebracht werden. Zur Gestaltung können mehrere Elemente zum Einsatz kommen:

- kurze Zusammenfassung der wichtigsten Aspekte
- Wunsch für die Zukunft
- Appell/Forderung/Lösung

Sprachliche Kriterien

- vorherrschende Zeitform Präsens
- sachliche und objektive Sprache
- Sachverhalte möglichst neutral beschreiben – ironische bzw. sarkastische Bemerkungen sind unangebracht.
- Um die Objektivität zu verstärken, sollte im Hauptteil der Ich-Bezug vermieden werden (z. B. „ich meine", „meines Erachtens" …).

Umfang

405-495 oder 540-660 Wörter

Situativer Kontext

nicht erforderlich

7.7.2 Beispiel

Aufgabe

Lesen Sie den Kommentar „Vorsicht! Lesen gefährdet Dummheit!" von Susanne Mauthner-Weber, erschienen am 29. Juli 2012 in der „Kurier"-Beilage „Mein Sonntag".

Verfassen Sie nun eine Erörterung und bearbeiten Sie die folgenden Arbeitsaufträge:

- Fassen Sie die Hauptaussagen des Textes zusammen.
- Erschließen Sie die Argumentation der Autorin, mit der sie auf die Gefahren des Internet-Lesens hinweisen will.
- Begründen Sie Ihre eigene Position in Bezug auf das Internet.

Schreiben Sie zwischen 405 und 495 Wörter. Markieren Sie Absätze mittels Leerzeilen.

Textbeilage

Vorsicht! Lesen gefährdet Dummheit!

Text: Susanne Mauthner-Weber

Endlich wieder lesen: Wir tun es so oft wie nie zuvor. Aber lesen wir wirklich? iPad, Smartphone und Computer verändern unser Leseverhalten. Und unser Gehirn.

Schon einmal mit dem Planwagen kurz vor dem amerikanischen Bürgerkrieg die Prärie erobert, Staub geschluckt und sich vor Indianern gefürchtet? Im England der Jane Austen als Emma Woodhouse Ehen gestiftet und unter Liebeskummer gelitten? [...] Lesen ist Gänsehaut, Herzklopfen, Abenteuer; man schlüpft in eine andere Epoche, ein anderes Geschlecht, ein anderes Leben, eine andere Wirklichkeit, die verwandeln kann, ohne dass man den behaglichen Ohrensessel verlassen muss.

Auch Hermann Hesses „Glasperlenspiel" ist so ein Zufluchtsort zwischen zwei Buchdeckeln und eines der Lieblingsbücher von Maryanne Wolf. Nach vielen Jahren griff die US-Neurologin wieder dazu und stellte entsetzt fest, dass sie es hastig überflog wie ihre E-Mails – sie konnte sich nicht mehr auf den anspruchsvollen Text konzentrieren. Daraufhin begann sie nachzuforschen. Aus ihren Überlegungen entstand das Buch „Das lesende Gehirn", in dem die Neurologin konstatiert, dass „wir heute an der Schwelle vom analogen zum digitalen Lesen stehen". [...]

Aber es demotiviert den Leser, tiefer zu gehen. Wolf: „Das Internet fördert zwar Unterhaltung und Wissen, erschwert jedoch Denken als Teil des Lesens." Mit fatalen Folgen: „Lesen formt nicht nur unser Gehirn, es formt auch unsere Persönlichkeit und die Rolle, die wir in der Gesellschaft spielen", sagt die Neurologin.

Digitale Verführer

Die Möglichkeiten, die iPad, Smartphone und PC bieten, sind aber auch verlockend. [...] Alles ist so einfach – und das ist die Krux: Wer ständig in Google nachschlagen kann, braucht sich nichts mehr zu merken. „Wir lagern unser Gedächtnis aus", nennt das der deutsche Gehirnforscher Manfred Spitzer.

Das sei für Erwachsene, die das Lesen bereits beherrschen, nicht so schlimm. Für Kinder, die es erst erlernen müssen, aber eine Katastrophe. [...] Jeder muss es von Grund auf lernen und die erforderlichen Nervenbahnen dafür ausbilden. Diese Synapsen organisieren sich ein Leben lang neu, je nach den Gewohnheiten eines Menschen – Leistungsschmälerungen bei zu viel Online-Lektüre inklusive.

„Wir opfern Ressourcen", warnt Wolf. „Unsere Fähigkeit, reiche, geistige Verbindungen zu bilden, bleibt dabei ungenutzt." Gehirnforscher Spitzer ergänzt: „Das Lesen von Textfragmenten verringert langfristig unsere Fähigkeit zu denken."

Geistiger Niedergang

So viel haben Forscher bereits herausgefunden: Das Lesen eines Buches aktiviert nur die dafür zuständigen Areale im Gehirn. Das erleichtert die ungestörte Aufnahme eines 1200-Seiten-Wälzers. Im Internet werden auch Bereiche gebraucht, die optische Reize verarbeiten können. Der Blick geübter Bildschirmleser fliegt dabei nicht mehr linear über die Zeilen, sondern in Form eines F. Da sie vieles gleichzeitig aufnehmen – Grafiken, Videos, Hyperlinks –, werden die ersten drei Zeilen eines Textes betrachtet, dann ein paar Absätze in der Mitte, dann der Bereich links unten.

Und das belastet, hat ein Experiment des französischen Leseforschers Eric Jamet von der Universität Rennes ergeben: Die E-Leser verstanden von einem Internetartikel, der eine Grafik mit einem Audiokommentar und einem Lauftext kombinierte, nur 20 Prozent.

Belastungsproben am Schirm

Die Texte bewegen sich, Scrollen zerstört die Stabilität des Bildes. Durch Geflimmer, schlechte Kontraste und unergonomische Layouts verlängert sich die Zeit, bis wir Worte entziffern und aufnehmen, um etwa 25 Prozent. […] Kein Wunder, dass der kalifornische Gehirnforscher Gary Small nachgewiesen hat, dass Online-Lektüre hoch anstrengend ist […].

Um aber nicht alles schlechtzumachen: „Ständiges Entscheiden beim Lesen hält geistig fit, trainiert das Gehirn", ergänzt Small. […] Über im Netz Gelesenes wird – das haben Studien ergeben – weniger nachgedacht, deshalb landet es selten im Langzeitspeicher des Gehirns. Um Infos dort zu speichern, braucht der Verstand mindestens eine Stunde ablenkungsfreies Arbeiten – jeder Werbejingle, jedes Pop-up-Fenster, jede E-Mail sabotiert diesen Speicherprozess.

Keine Zeit für Weisheit

Die Richtung scheint klar: Wir rufen Infos nur noch kurz ab, statt sie zu verinnerlichen. Für Durchdenken, Interpretieren, dauerhafte Wissensvermehrung, Nachfühlen – kurz: für Weisheit – bleibt bei der Online-Lektüre keine Zeit. Wir machen Texte nicht mehr zu einem Teil von uns, sondern verlassen uns auf ihre Existenz auf irgendeinem Server. […]

Quelle: Kurier-Beilage „Mein Sonntag", 29.7.2012

Mögliche Ausführung

Sie sind die neue Generation. Sie sind mit dem Internet aufgewachsen und wissen, woher sie ihre Informationen beziehen. Der medial etwas überstrapazierte Begriff der Digital Natives bezeichnet Menschen, die mehr lesen als je zuvor. Doch lesen sie wirklich? Verinnerlichen sie auch die Fülle an Informationen?

Mit genau dieser Frage beschäftigt sich auch Susanne Mauthner-Weber in ihrem Kommentar „Vorsicht! Lesen gefährdet Dummheit!", erschienen am 29. Juli 2012 in der „Kurier"-Beilage „Mein Sonntag". In ihrem Artikel stellt die Autorin die Auswirkungen des Internets auf unser Leseverhalten und unser Gehirn dar. Das Internet fördere zwar Unterhaltung und Wissen, erschwere jedoch das Denken und auch das Merken, da wir dabei von vielen anderen Reizen – wie Grafiken, Videos und Hyperlinks – abgelenkt würden. Sie berichtet von Versuchen, die belegen, dass von solchen kombinierten Artikeln nur 20 % verstanden würden. Überdies verlangsame sich das Lesen durch diese Ablenkungen. Das Fazit der Autorin ist, dass wir durch das Internet verlernen zu durchdenken, zu interpretieren, dauerhaft zu verinnerlichen, da wir wüssten, dass sowieso alles wieder abrufbar ist.

Offensichtlich geht es der Autorin in diesem Artikel darum, auf die Gefahren des Internets aufmerksam zu machen. Sie lässt hauptsächlich Experten zu Wort kommen, um ihre Thesen zu belegen. Aus dem Buch der US-Neurologin Maryanne Wolf, „Das lesende Gehirn", wird zitiert, dass durch häufige Internet-Lektüre die Fähigkeit, anspruchsvolle Texte zu lesen, verloren gehe. Wir würden sie wie E-Mails überfliegen und uns nicht mehr konzentrieren können. Daher erschwere das Internet das Denken als Teil des Lesens. Auch der deutsche Gehirnforscher Manfred Spitzer wird zur wissenschaftlichen Untermauerung dieser These herangezogen: Wir bräuchten uns nichts mehr zu merken und das Lesen von kurzen Texten im Internet verringere unsere Fähigkeit zu denken. Als empirischer Beleg wird schließlich das Experiment des französischen Leseforschers Eric Jamet angeführt, der mit diesem nachgewiesen hat, dass von einem mit optischen Reizen versehenen Internet-Text nur 20 % verstanden werden.

Diese Gefahren sind ganz offensichtlich und nicht zu leugnen, allerdings darf man dabei – was im Text ja auch kurz anklingt – nicht übersehen, dass sie vor allem für Kinder, die das Lesen erst erlernen, besonders groß sind. Bei Erwachsenen sieht das anders aus. Hier kann das Surfen im Internet durchaus auch positive Effekte haben: Es hält geistig fit und trainiert das Gehirn. In den letzten Jahren gewannen digitale Medien sogar zunehmend an Bedeutung in der Rehabilitation von Patienten mit Gehirnschädigungen oder Demenzerkrankungen. Sie erlauben beispielsweise das virtuelle Trainieren von Anforderungen im Alltag.

Nicht zuletzt kann das Internet auch dem althergebrachten Lesen in die Hände spielen. Wir entdecken in ihm womöglich Literatur, auf die wir sonst nie gestoßen wären. Die neuen Medien können für besseres Textverständnis, für Zusatzerklärungen, für Hintergrundinformationen sorgen und uns literarische Welten eröffnen, in die wir dann in alter Manier der Leseratte zwischen zwei Buchdeckeln eintauchen können.

Abschließend muss man also an die Vernunft jedes Einzelnen appellieren: Anstatt so viel wie möglich im Internet zu konsumieren, sollte man immer wieder zum guten alten Buch zurückkehren. Denn die Online-Lektüre ist vor allem eines: ein überaus nützliches Hilfsinstrument, wenn man sich Informationen holen oder zusätzliches Wissen aneignen möchte.

Hinweis: Übungsmaterial und alle früheren Prüfungsaufgaben finden Sie unter www.srdp.at.

8 LISTE SCHWIERIGER WÖRTER

abrupt

adäquat

die Agentur

die Aggression, Aggressivität, aggressiv

alles: alles in allem

  aber: mein Ein und Alles

allesamt

allzu oft, weit …

Anbetracht: in Anbetracht einer Sache

Angst: Angst haben

     mir wird angst

     jemandem Angst machen

     angst und bange werden

der Appell, appellieren

die Ära

die Arroganz

die Ästhetik

das Asthma

attraktiv

aufrechterhalten

am liebsten …

  aber: das Liebste …

außerdem, sich äußern, außen

bankrott: bankrott sein, bleiben, werden

     bankrottgehen

     Bankrott machen

die beiden

Bescheid wissen, geben, sagen …

Bezug: in Bezug auf

ein bisschen

das Budget

die Dekadenz

die Depression

das Desaster

dasselbe, derselbe, dieselbe, demselben …

  aber: das Gleiche

das Detail

  aber: detailliert

die Diskussion, diskutieren

die Domäne

eigen: sich etwas zu eigen machen

  aber: etwas sein Eigen nennen

     etwas Eigenes besitzen

eigentlich

die E-Mail

die Emotion

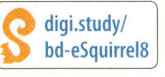

endgültig

als Erstes

eruieren

die Exekutive

das Faible

Fall:　　　　　　in keinem Fall

　　　　　　　　auf keinen Fall

　　　　　　　　keinesfalls

Folgendes:　　　ich muss dir Folgendes sagen

frönen:　　　　einer Sache frönen

gang und gäbe

die Garderobe

gar nicht

Gebrauch machen von

die Gesamtheit, gesamt, insgesamt

gestern, heute, morgen

Großbritannien

der Gruß, grüßen, begrüßen …

das Guinness-Buch

das Heer, verheeren

die Hierarchie

immens

das Individuum, die Individuen

die Innovation, innovativ

in puncto

　　　aber:　　　pun**k**to

das Interesse, interessant, interessieren

jahraus, jahrein

das Jahrzehnt, seit Jahrzehnten

ein jeder

jedermann

das Kabarett

die Karenz

die Karriere

die Kategorie

Kauf:　　　　　in Kauf nehmen

das Klischee

das Komitee

die Kommission, der Kommissar

komplett

die Konkurrenz

kreieren

die Kriminalität

Lauf:　　　　　im Laufe der Zeit

der Luxus, luxuriös

die Mentalität

das Mobbing, mobben
als Nächstes
die Niederlande

Not:	Not leiden
	nottun
	vonnöten

Nummer/Platz/Reihe: das Bestimmungswort nach diesen und ähnlichen Wörtern
schreibt man klein: Nummer drei, Platz zehn, Rang fünf …

offiziell
des Öfteren
ein paar (einige)
ein Paar Schuhe
das Phänomen
plädieren

pleite:	pleite sein, bleiben, werden
	pleitegehen
	Pleite machen

Präsident, präsentieren, präsent (anwesend)
der Profit, profitieren
die Projektion

    aber: projizieren

die Pubertät
die Rallye

Recht, Unrecht:	zu Recht, zu Unrecht
aber:	zurechtkommen
	recht, unrecht sein
	recht/Recht haben, unrecht/Unrecht haben

reell
renommiert
die Reparatur
die Ressourcen
das Resümee
Revue passieren lassen
die Rhetorik
der Rhythmus
riesig, das Riesenangebot, ein Riesenaufwand …
die Rubrik
das Rückgrat
der Satellit

Schau:	zur Schau stellen
Schuld:	Schuld haben
aber:	schuld sein

seelisch
sehr wohl
selig
die Sphäre

der Standard, standardisieren

der Stiel (Besenstiel …)

der Stil (Baustil, Schreibstil …)

stoßen

die Straße

die Sympathie, sympathisch

Tag: tagaus, tagein

                       heutzutage

der Terror, der Terrorist

der Tod, töten, tot, tödlich

die Toleranz, tolerant, tolerieren

trist

die USA

vehement

vermeintlich

verpönt

von jeher

vor allem

die Voraussetzung

der Wagemut

die Wahrheit, wahr, wahrhaben, wahrscheinlich

      aber: ich war, ich wäre

weiß (Farbe)

ich weiß

des Weiteren

zu-, be-, vor-, hinweisen

Wert legen auf

      aber: wert sein

widerspiegeln, es spiegelt wider

wiedergutmachen

wiederum

wie viel

Zeit: zeit seines Lebens

                  zurzeit (jetzt)

                  zur Zeit Napoleons

das Ziel, erzielen

zuallererst

zuallerletzt

zugutehalten

zugutekommen

zugutetun

zu guter Letzt

zunichtemachen

zunichtewerden

9 GLOSSAR DER GRAMMATISCHEN FACHBEGRIFFE UND ABKÜRZUNGEN

Adjektiv, das: Eigenschaftswort (groß, schön, uninteressant …)

Adverb, das: Umstandswort (gestern, abends, hier …)

Akk.: Abkürzung für Akkusativ

Akkusativ, der: 4. Fall

Aktiv, das: Verhaltensrichtung des Verbs, die vom Subjekt her gesehen ist (wir lesen, du
            gehst spazieren, er singt)

Alliteration, die: Stabreim; eine rhetorische Figur (s. Punkt 5.8.5)

Anapher, die: eine rhetorische Figur (s. Punkt 5.8.5)

Antithese, die: eine rhetorische Figur (s. Punkt 5.8.5)

Apposition, die: Beifügung, Zusatz, der ein vorangegangenes Nomen näher beschreibt
            (mein Freund, amtierender Staatsmeister in Badminton, …)

Archaismus, der (Pl. –men): veraltetes Wort

Artikel, der: Geschlechtswort, Begleiter des Nomens (der, die, das, ein …)

Attribut, das: Beifügung, nähere Bestimmung (der große Garten)

Dat.: Abkürzung für Dativ

Dativ, der: 3. Fall

Deklination, die: Beugung: Formveränderung von Nomen, Adjektiv, Artikel, Pronomen
            und Numerale nach Fall, Zahl und Geschlecht (das Kind, des Kindes, die
            Kinder …)

deklinieren: Nomen, Adjektive, Pronomen und Numeralia in ihren Formen abwandeln;
            beugen

Diphthong, der: Zwielaut (ei, au, eu, äu …)

Ellipse, die: unvollständiger Satz, auch eine rhetorische Figur (s. Punkt 5.8.5)

Euphemismus, der: eine rhetorische Figur (s. Punkt 5.8.5)

feminin: weiblich

Femininum, das: grammatikalisches weibliches Geschlecht

Flexion, die: Sammelbegriff für Deklination und Konjugation

Futur I, das: Zukunft (Ich werde lernen.)

Futur II, das: Vorzukunft, vollendete Zukunft (Ich werde gelernt haben.)

Gen.: Abkürzung für Genitiv

Genitiv, der: 2. Fall

Genus, das: grammatikalisches Geschlecht (maskulin, feminin, neutral)

Hyperbel, die: Übertreibung; eine rhetorische Figur (s.Punkt 5.8.5)

Hypotaxe, die: Satzgefüge: Aneinanderreihung von mindestens einem Nebensatz und
            mindestens einem Hauptsatz

Homonym, das: Wort, das ebenso wie ein anderes geschrieben und gesprochen wird,
            aber eine andere Bedeutung hat

Imperativ, der: Befehlsform (Geh!, Kommt!)

Imperfekt, das: Mitvergangenheit (er ging)

Indefinitpronomen, das: unbestimmtes Fürwort (man, jemand …)

Indikativ, der: Wirklichkeitsform (ich lese, ich bin, er singt)

Infinitiv, der: Nennform, Grundform des Verbs (machen, sehen, gehen)

Ironie, die: verdeckter Spott

Kasus, der: Fall (Nominativ, Genitiv, Dativ, Akkusativ)

Klimax, die: eine rhetorische Figur (s. Punkt 5.8.5)

Komparation, die: Steigerung von Adjektiv und (sehr selten) Adverb

Komparativ, der: 1. Steigerungsstufe des Adjektivs (schöner, größer, höher)

Kongruenz, die: formale Übereinstimmung zusammengehöriger Teile im Satz in Kasus, Numerus, Genus und in der Person

Konditional, der: Modus der Bedingung (Ich würde kommen, wenn …); wird häufig als Ersatz für veraltete Konjunktiv II-Formen verwendet.

Konjugation, die: Abwandlung des Verbs nach Person, Zahl, Zeit, Modus, Aktiv und Passiv

konjugieren: ein Verb beugen

Konjunktion, die: Bindewort (und, weil, dass, oder …)

Konjunktiv I und II, der: Möglichkeitsform (ich sei, ich wäre, er ginge)

Konsonant, der: Mitlaut (b, d, f, g …)

Litotes, die: eine rhetorische Figur (s. Punkt 5.8.5)

maskulin: männlich

Maskulinum, das: grammatikalisches männliches Geschlecht

Metapher, die: eine rhetorische Figur (s. Punkt 5.8.5)

Modus, der: Indikativ, Konjunktiv oder Imperativ

Neologismus, der: Wortneuschöpfung; eine rhetorische Figur (s. Punkt 5.8.5)

neutral: (sprachwissenschaftlich) sächlich

Neutrum, das: grammatikalisches sächliches Geschlecht

Nomen, das: Hauptwort, Substantiv (Wasser, Regen, Hitze …)

Nom.: Abkürzung für Nominativ

Nominativ, der: 1. Fall

nominalisieren: ein Wort einer anderen Wortart hauptwörtlich gebrauchen (das Tanzen, das Gute)

Numerus, der: Ein- und Mehrzahl (Singular und Plural)

ÖW: Österreichisches Wörterbuch

Oxymoron, das: eine rhetorische Figur (s. Punkt 5.8.5)

Parataxe, die: Hauptsatzreihe: Aneinanderreihung von selbstständigen Hauptsätzen

Parenthese, die: grammatikalisch selbstständiger Einschub in einen Gesamtsatz (Gestern Abend – wir waren Gott sei Dank schon zu Hause – begann es heftig zu regnen.)

Partikel, die: unveränderbare Wortart

Partizip I, das: Mittelwort der Gegenwart (schreibend, arbeitend, spielend …)

Partizip II, das: Mittelwort der Vergangenheit (geschrieben, gearbeitet, gespielt …)

Perfekt, das: Vergangenheit (ich habe gearbeitet)

Personalform, die: konjugierte Form des Verbs (ich gehe, du läufst)

Personalpronomen, das: persönliches Fürwort (ich, du, er …)

Personifikation, die: eine rhetorische Figur (s. Punkt 5.8.5)

Pl.: Abkürzung für Plural

Pleonasmus, der: eine rhetorische Figur (s. Punkt 5.8.5)

Plural, der: Mehrzahl

Plusquamperfekt, das: Vorvergangenheit (ich hatte gekocht, du hattest gegessen …)

Polemik, die: scharfer, oft persönlicher Angriff

Positiv, der: Grundform des Adjektivs (kalt, heiß …)

Possessivpronomen, das: besitzanzeigendes Fürwort (mein, dein, sein, unser …)

Prädikat, das: Satzaussage (Der Autor schreibt einen Roman.)

Präposition, die: Vorwort (durch, für, gegen, mit …)

Präsens, das: Gegenwart (ich schreibe, du denkst …)

Präteritum, das: Mitvergangenheit, Imperfekt (ich schrieb, du dachtest …)

Pronomen, das: Fürwort

Reflexivpronomen, das: rückbezügliches Fürwort (sich, mich…)

Relativpronomen, das: bezügliches Fürwort (der, die, das, welcher …)

Relativsatz, der: durch ein Relativpronomen eingeleiteter Attributsatz (Das Haus, das ich gerade baue, wird nicht sehr groß.)

Sarkasmus, der: beißender Spott

Semikolon, das: Strichpunkt (;)

Sg.: Abkürzung für Singular

Singular, der: Einzahl

Subjekt, das: Satzgegenstand, im Nominativ (Heute kommt meine Tochter.)

Superlativ, der: 2. Steigerungsform des Adjektivs (am besten, am teuersten …)

Syntax, die: Satzlehre

Tempus, das: Zeitform des Verbs (Präsens, Perfekt, Futur …)

Verb, das: Zeitwort (fahren, gehen, laufen …)

Vokal, der: Selbstlaut (a, e, i, o, u)

10 QUELLENVERZEICHNIS

Aesop: Die beiden Frösche, online im WWW unter
URL: http://www.udoklinger.de/Deutsch/Fabeln/Aesop.htm (5.8.2012)

Duden – Die deutsche Rechtschreibung, 25. Aufl., Mannheim (Dudenverlag) 2009

Duden – Die Grammatik, 8. Aufl., Mannheim (Dudenverlag) 2009

Duden – Richtiges und gutes Deutsch, 7. Aufl., Mannheim (Dudenverlag) 2012

Duden – Das Fremdwörterbuch, 10. Aufl., Mannheim (Dudenverlag) 2010

Duden – Rechtschreibung und Grammatik, Mannheim (Dudenverlag) 2012

Duden – Komma, Punkt und alle anderen Satzzeichen, Mannheim (Dudenverlag) 2011

Duden – Deutsch – Basiswissen Schule, hrsg. v. D. Langemann und S. Felgentreu, Mannheim (Dudenverlag) 2006

Geist, Alexander: Deutsch. Diktate 7. Klasse, aus: mentor Lernhilfe ISBN 978-3-580-65517-4, Langenscheidt Verlag

Gigl, Klaus: Training Intensiv. Textanalyse und Interpretation Deutsch, Stuttgart (Klett) 2014

Goebel, Tina: Gläserne Betondecke. In profil, 3.10.2011

Goethe, Johann Wolfgang von: Erster Verlust. In: Johann Wolfgang von Goethe: Sämtliche Gedichte, Insel Verlag, Frankfurt am Main und Leipzig, 2. Aufl. 2014, S.37

Hammerl, Elfriede: Fröhliches Alter. In: profil, 11.8.2011

Kehlmann, Daniel: Die Vermessung der Welt, Copyright © 2005 Rowohlt Verlag GmbH, Reinbek bei Hamburg.

Kiwus, Karin: Lösung. In: Karin Kiwus: Das Gesicht der Welt. Gedichte 1976-2006, Schöffling & Co., Frankfurt am Main 2014, S. 158

Langgässer, Elisabeth: Ausgewählte Erzählungen. © 1979 Claassen Verlag in der Ullstein Buchverlage GmbH, Berlin, S.190-193

Lobentanzer, Hans: Jeder sein eigener Deutschlehrer. Oldenbourg Schulbuchverlag GmbH, München, 14. Aufl. 1999

Lossa, Norbert: Der Gesundheitswahn ist die neue Religion, online im WWW unter
URL:https://www.welt.de/gesundheit/psychologie/article13770583/Der-Gesundheitswahn-ist-die-neue-Religion.html (10.5.2017)

Mauthner-Weber, Susanne: Vorsicht! Lesen gefährdet Dummheit! In: Kurier, Mein Sonntag, 29.7.2012

Österreichisches Wörterbuch, 40. Aufl., Wien (öbvhpt VerlagsgmbH) 2006

o. V.: Burkaverbot in Österreich: Einführung unwahrscheinlich, online im WWW unter
URL: http://www.salzburg.com/nachrichten/oesterreich/politik/sn/artikel/burkaverbot-in-oesterreich-einfuehrung-unwahrscheinlich-112394/ (15.7.2014)

Pavlovic, Tamo: Plan Bäh, online im WWW unter URL: http://www.abendzeitung-muenchen.de/inhalt.auswanderer-plan-baeh.687f7425-3d47-4fa4-875d-7cd611cadc2e.html (29.7.2012)

Deutsch • Berufsreifeprüfung © Lemberger • Ikon